国家自然科学基金重点项目(61034003)

国家科技支撑计划项目(2012BAF10B10、2012BAF12B08)

教育部人文社会科学研究青年基金项目(11YJC630005)

中国博士后科学基金特别资助项目(201104592)

中国博士后科学基金面上项目(20100481222)

基于数据和扰动辨识的生产调度优化理论

薄洪光◎著

科学出版社

北京

内 容 简 介

复杂生产过程优化调度问题是一类经典的组合优化问题。本书以典型的混合流程型制造企业——钢铁企业为研究对象,在分析现代优化调度理论方法的研究与应用现状、企业资源计划管理相关背景理论、钢铁企业复杂生产过程管理特点的基础上,提出构建基于数据和扰动辨识的生产调度优化理论框架。详细地探讨了面向静态调度问题的产能资源要素动态建模技术、多层级集成计划管理技术、多阶段资源优化配置技术、并行产线协调排产与作业调度技术以及面向动态调度问题的复杂生产过程扰动分类识别技术、资源要素协同响应调度机制、针对加工流水线的干扰管理调度理论方法。为了便于读者深入理解内容和进一步研究,本书还分别结合上述关键技术给出了典型的企业应用案例。

本书可作为企业管理、工业工程与管理、物流工程与管理、管理科学与工程、工商管理等学科领域的教师、科研人员、研究生的参考用书,也可供相关工程实践人员参考。

图书在版编目(CIP)数据

基于数据和扰动辨识的生产调度优化理论/薄洪光著 .—北京:科学出版社,2013

ISBN 978-7-03-038566-6

Ⅰ. 基… Ⅱ. 薄… Ⅲ. 企业管理-生产调度-研究 Ⅳ. F273

中国版本图书馆 CIP 数据核字(2013)第 214858 号

责任编辑:李 敏 吕彩霞/责任校对:郭瑞芝
责任印制:徐晓晨/封面设计:无极书装

科 学 出 版 社 出版
北京东黄城根北街 16 号
邮政编码:100717
http://www.sciencep.com

北京建宏印刷有限公司 印刷
科学出版社发行 各地新华书店经销

*

2013 年 8 月第 一 版 开本:B5 (720×1000)
2017 年 2 月第二次印刷 印张:16
字数:300 000

定价:88.00 元
(如有印装质量问题,我社负责调换)

前　言

大多数的生产调度问题都可归类为组合优化问题，通常还是 NP 完全问题。近年来，现代优化调度理论方法在制造行业、电力行业、港口运输业、大型工程项目等关系到国计民生的多个行业领域得到了广泛而深入的应用。其中，以钢铁行业为代表的混合流程型制造企业具有生产过程复杂性、产品结构多样性、物流组织动态性等典型特征，针对这类复杂生产过程的优化调度理论及方法的研究，非常具有挑战性，也是值得进一步深入的工作。

复杂生产过程调度问题是指在满足产品规范、工艺要求、资源要素等相关约束条件下，将待加工工件合理地指派到机器上，综合运用相应的调度规则和优化策略，进一步明确各工件在机器上的加工顺序、开工时间、组批方式和投料策略等，并且能够针对生产过程中的各类扰动及时地作出响应，使某个或多个调度性能指标达到和保持最优。研究表明，生产过程中约有 1/6 的时间用于加工作业，其余 5/6 的时间消耗在等待、运输和排队等环节。由此可见，降低生产过程中的低附加值行为对提升企业竞争力至关重要。在竞争日益激烈的市场环境下，企业通过生产调度优化手段可以实现缩短产品制造周期、降低生产过程能耗/物耗、提高准时交单率和设备利用率，这对于提升企业的竞争力具有深刻的现实意义。

本书以制造企业复杂生产过程调度优化问题为研究背景，基于钢铁企业生产管理视角，探讨构建了面向混合流水型复杂生产过程基于数据和扰动辨识的优化调度理论框架及其技术方法体系。全书共分为 12 章：第 1 章阐述了复杂生产过程调度优化问题的分类与描述，讨论了钢铁企业生产流程特点及其调度问题的复杂性，介绍了优化调度理论的四类主要方法；第 2 章介绍了复杂生产过程优化调度的理论基础，包括企业资源计划、约束理论与准时生产、动态调度理论和干扰管理理论；第 3 章介绍了产能配置要素的作用机理及其结构化建模，具体分析了产能协调配置的制造资源清单技术、产能时序预测的数据同化方法和基于数据驱动的产能协调配置机制及建模；第 4 章讨论了复杂生产过程多层级集成生产计划模型，包括基于分厂产能的总厂计划模糊规划模型和基于关键工序的分厂计划线性规划模型；第 5 章介绍了基于规则的多阶段制造资源优化配置模型，包括基于组批规则的钢铁订单归并优化模型和基于配方规则的炉料结构优化模型；第6章介绍了复杂工况下的并行流水生产线协调排产问题以及基于约束理论的作业调度模型；第7章和第8章主要讨论了复杂生产过程中的扰动识别与分类技术；第9章论述了基于资源要素协同的生产重调度响应机制；第10章~第12章详细介绍了基于干扰管理理论的加工流水线调度和重调度问题。同时，本书相应章节也给出了必要的企业应用实例或数值仿真算例。

本书撰写过程中参考了大量中外文资料，主要参考书目已经列在书后。在此谨向这些国内外作者表示由衷的感谢，对于可能遗漏的参考资料作者表示歉意。

在本书的撰写和成稿过程中，作者得到了大连理工大学刘晓冰教授的悉心指导和热情帮助。本书的思想精髓来源于作者从2004年开始承担的辽宁省某特钢集团有限责任公司、江苏省某钢铁集团有限公司、四川省某钢铁集团有限公司等企业生产过程集成化管理项目的研发实践。在长期的基金课题研究和企业项目实践过程中，作者得到了多位志同道合老师的无私帮助，他们分别是大连理工大学的马跃副教授、郝应光副教授、黄学文副教授、蒙秋男副教授、白朝阳讲师，大连交通大学的黄明教授、阎长罡副教授、宋旭东副教授、李修飞讲师、王宇春讲师，大连海洋大学的高天一教授，大连民族学院的王万雷副教授、杨静萍讲师、徐佳讲师、周世宽讲师，江苏科技大学的张浩副教授，安徽工业大学的潘瑞林副教授，大连大学的邱立鹏讲师，青岛理工大学的孙永利讲师，大连工业大学的王雅君讲师，辽宁石油化工大学的王宏亮副教授，辽宁师范大学的王霄讲师，东北财经大学的崔发婧讲师。项目的研究成果是团队研究成员的集体智慧结晶，在此也向他们表示由衷的感谢。

在企业项目的研发和实施过程中，作者也得到了攀钢集团有限公司副总经理、四川江油长城特钢有限公司董事长刘宇高级工程师，东北特钢集团有限责任公司副总经理、总工程师董学东高级工程师，东北特钢集团副总工程师、东北特钢集团计控技术有限公司总经理张楠高级工程师，东北特钢集团大连信息技术有限公司总经理刘健和副总经理王继岩的大力支持，向他们表示衷心的感谢。

在全书统稿过程中，作者指导的硕士生黄文秋、韩冰和王蕾付出了辛勤的工作，在此表示衷心的感谢。复杂生产过程优化调度问题是企业管理领域的热点研究问题，相关理论和方法处于快速发展的阶段。由于作者的水平有限，书中的缺点和错误在所难免，敬请广大读者批评指正。

薄洪光

2013年6月于大连

目　录

前言
第1章　绪论 …………………………………………………… 1
　1.1　复杂生产过程优化调度 ………………………………… 1
　1.2　钢铁企业生产特点及其复杂性 ………………………… 4
　1.3　生产调度问题的分类 …………………………………… 9
　1.4　优化调度理论方法 ……………………………………… 14
第2章　相关理论基础 ………………………………………… 21
　2.1　企业资源计划理论 ……………………………………… 21
　2.2　约束理论与准时生产理论 ……………………………… 32
　2.3　动态调度理论 …………………………………………… 41
　2.4　干扰管理理论 …………………………………………… 47
第3章　产能配置要素的作用机理及其结构化建模 ………… 55
　3.1　钢铁企业产能配置要素特征分析 ……………………… 55
　3.2　企业产能协调配置的制造资源清单技术 ……………… 61
　3.3　支持钢铁企业产能时序预测的数据同化方法 ………… 68
　3.4　基于数据驱动的产能协调配置机制及建模 …………… 83
第4章　复杂生产过程多层级集成生产计划模型 …………… 91
　4.1　基于分厂产能的总厂计划模糊规划模型 ……………… 91
　4.2　基于关键工序的分厂计划线性规划模型 ……………… 102
第5章　基于规则的多阶段制造资源优化配置模型 ………… 110
　5.1　基于组批规则的订单归并优化模型 …………………… 110
　5.2　基于配方规则的炉料结构优化模型 …………………… 119
第6章　复杂工况下协调排产与作业调度模型 ……………… 126
　6.1　并行流水生产线协调排产模型 ………………………… 126
　6.2　基于约束理论的作业调度模型 ………………………… 134

第 7 章　基于资源属性关联的生产扰动识别方法 ················ 144

7.1　复杂生产过程实时信息监控 ················ 144

7.2　基于信息熵的生产扰动识别技术 ················ 147

7.3　动态调度环境下生产扰动识别模型 ················ 151

7.4　生产扰动识别模型中关键数据获取 ················ 152

7.5　生产扰动识别算法流程 ················ 154

7.6　应用实例 ················ 156

第 8 章　基于故障树的扰动分类技术 ················ 158

8.1　生产扰动分类流程 ················ 158

8.2　生产扰动故障树的构建 ················ 159

8.3　基于规则推理的扰动分类技术 ················ 165

8.4　基于证据理论的规则合成技术 ················ 175

第 9 章　基于资源要素协同的生产重调度响应机制 ················ 182

9.1　生产受扰条件下系统扰动度量和稳定性分析 ················ 182

9.2　基于资源要素协同的自适应重调度响应机制 ················ 184

第 10 章　具有外包选择的流水线干扰管理调度模型与算法 ················ 189

10.1　具有外包选择的流水线干扰管理调度描述 ················ 190

10.2　具有外包选择的流水线干扰管理调度建模 ················ 192

10.3　具有外包选择的流水线干扰管理调度模型算法 ················ 195

10.4　数值实验 ················ 199

第 11 章　混合无等待流水线干扰管理调度模型与算法 ················ 205

11.1　混合无等待流水线干扰管理调度的描述 ················ 206

11.2　混合无等待流水线干扰管理调度建模 ················ 208

11.3　混合 PSO 求解算法 ················ 209

11.4　应用案例分析 ················ 213

第 12 章　双机成比例无等待流水线干扰管理调度模型与算法 ················ 219

12.1　双机成比例无等待流水线管理调度描述 ················ 219

12.2　双机成比例无等待流水线干扰管理调度建模 ················ 222

12.3　HDQPSO 求解算法 ················ 224

12.4　应用案例分析 ················ 229

参考文献 ················ 234

|第 1 章| 绪　　论

1.1　复杂生产过程优化调度

1.1.1　复杂生产过程

1. 复杂生产的定义及分类

工业企业的生产按工艺技术过程的特点划分可分为简单生产和复杂生产两种类型。其中复杂生产，也称为多步骤生产，是指生产工艺技术过程由可以间断的若干生产步骤组成的生产，它既可以在一个企业或车间内独立进行，也可以由几个企业或车间在不同的工作地点协作进行生产。它是工业生产按照产品生产过程工艺技术方面的特点划分的一种生产类型。复杂生产企业的产品生产周期一般较长，产品品种并不单一，有半成品或中间产品，并且可以由几个企业或车间协作进行生产。

由复杂生产的定义可以得出复杂生产过程的特点为：①工艺过程可间断，工艺较复杂；②产品生产周期一般较长；③产品品种不单一，有自制半成品或中间产品；④生产分散在不同地点，可由多个车间或多个企业协作进行。

复杂生产过程按其产品生产过程的加工方式的不同，又可分为连续式复杂生产和装配式复杂生产两类。

（1）连续式复杂生产。连续式复杂生产是指原材料投入生产后，需要经过许多相互联系的、连续的加工步骤后最终生产出产成品。每一个加工步骤（最后一个加工步骤除外）生产出来的半成品，是后一个加工步骤的加工对象，直到最后加工步骤制成产成品。如冶金业的整个生产过程（炼铁—炼钢—铸钢—轧钢），或纺织业的整个生产过程（纺纱—织布—染色—整理）都是这一类型的复杂生产。在连续式复杂生产下，企业月末通常存在在制品，各月的在制品数量一般较为稳定。

（2）装配式复杂生产。装配式复杂生产是指将原材料投入生产后，在各个步骤进行平行加工，制造出最终成品所需的各种零件和部件，再将这些零部件组装成为产成品。属于这种装配式复杂生产的典型企业有机床、汽车企业、仪表、鞋鞋企业等。在装配式生产过程下，各月末的在制品数量并不稳定。

2. 生产系统的复杂性

生产经营系统的复杂性来自其外部环境和内部构成（吴澄，2001）。

（1）从外部环境看，存在以下四个重要作用的因素。①随着科学技术进步的加快，技术更新和产品更新的速度大大提高，产品的生命周期和技术设备的使用寿命大为缩短。企业必须把提高自身创新能力摆在重要位置，同时对生产计划的安排也必须作出快速敏捷的响应。②顾客对产品和服务的期望（低成本、高质量、周到的服务）越来越高，由此引起世界市场发生了巨大的变化：市场需求由传统的相对稳定向迅速多变和多样化发展。动荡多变的市场一方面给企业带来了机遇，另一方面又使市场竞争变得十分激烈。这对企业的生存和发展构成了严重的威胁，使企业面临各种各样的挑战。原有适用于市场需求相对稳定的传统生产和管理模式已不再适用，企业必须寻求适应新市场和现有技术环境的生产和管理模式。③信息、电子、自动化、计算机、通信等现代科学技术的发展给企业摆脱传统生产方式、创造新的管理体制和方法提供了可能性，多学科知识的融合已越发凸显其重要性。④外部的政治、经济、文化的发展与变化，都对生产系统造成直接或间接的影响。如伊拉克战争对石油行业造成了直接影响，对以聚丙乙烯为原料的软塑包装企业则造成了间接影响。

（2）从内部构成看，生产系统又包括很多子系统。总的说来可分为产、供、销三大子系统。子系统间相互关联，原材料的供应不足可造成生产能力不能充分发挥的后果；产品营销不畅将造成生产过剩、影响经营效益的情况等。同时使生产系统变得尤为复杂的还来自系统的一个主体元素——人。人的经验、价值观不同，对同一事物的认识也就不同。人的工作效率的高低不仅仅取决于方法的正确与否，更取决于其思想状态，而人的思想状态又总是处于不断变化中的。

此外，生产经营管理中存在大量互为矛盾的问题，更存在着不同利益群体博弈双方的观点冲突，并且经营目标和生产方式都难于确定等问题。如企业将库存存量大作为一个问题处理，从而减少库存，但这同时带来了搬运、运输成本的增加。美国的规模经济观点带来了经济的发展，却使人成了"机器人"。尽管现代社会越来越重视人本问题，但仍有人认为现代经济模式下，人总是受着利益驱动。

　　企业管理者总是要面对各种亟须解决的问题。有时眼前的问题解决了，往往又会引出更严重的问题。如市场前景好了，销量增加了，企业加班加点，增添人手、设备，增大库存；销量下滑时，才会发现过剩的生产能力和大量的积压资金已使企业举步维艰。因此，对外准确预测环境的变化，对内正确估计企业在各方面的能力，将企业各种资源优化组合，适应新的情况，是一件很复杂、困难的事。

1.1.2　复杂生产调度

　　现代科学技术特别是信息科学技术的快速发展，为现代制造企业带来了一系列的变化，不仅制造规模日益庞大，制造过程越加复杂，制造设备复杂性和工艺复杂性逐渐提高，而且制造环节间的耦合度不断提高，制造过程中的动态不确定因素发生概率也随之逐渐增加。所有这些给复杂制造过程的调度带来了极大的挑战（吴启迪等，2009）。主要表现有以下几方面。

　　（1）设备复杂性高。如果一台设备上可以完成多个工艺，那么不同工艺之间切换可能会导致不确定的设备整定时间，还需要对设备进行维护保养以保证产品质量，而且设备出现意外故障的可能性也会增加。这些情况都给调度问题的参数输入造成了一定困难，并且在形成调度方案的过程中必须考虑尽可能多的参数，以保证调度方案的有效性。因此，由于缺乏准确、及时的模型参数，进一步造成通过模型获得的调度方案可靠性较低，很难直接指导实际生产。

　　（2）设备与设备之间的耦合度增加。这使得上游设备的加工性能可能会对下游设备的加工参数（如加工时间等）造成影响，也会大大增加调度问题求解的复杂性。因此，沿用传统的基于模型的制造过程调度策略，往往因制造过程复杂度的提高而难以建立精确的数学模型。

　　（3）加工约束繁多。复杂生产调度问题需要满足生产制造中各种约束，包括物理约束，如工件加工顺序约束、机器加工能力约束等；管理约束，如订单的投放时间约束；市场约束，如客户的交货期限约束等。这些约束之间相互关联、相互制约增加了车间调度问题建模和求解的复杂度。

　　（4）生产目标多样化。评价一个复杂生产调度优劣的指标往往不是单一的，如机器利用率越高越好、在制品（work-in-process，WIP）库存越少越好、制造周期（manufacturing cycle）越短越好、客户满意度越高越好等，这些不同的评价指标反映了实际生产中的不同要求。调度问题的目标一般分为三类：基于工件加工完成时间的目标、基于工件到期时间的目标和基于生产成本的目标。而多个目标之间往往是有冲突的，这使得调度问题的建模和求解变得更为复杂。

（5）工艺流程复杂且可能出现临时更改。如工件加工时间的动态不确定、订单的不确定（订单动态到达，订单交货期动态更改）、机器状态的不确定（如机器故障）等，致使直接建立调度模型困难，调度模型的不确定性增加。因此，僵化的模型不能对生产现场中的动态不确定因素做出快速有效的反应，难以保证调度的柔性。

（6）计算复杂性。大多数调度问题，即使是单机调度问题，其计算复杂度都是 NP-hard。很难找到一个多项式算法优化求解这类问题，而以上的五个特点更加剧了调度问题优化求解的难度。

制造规模和复杂程度都在不断提高、客户需求日趋多样化，都对制造方提出了新的要求。现实的需求不断地给这一领域的研究带来大量新的亟待解决又极端困难的问题。复杂生产调度问题已成为当前研究的一个热点。

1.2 钢铁企业生产特点及其复杂性

1.2.1 钢铁企业生产流程特点

钢铁生产是指从投入铁矿石或废钢、铁合金等主要原材料开始，经过炼铁、炼钢、铸锭、轧钢和表面精加工等生产工序形成产品，一直到产品进入成品库存待销售为止，所形成的原材料、半成品、产成品等物料在企业内部流转的物流活动。钢铁行业的生产活动介于离散生产和连续生产之间，是一种半离散半连续型生产过程，其生产管理具有多样性、复杂性和阶段性等特点（殷瑞钰，1997）。钢铁企业的生产流程如图 1-1 所示。

钢铁企业的生产流程特点决定了其生产管理特点，主要体现在以下十个方面。

（1）钢铁生产工艺流程从原料投入到最终产品产出，整个生产过程中多数工序同时兼有物理和化学变化，表现为高温、高能耗工艺特点，其生产活动受到连续性、实时性以及随机性等条件的制约，生产管理过程非常复杂。

（2）钢铁企业中高炉炼铁或转（电）炉炼钢、连续铸造、热带连轧或冷带连轧等每道工序本身都可以看作是一个连续生产过程，但各个工序间的衔接是靠分离的铁（钢）水罐、铸坯、铸锭、钢卷等实现的。生产过程中不仅存在物流

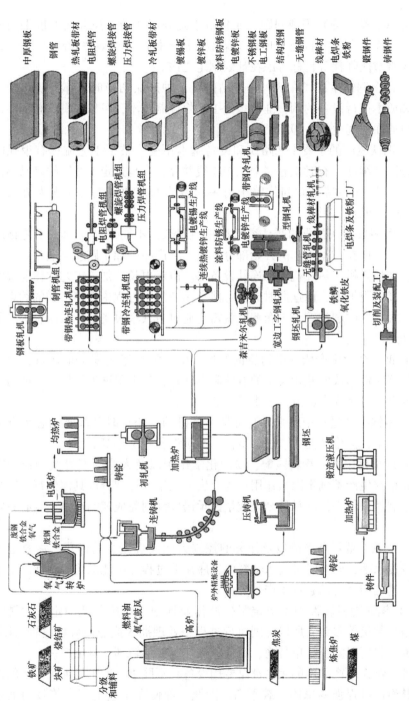

图 1-1　钢铁企业主要生产流程

平衡和资源（设备等）平衡问题，而且由于是高温作业，还存在温度平衡和时间平衡（列车时刻表）问题，所以决策不仅需要提高生产效率和降低生产成本，而且还应将节能降耗等目标考虑在计划制定之内。

（3）许多钢铁生产线在从一种产品向另一种产品切换时，都需要花费大量的时间和成本进行设备的调整准备。为了有效控制成本，可以将具有相同生产特征的订单放在一起生产，即组批生产。

（4）钢铁生产的主要工艺路线和设备基本不变，整个工艺流程有很强的连续性或分段连续性，有时也有多个工艺路线并存，一旦选定工艺路线轻易不能进行改动。作业/任务持续时间依赖于前序和后续的作业，主要表现为流水车间（flow-shop）问题的特征。

（5）大多数钢铁企业的产品类型都相当复杂，不同产品的加工工艺路线也往往不一样。但在加工工艺的开始部分，每一类产品的加工路线又通常会共享某些设备，如连铸机、热轧机组和连轧设备等。由于更长的加工工艺往往能够给产品带来更高的附加值，而这同时又有可能意味着加工过程中成倍增加的约束和瓶颈问题，对这些问题的综合平衡解决就需要通过对共享设备的产品组合进行很好的计划和调度。

（6）钢铁企业生产依赖于物流的畅通，生产需要稳定安全地运行，同时需要解决物流交汇形成的瓶颈设备的有效利用问题，最大限度地发挥设备能力，因此生产计划必须优先考虑瓶颈因素的制约。

（7）钢铁生产过程中原则上设备是不停机的，任意时刻都要动态考查生产中的关键因素，如生产能力、设备负荷、瓶颈设备和工序等。

（8）规模化生产、物料匹配、物理化学作用以及人为因素等共同作用在生产上导致钢铁生产不确定因素作用更为突出，主生产计划难以具体到每一工步以及时序限制，仅仅提供的是计划完成量的承诺和计划完成期的承诺，具有一定的模糊性。

（9）钢铁企业设备产能以及任务的控制无法实现完全精确化，需要考虑适当的模糊度水平，同时它又要求物料的工序流动过程尽可能准确，由此产生了管理粗放与精确相结合的独特生产管理模式。

（10）钢铁物料属性因素决定了生产作业计划一旦施行就确定了物料的种类、规格、数量等参数，所以计划执行过程中处理插入或撤销订单时较为困难，只能依据物料情况实行订单替换，原任务被挂起或结转到下月生产。

此外，钢铁生产采用的大多都是专用设备，不同于一般工件加工采用的通用设备，其生产过程强调总体负载平衡，因此，即使在工艺上存在等效的工艺路线，但是不同工艺路线在成本和生产周期上也有所不同，所以钢铁生产管理的平衡更多强调的是充分发挥关键设备的能力，以便企业实现交付能力承诺。

1.2.2　钢铁生产调度的复杂性

钢铁企业的生产是化学加工与物理加工相混合的长流程生产模式，呈现出多段生产、多段运输、多段存储的特点。钢铁生产过程中工序多且形式不一，并伴有多种原料进出，各生产节点的物资流量大。产品在不同工序中所要求的环境温度、成分也不相同，而且不同工序的加工处理时间也截然不同。各工序间和工序内部实现物流衔接的运输工具也有多种形式，天车运输、台车运输、汽车运输和火车运输等构成了钢铁生产过程中复杂的运输系统网络，并具有严格的时间和空间限制。所以钢铁生产调度是一个复杂的大系统，涉及钢铁产品生产制造流程中的各个子系统，其复杂性主要表现在以下六个方面。

1. 产品种类的复杂性

钢铁产品种类众多，产品结构是典型的"分解型"结构。钢铁产品按照大类可分为管、板、型、卷、线五种类型，具体还可以按照化学成分、钢的品质、冶炼设备、钢的用途、制造工艺等属性划分出多种类别。

现代钢铁行业多是面向订单生产，由于客户订单需求的个性化和日益激烈的市场竞争，使钢铁产品在钢号、标准、形状、规格、附加检验、加工用途、交货状态等属性上存在很大的差异，最终交付给客户的产品种类多达成千上万个品种。

随着客户的要求越来越个性化，钢铁生产逐渐呈现出多品种、小批量的特点，使得传统的少品种、大批量生产模式不再适合钢铁企业的调度管理。为了提高市场占有率、满足客户个性化的需求，钢铁企业的产品结构也跟着不断调整，在生产管理过程中需要对不同需求的订单进行组炉/组批，这就加大了钢铁生产调度管理的难度。

2. 调度资源的复杂性

钢铁生产调度过程中所涉及的资源范围很广，既包括生产设备、原辅材料等有形资源，还包括企业的产品数据资源、工艺技术文件、劳动定额等一些无形资源，这些统称为制造资源。制造资源的配置和管理贯穿于钢铁产品形成的全过程，以钢铁生产工艺为依据，以产品形成过程的数据信息为媒介，将钢材销售、物资供应、工艺规划和生产加工等业务过程有机地融为一体。

通常认为企业业务过程中的数据和信息具体反映在物料清单（bill of material，BOM）上，BOM为实现整体业务运营提供所需的关键基础数据（黄学文和范玉顺，2005）。但是，钢铁生产调度过程中制造资源的配置和管理不仅要考虑产品结构（产品资源）信息，还必须充分考虑体现生产流程特征的作业资源信息和反映生产过程资源消耗特征的产能资源信息。BOM、作业和产能信息三者紧密联系，它们在钢铁复杂工时计算、生产计划调度、作业成本核算等过程中共同起着核心数据的作用，三者缺一不可。

3. 生产计划的层次性

钢铁整个生产流程中工艺复杂，工序繁多，各工序的工艺约束和生产调度目标也不尽相同（Ozgu，1996；Lopez et al.，1998；Cowling and Rezig，2000），同时生产调度计划涉及物料的钢号、标准、形状、规格、工序等几十种相关参数，庞大的信息量难以在单一的计划层面集中处理、编排和调整。

经跨地区跨企业间的行业战略重组后形成的钢铁集团企业，通常拥有功能交叉或相异的若干个平行的生产基地，各个生产基地又各自拥有工艺连续或离散的多个生产分厂。钢铁企业的生产调度管理呈现出层次性、阶段性特点，生产调度计划也表现为分层次、分阶段制定和优化的管理模式。

4. 生产计划的一体化编制

在现代钢铁生产中，炼钢、连铸和热轧是钢铁制造的三个关键工序，呈现顺序加工的关系。它们之间不仅存在着物流平衡和资源平衡的问题，而且由于这三个工序都是在高温状态下作业，还存在着能量和时间平衡问题。近年来，围绕着节能而出现的连铸坯热送、热装和直接轧制三种工艺将炼钢、连铸到轧钢的工序直接连接，使钢铁生产调度成为一体化的有机系统。这就要求将炼钢、连铸和热轧三个工序作为一个整体进行全局考虑，实施一体化调度。

5. 生产计划的多目标多约束性

面向多品种、小批量的生产模式，为节能降耗、减少成本，钢铁企业通常采用同钢种合同合炉冶炼、同规格合同合批轧制的计划调度方案。生产物流计划的目标函数一般侧重于调度的优化效果，如最小提前/拖期惩罚、合同钢级差异惩罚、断浇惩罚、最少余材的产生等。

由于订单所需求的产品在钢种、产品标准、交货期、规格、形状等方面存在着许多差异，编制生产计划时，要满足诸多的约束条件。炼钢—连铸阶段批量计划（炉次、浇次）的主要约束是钢级和规格，要求钢级一致，规格接近；轧制阶段批量计划（主体材）的主要约束有轧辊轧制能力限制，同宽板坯轧制能力限制，宽度、厚度、硬度的变化限制。其中宽度必须是由宽变窄，厚度必须变化平滑。在炼钢—连铸—热轧一体化生产方式下，需要对炼钢、连铸、热轧三个阶段的生产约束进行系统地分析，以便统一计划和调度。一体化批量计划需要考虑的约束主要有：钢种约束，炉次浇铸宽度约束，炉容约束，中间包寿命约束，交货期差异约束，轧制计划中板坯轧制宽度、厚度、硬度过渡约束等。

6. 生产调度过程中的随机性

生产车间中很多事件都是随机、动态发生的，在工件不同的加工时段内会出现订单的更改、紧急订单的插入、资源的短缺、操作工人误工、设备故障或修复等各种扰动情况。钢铁行业中的扰动主要有：①机器扰动，如由于生产人员缺勤、不稳定、操作不熟练或效率降低及停水、断电、断气等能源导致的机器在一段时间内无法进行加工；②工件扰动，如生产计划扰动、物料扰动、质量扰动、产品扰动等由于工件加工时间、作业流程、技术标准等原因导致的工件加工受到影响。

炼钢—连铸是个多阶段、复杂多变的混合式生产过程，从原材料投入到产品产出过程中兼有物理和化学的各种变化，其调度需要考虑到动态环境下资源、时间、质量偏差和温度等因素对方案顺利执行的影响，同时还要考虑连续浇铸及与热轧工序的衔接等。因此，生产过程中任意扰动的发生都可能会影响到生产的继续进行，而且受生产过程中的异常扰动和设备能力限制等，经常出现物料分流、汇合或倒流现象，影响到整个生产调度系统的稳定。

钢铁行业生产调度管理的复杂性决定了其必须实施科学的优化调度方法，实现钢铁企业生产的精细化管理，以及制造过程中的人力资源、信息流、物流和价值流的有机集成和优化运行，才能提高企业的快速应变能力和综合竞争能力。

1.3　生产调度问题的分类

1.3.1　生产调度问题分类

生产调度是将为完成若干项任务需要用到的人、财、物等资源进行最优分配、最优排序。

定义 1：针对一项可分解的工作，探讨在尽可能满足约束条件（如交货期、工艺路线、资源情况）的前提下，通过下达生产指令，安排其组成部分（操作）使用哪些资源以及加工时间和加工顺序，以获得某些性能指标（如生产周期、生产成本）的最优化（McKay and Wiers, 1999）。

定义 2：在给定产品集、计划周期、加工资源集和各产品加工工艺条件下，关于 what, when, where, how 的一个决策过程（Reklaitis, 2000）。

what 确定在具体的计划周期内生产的产品品种及其数量。

when 确定每一个具体操作的开始时间和结束时间。

where 确定执行每一个具体操作的设备或处理单元。

how 确定产品的生产批量、产品进入生产系统的方式、加工设备选择规则、加工优先级规则和中间存储策略等。

综上所述，生产调度的主要任务就是对生产过程进行组织，合理分配有限资源，解决冲突，从而保证各种资源得以充分利用，以达到按质、按量、按期、按成本生产出合格产品的目标。调度结果的好坏直接影响着企业的生产效率。

生产调度的分类方法很多，主要有以下几种。

（1）按照生产环境特点不同，可分为确定性调度和随机性调度。确定性调度假设调度系统中涉及的所有参数都是确定的。随机性调度中的个别参数不确定。相比确定性调度，随机调度要更为复杂，因此在过去的几十年里，对确定性调度的研究较多，而随机性调度由于其内在的复杂性而研究得较少。

（2）按照生产方式而言（王凌，2003），调度问题分为开环车间调度和闭环车间调度。开环调度问题也称加工排序问题，它本质上只研究工件的加工顺序，即订单所要求的产品在所有机器上的加工排序。闭环调度问题除研究工件的加工顺序外，还涉及各个产品批量大小的设置，即在满足生产工艺约束条件下寻找一个调度策略，使得所确定的生产批量和相应的加工顺序下的生产性能指标最优。闭环调度问题较开环调度问题要复杂，鉴于批量大小和排序间的耦合性，寻求批量大小和排序问题的同时、有效处理方案很困难，目前处理闭环问题常用近似方法。

（3）按照工件在机器上的流动形式，调度问题可分为以下五种。①单机车间（single machine）：最简单的加工环境，车间中只有一台加工设备。②同型并行机车间（identical machines in parallel）：在车间中有多台同型机器，每个工件的工序只需在这些机器的其中一台上进行加工即可，而且机器性能相同。具有不同速度的同型并行机车间（machines in parallel with different speeds）与同型并行机车间基本类似，不同之处是每台设备在加工同一工序时速度不一样。③作业车间（job-shop）：每个加工工件都有不同的加工路线。④流水车间（flow-shop）：每个加工任务都有相同的加工路线。⑤开放车间（open-shop）：车间中有 m 台加工设备，每个工件都必须在相应的每台设备上进行加工（有时某些工序的加工时间为0），但没有固定的加工路线。

（4）按照加工任务或被加工工件的特征，调度问题分为静态调度和动态调度。静态调度是指所有待安排加工的工件均处于待加工状态，因而进行一次调度后，各作业的加工被确定，在以后的加工过程中就不再改变；如果在加工过程中不断有新的作业到达，加工完成的作业离开加工系统，同时要考虑加工环境中的各种不确定因素，如设备故障、人员离开、作业的加工超时等问题，则称为动态调度。

实际的调度问题往往是由 flow-shop 和 job-shop 等基本调度类型组合而成，基于代价和性能，且是随机性的、动态的。

1.3.2　生产调度问题描述

关于对生产调度问题的描述，1967 年 Conway 等提出对调度问题的四参数表示法 $A/B/C/D$，其中 A 代表任务数，通常用 n、m 来表示；B 代表加工设备，通常用 m 来表示；C 代表任务流经加工设备的类型（如 job-shop、flow-shop）；D 代表优化目标（如 C_{max}、L_{max}、F 等）。

1979 年 Graham 等提出了三参数法 $\alpha/\beta/\gamma$ 来描述调度问题。这里参数 α 表示对机器加工环境的描述，β 表示对工件加工特性的描述，γ 表示对加工性能指标的描述。

本文中为了方便调度问题建模，我们将两种描述方法进行综合，提出五参数描述法 $N/M/\alpha/\beta/\gamma$。其中 N 代表待加工的工件个数，M 代表总的加工设备数，下面对参数 α、β 和 γ 进行详细说明。

在生产调度问题中，通常有 n 个待加工工件，工件 J_i，包含 O_i 个操作，用 $\{O_{i,1}, O_{i,2}, \cdots, O_{i,o_i}\}$ 表示，每个操作 $O_{i,j}$ 的加工时间定义 $p_{i,j}$，则工件 J_i 的总加工时间 p_i，定义工件 J_i 的每个工序的释放时间或准备时间为 $r_{i,j}$。

1. 机器加工环境参数 α 的具体取值情况

最简单的一类加工环境——单机（single machine）加工，此时 $\alpha=1$。

并行机（parallel machines）加工环境，当有相同并行机（identical parallel machines）时，此时工件在每个设备上的加工时间相同，环境变量参数 $\alpha=P$。

均匀并行机（uniform parallel machines）环境，此时有 m 台加工设备，其加工速度（v_i）彼此各不相同，但一台设备对不同工件的加工速度相同，环境变量参数 $\alpha = Q$，$p_{i,j} = p_j/v_j$。不相关并行机（unrelated parallel machines）有 m 台不同的设备，每台设备 $v_{i,j}$ 各不相同，工件 j 在设备 i 上的加工时间为 $p_{i,j} = p_j/v_{i,j}$，此时环境变量参数 $\alpha = R$。

作业车间（job-shop）加工环境，其特点是 m 台加工设备，每个工件都有独立的加工路线，工件的每个操作仅在一台设备上加工，但每个工件在每台设备上可加工一次或多次，此时 $\alpha = J$。但工件的每道工序有多台可选加工设备加工时，则此时为柔性作业车间（flexible job-shop）调度，此时 $\alpha = FJ$。

流水车间（flow-shop）加工环境，是作业车间的特例。其主要特点是有 m 台串联的加工设备，每个工件均需在每个设备上加工一次，每个工件的工艺路线均相同，则此时 $\alpha = Fm$。若同时指定每台设备上工件的流经顺序相同，则此时为置换流水车间（permutation flow-shop）。若流水加工环境中存在并行加工设备，则此时加工环境为柔性流水车间（flexible flow-shop），此时 $\alpha = FF$。

混合车间环境，若一个加工环境既有流水车间加工环境又有作业车间加工环境，则成为混合车间，此时 $\alpha = X$。

开放车间（open-shop）加工环境，其特点是工件在设备上的加工次序任意，此时 $\alpha = O$。

2. 加工特性参数 β 的具体取值情况

加工特性分为抢占式（preemption）和非抢占式（non-preemption）加工，其中在抢占式加工中，允许工件在加工过程中被打断，而非抢占式加工中工件在加工过程中不允许打断，大部分的生产加工属于非抢占式加工。当属于可抢占式加工时 $\beta = pmpt$，非抢占式 $\beta = npmpt$ 或缺省。

加工优先关系（precedence relation），该关系可用一个 $n \times n$ 矩阵 A 来表示，若 $A[i][j] = 1$，则表示工件 i 必须在工件 j 之前加工，此时用 $\beta = prec$ 来表示。

等待时间或释放时间（release time），用 $\beta = r_j$ 来表示工件 j 不能在某一时间点之前开工，若省略该项，则表示没有这方面要求，工件可在任何时间开工。

顺序依赖准备时间（sequence dependent setup time），用 $\beta = t_{s,i,j}$ 来表示在设备 s 上加工完工件 i 后转换成加工工件 j 所需要的设备准备时间，当 i 等于 0 时，则加工工件 j 不需准备。若准备时间与设备无关，则 $\beta = t_{i,j}$；若加工任何工件都不需要准备时间，则此时省略此 β 参数；若设备的准备时间与具体的加工工件无关，则可考虑将此准备时间转换成具体的加工时间而省略准备时间参数。

除此之外还有 $\beta = brkdwn$ 表示设备不可用；用 $\beta = prmu$ 表示置换调度；用 $\beta = block$ 表示阻塞，即目前缓冲区满，上游设备不可释放工作；用 $\beta = nwt$ 表示无等待流水加工；用 $\beta = recrc$ 表示再循环（recirculation）。

3. 加工性能参数 γ 的取值情况

首先给出一些符号表示：$w_{i,j}$ 表示工件 i 在进行第 j 道工序前的等待时间；r_i 表示工件 i 的释放时间；$p_{i,j}$ 表示工件 i 的第 j 道工序前的加工时间；C_i 表示工件 i 的完工时间，则 $C_i = r_i + \sum_{j=1}^{m} p_{i,j} + w_{i,j}$；$F_i$ 表示工件 i 的流经时间，则 $F_i = C_i - r_i$；d_i 表示工件 i 的交货期；L_i 表示工件 i 的推迟时间，其中 $L_i = C_i - d_i$；E_i 表示工件 i 的完成时间 C_i 相对交货期 d_i 的提前时间；T_i 表示工件 i 的完成时间 C_i 相对交货期 d_i 的拖后时间。

1）基于加工完成时间的性能指标

最大流经时间为 $\max\{F_i \mid i = 1, 2, \cdots, n\}$；总流经时间为 $\sum_{j=1}^{n} F_i$；加权总流经时间为 $\sum_{j=1}^{n} w_j F_j$；平均流经时间为 $\bar{F}$；最大完成时间（make span）为 $C_{\max} = \max\{C_i \mid i = 1, 2, \cdots, n\}$；平均完成时间为 $\bar{C}$，加权总完成时间为 $\sum_{j=1}^{n} w_j C_j$。

2）基于交货期的性质指标

最大推迟时间（lateness）$L_{\max} = \max\{L_i \mid i = 1, 2, \cdots, n\}$；平均推迟时间 $\bar{L} = \sum_{i=1}^{n} L_i / n$；最大拖后时间（tardiness）$T_{\max} = \max\{\max\{L_i, 0\} \mid i = 1, 2, \cdots, n\}$；平均拖后时间 $\bar{T} = \sum_{i=1}^{n} \max\{L_i, 0\} / n$；总拖后时间 $T = \sum_{i=1}^{n} \max\{L_i, 0\}$；拖后工件个数 n_t；总提前/拖期惩罚（earliness/tardiness，E/T）$E/T = \sum_{i=1}^{n} (\alpha_i E_i + \beta_i T_i)$。

3）基于设备利用的性能指标

如最大设备空闲最小，平均设备空闲最小等。

4）基于多目标的性能指标

如最大完工时间和平均设备负荷，最小化最大完工时间和总拖期工件最小等。

1.4　优化调度理论方法

在对调度问题进行研究的方法上，最初是集中在数学规划、仿真和简单的规则上，这些方法不是调度结果不理想就是难以解决复杂的调度问题。随着各种新的相关学科与优化技术的建立与发展，在调度领域出现了许多新的优化方法，如基于人工智能、计算智能和实时智能的各种调度方法，这些方法已经成为调度方法的主流。

1.4.1　运筹学方法

基于运筹学的调度方法是针对传统的调度问题，采用线性规划、混合整数线性规划、分支定界法、动态规划、拉格朗日松弛法等方法来解决调度最优化或近似优化问题（Ashour and Hiremath，1973）。

1. 分支定界法

分支定界法原为运筹学中求解整数规划或混合整数规划问题的一种方法，通常该方法寻求整数最优解的效率很高。其基本思想是对有约束条件的最优化问题的所有可行解空间进行搜索。该算法在具体执行时把全部可行解空间不断分割为越来越小的子集（称为分支），并为每个子集内的解计算一个下界或上界（称为定界）。在每次分支后，对凡是界限超出已知可行解的那些子集不再做进一步分支。这样，解的许多子集（即搜索树上的许多结点）就可以不予考虑，从而缩小了搜索范围。这一过程一直进行到找出可行解为止，该可行解的值不大于任何子集的界限。因此这种算法一般可以求得最优解。

许多学者在求解生产调度问题时都有用到此类方法，如 Carlier 等（1989）提出了一种有效的分支定界算法，它首次得到标准算例 FT10 的最优解，解决了25 年来无法解决的问题。紧接着 Pinson（1991）、Applegate 和 Cook（1991）分别提出的分支定界方法求解能解决比 FT10 更复杂的调度问题。Jurisch（1992）用分支定界法求解了很多个典型的作业车间调度问题，实验结果表明分支定界算法对小规模问题能够很快求出最优解，但对大规模分支定界往往不能在预定的时间限制内给出问题的最优解。Garey 等（1976）提出了用分支定界法求解 flow-shop 和 job-shop 调度问题。Potts 和 Van Wassenhove（1985）、Sarin 等（1988）也都用分支定界法对调度问题求解。所有这些算法的不同点主要在于定界规则、分支机制的不同，因此对分支定界方法在调度问题中的应用研究应重点研究基于问题知识的分支定界规则，以快速地确定一个分支的边界。

2. 动态规划

动态规划是运筹学的一个分支，是求解决策过程最优化的方法。20 世纪 50 年代初由美国数学家 Bellman 等人在研究多阶段决策过程的优化时提出。他首先将一个多级（步）决策问题转化为一系列单级（步）决策问题，然后从最后一级（步）状态开始逆向递推到初始级状态位置，即在求解多级（步）决策问题时，要从末端开始到始端为止，逆向递推。

动态规划是求解最优化问题的一种途径、一种方法，而不是一种特殊的算法，它不具备具体的数学公式和解题方法。针对不同的问题，确定最优解的条件也不相同，因而动态规划的设计方法针对不同的问题有不同的解题方法，不存在万能的动态规划方法可以求解各类优化问题。必须针对具体的问题具体分析处理，以丰富的想象力去建立模型，用创造性的技巧求解。相关用来求解调度问题的动态规划类算法文献有涂拳生和吴民（1999）提出了动态规划算法来解决单机调度中的 E/T 调度问题，该算法利用目标函数的性质，不需将算法参数设定成整数就能较快求解。Chen 等（1998）通过扩展技术将动态规划用于求解作业车间调度问题的最小化最大完工时间，实验证明了该方法较拉格朗日松弛法好。

3. 拉格朗日松弛法

拉格朗日松弛法是 Everett 在 1963 年提出的一种求解复杂问题最优化解的方法，该方法通过将问题中的某些约束条件适当松弛，使得问题能够在多项式时间内求解，然后通过梯度法更新拉格朗日乘子，对问题的解进行改善从而获得问题的最优解或近优解。由于拉格朗日松弛法通常能够在较短的时间内获得问题的近优解或次优解，从而受到学者们的广泛关注。如 Tang 等（2006）利用拉格朗日松弛法解决了混合流水车间的最小化加权总流水时间问题。熊锐等（1996）用这种方法求解了集成车间计划与调度问题。朱宝琳和于海斌（2003）在已编制的炼钢—连铸生产调度模型及轧制批量计划的基础上，建立了"炼钢—连铸—热轧"一体化生产调度模型，将拉格朗日松弛法应用于模型中，利用拉格朗日松弛法较好的分解特性，快速求解大规模复杂调度问题。

以上 3 种方法的共同特点是寻求调度特例的多项式时间最优或近优算法，但是，它们需要对调度问题进行统一的建模，任何参数的变化会使算法的重用性很差，而且随着研究对象规模的扩大以及约束条件的复杂化，计算时间将呈指数化增长。因此，它们主要适合于处理较小规模的调度问题，对于复杂多变的生产调度来说，单一的数学规划模型不能覆盖所有的因素，存在求解空间大和计算困难等问题。

1.4.2　启发式方法

近年来，随着人们研究的生产调度问题复杂性越来越高，问题规模越变越大，鉴于精确算法的局限性，越来越多的学者把精力放在近似算法的研究上。近似算法由于其可在合理的时间范围内给出问题的近优或次优解而被广泛关注和研究。最典型的一类近似算法为启发式算法。

启发式算法是根据问题信息或一组规则来对问题进行求解，这类算法往往能在较短时间内求出问题的近优解，其高效的运行速度是很多学者研究构造启发式算法的动力。最早的启发式算法是基于分派规则的算法，如 1960 年 Giffer 和 Thompson 提出了一种优先分则框架（Giffer and Thompson，1960）。1977 年 Panwalker 和 Iskander 总结了一百多种调度规则，如著名的调度规则——最短作业优先加工（shortest processing time，SPT）、先来先服务（first input first output，FIFO）、最早交货期优先加工（earliest due date，EDD）等（Panwalker and Iskander，1977）。对调度规则的应用，既有利用基本调度规则来求解的，也有利用基本调度规则的组合或加权组合来求解问题的。利用调度规则来求解调度问题的相关文献有：1987 年 Vepsalainen 和 Morton 针对加权拖期的 job-shop 调度问题提出了一组调度规则（Vepsalainen and Morton，1987）。金锋赫等（2008）为了设计自动和手控设备混合的装配作业车间启发式调度算法，设计了装配作业和设备特性相结合的生产调度问题及其智能优化算法研究的生产调度规则，经过在模具生产车间的仿真实验表明，所设计的组合调度规则对平均延期时间等目标具有很好的优化结果。此外学者熊亚洲、陈荣秋（1992）、黄德才等（1997）、高林等（1999）、Blackstone 等（1982）都曾分别用调度规则来对不同的生产调度问题求解。然而根据各种调度规则进行调度，其求解的质量往往不是很高，而且调度规则的应用效果也会受到问题特征的影响。同时，实验表明不同的调度规则适用的调度问题也往往不同，如 SPT 能减少所有作业的平均流程时间，EDD 则适用于优化延迟目标类问题。并且随着问题规模和复杂度的增加，基于调度规则的启发式算法求解的质量会变得更差。

在对调度规则研究的基础上，不少学者又开始了其他的构造式启发式算法的设计，如 1983 年 Nawaz 等提出的著名的求解同顺序作业调度问题的算法 Nawaz

Enscore Ham，实验表明该 NEH 算法对求解很多典型的同顺序调度问题案例均能获得目前的最好解（Nawaz et al.，1983）。之后，Kalczynski 等两次对 NEH 算法作出改进（Kalczynski and Kamburowski，2007）。董兴业 2008 年对 Kalczynski 等提出的改进的 NEH 算法进行了验证并提出了新的 NEHD 算法（Dong et al.，2008）。移动瓶颈（shifting bottleneck，SB）方法是一种典型的求解 job-shop 调度问题的构造式启发式算法，1988 年由 Adams 等提出，该方法将问题分解为若干单机子问题，通过依次确定每台机器上工件的加工顺序获得 job-shop 问题的调度解。该方法可以获得较好的调度性能，但计算时间较长（Adams et al.，1988）。2003 年谢志强等提出了基于 ACPM 和 BFSM 的动态 job-shop 调度算法（谢志强等，2003）；于 2008 年再次提出可动态生成具有优先级工序集的动态 job-shop 调度算法（谢志强等，2008）。

总之，启发式算法简单，易于实现，其求出的解较好，对简单问题往往能直接求出最优解，对复杂大规模问题其求出的解又可为其他迭代搜索算法提供好的初始解，而且启发式算法高的运行效率特别适用于大规模生产调度问题。由于基于调度规则的调度算法拥有可方便应用于动态实时调度中等特点，因此多年来启发式算法一直为学者们广泛研究。但是，启发式调度方法的不足之处是往往找不到全局最优解。

1.4.3　系统仿真方法

基于仿真的方法不单纯追求系统的数学模型，它侧重于对系统中运行的逻辑关系的描述，而且与数学规划采用全局的而且经常是简化的视图相比，它对所有分配、排序和时间选择决策的结果提供局部的分析，通过分析能够对生产调度方案进行比较评价，并选择效果最优的生产调度方法和系统动态参数。系统仿真方法经常与其他方法结合使用，Reklaitis（1995）给出了一个数学规划方法和仿真方法结合使用的例子；Artiba 和 Riane（1998）利用专家系统技术、仿真技术、优化算法和启发式算法开发了一个化工厂的生产计划和调度系统等。

由于生产系统的复杂性很难用一个精确的解析模型来进行描述和分析，而通过运行仿真模型来收集数据，则能对实际系统进行性能和状态等方面的分析，从而能对系统采用合适的控制调度方法。之所以把仿真方法与其他方法结合使用，是因为纯仿真方法有以下局限性：应用仿真方法进行生产调度的费用很高，不仅在于产生调度的计算时间上，而且在于设计、建立和运行仿真模型上；仿真的准确性受人员的判断和技巧的限制，甚至很高精度的仿真模型也无法保证通过实验总能找到最优或次优的调度。

1.4.4 人工智能方法

人工智能在 20 世纪 60 年代就将计划和调度问题作为其应用领域之一，但直到 20 世纪 80 年代，以 Carnegie Mellon 大学的 M. Fox 为代表的学者们开展的基于约束传播的智能调度和信息系统（intelligent scheduling and information system, ISIS）的研究为标志，人工智能才真正开始应用于实际调度问题（Fox，1983）。

人工智能调度方法是基于人工智能技术和人类调度专家经验对调度问题进行建模并求解的方法的总称，主要包括以下几个分支。

1）智能调度专家系统

如果要建立一个专家系统，首先需要构建相关的知识库，就是从知识源获取知识然后以数字化形式存储它们。在调度问题中，知识源一般指的是人类专家和模拟数据。前面提到的 ISIS 是第一个旨在解决 job-shop 调度问题的专家系统。ISIS 使用面向约束的推理方法，它基于三类约束：组织上的目标、物理限制和临时约束，并使用有关约束的知识来维护调度的一致性。

专家系统通过收集人员的经验构成数据库，然后在线寻优，在线寻优的搜索方法包括以下两种。

（1）启发式搜索规则。该方法包括宽度优先、深度优先、Beam 搜索、A 或 A* 算法等。宽度优先和深度优先都是穷尽的搜索方法，从原理上讲，利用它们都能找到可行解，但它们都受到搜索时间和存储空间的限制，不适合用于制造系统。Beam 搜索是宽度优先搜索的一种改进方法，A 算法是 Beam 搜索的改进方法，A* 算法是将分支定界法和动态规划相结合，常用于路径搜索中。

（2）基于知识和规则的方法。专家系统的多种知识表示方法，不仅能够表示调度问题中各种定量的、确定的约束条件和优化目标，而且能够表示调度问题中大量定性的、不确定的约束和经验，能够准确地描述调度问题的复杂结构。在基于知识和规则的调度系统中，常用的知识表示法有产生式规则、语义网、框架等；常用的调度技术有生产规则、试探法搜索、仿真和分级式的分解等。

调度专家系统主要的优点有：在决策过程中，它既可以使用定量的知识，又可以使用定性的知识；它能够产生比简单的分配规则复杂得多的启发式规则。然而，调度专家系统也有其不可克服的缺点：构建和验证系统比较耗费时间；难以维护和升级；求解结果可能会严重偏离最优解或次优解；知识获取和推理速度存在瓶颈。

2）约束规划

约束规划是一种旨在应用限制变量选取顺序和变量赋值顺序来减少搜索空间有效大小的方法。当一个值赋给一个变量时，产生的不一致性就消除了。消除不一致性的过程称作一致性检测，而消除以前做的工作称作回溯。ILOG 约束规划优化包（ILOG Cplex）是一个应用于制造业生产计划和调度的成功描述约束传播问题的软件包，它提供一个使用搜索方法、问题缩减方法和 LP 求解器合作求解的策略。约束规划可以用来实施柔性的和有效的调度系统，因为它把各种不同的算法包装成传播器，可以对可重用的求解器进行规划。约束规划不局限于一定的约束集合，因为它使用了一个纯声明的（declarative）模型——每一个传播器定义问题的一个独立视图。但是由于这一方法考虑多种约束，求解代价和求解难度比较大，往往不能得到最优解。

3）基于 MAS 的合作求解方法

专家系统很难用来解决大规模的复杂的实际调度问题，因为它们的知识和问题求解能力是有限的。为了解决这些复杂问题，研究人员使用"分而治之"（divide and conquer）的方法来开发分布式调度系统，这需要一种分解调度问题的技术以及能够协作求解整个问题的相关的知识系统集合。这些可以通过 MAS 来实现。

典型的研究和应用有：Lin 和 Solberg 在其提出的 MAS 框架中将制造系统中各个功能和实体（机器设备、任务、数据库等）都予以 Agent 化，并采用基于价格机制的市场模型实现 Agent 之间的协商（Lin and Solberg，1992）；王艳红等研究了敏捷制造环境下制造车间生产过程的动态调度问题，提出了综合运用 Multi-Agent 技术与规则调度解决这一动态调度问题的方法（王艳红等，2000）；赵博在调度算法分类的基础上，提出用 MAS 技术实现各种调度算法的集成，主要方案是针对不同类别算法的不同结构定义不同的 Agent，它们本身是通用的，但是在不同的环境中，它们可以运用相应的知识进行协作来解决具体的调度优化问题等（赵博，2000）。

MAS 技术可以弥补调度理论的不足，可以增强调度理论在实际应用中的灵活性；MAS 可以和其他各种生产控制技术如企业资源计划（enterprise resources planning，ERP）、最优生产技术（optimized production technology，OPT）和制造执行系统（manufacturing executing system，MES）等结合起来使用。MAS 的不足之处是在理论上有待进一步完善，标准化工作不够，导致重复劳动。

4）基于神经网络的方法

到了 20 世纪 90 年代后期，计算智能作为人工智能新发展的主流地位被确定，这是人工神经网络、模糊系统和进化计算的有机融合而形成的新方法。

神经网络方法不需要对过程模型精确了解，它是利用过程输入和输出数据训练网络的连接权值，使网络能准确地反映实际的过程特性，在此基础上实施优化计算。其中以 Hopfield 人工神经网络最为代表，其具有很强的分布式存储能力，具有一定的学习能力，且容错性很好的网络权值也有明确的物理意义。但存在学习效率差、速度慢、难以表达多维度知识等问题（王万良和吴启迪，2001）。

5）基于模糊数学的方法

模糊优化方法是一种新的优化方法，正逐渐引起人们的注意，针对实际调度问题的随机性和模糊性，模糊数学理论被引入调度领域并形成一个新颖的分支。与神经网络方法不同，模糊集理论着眼于可用语言和概念作为代表的脑的宏观功能，采用由顶到底的方法，按照人为引入的隶属度函数和并行规则，逻辑地处理包含有模糊性的语言信息。如 Dubois 等采用基于模糊约束扩展代替清晰参数的表示法对 flow-shop 进行调度（Dubois et al.，1995）。

6）进化计算技术

进化计算技术是一类模拟生物界自然选择和进化机制的随机搜索算法，其先对问题的解变量进行编码，产生初始群体，而后考察群体的适应性，如不满足收敛条件，则经过复制、选择、交叉、变异等算子操作，产生下一代群体，一代又一代地"进化"，最终达到参数空间的全局最优点。与其他优化算法相比，进化算法具有突出的优点：并行算法搜索效率高；随机搜索策略容易摆脱局部最优而达到全局近似最优；吸收了自然界进化规律，避免了随机搜索的盲目性；可移植性强，适用范围广，鲁棒性强。因而在调度问题方面该算法的研究如火如荼，成为了调度算法研究的主流，其中最具有代表性的进化算法有遗传算法、禁忌搜索算法、模拟退火算法、蚁群优化算法、微粒群算法等。

然而，鉴于进化算法的早熟、收敛性难以保证等缺陷，研究人员在进化机制方面进行了不断改进，涌现出各自改进进化算法（Hertz and Widmer，1996；Liu and Tang，1999；钱晓龙等，2001；Jou，2005；Giovanni and Pezzella，2010）。近年来，融合了进化思路的混合智能搜索算法更是充分利用各自智能算法的优点，扬长避短，大大提高了搜索的效率和搜索效果，故而该算法的设计和应用成为了研究的热点和趋势（Gao et al.，2007；Vilcot and Billaut，2008；Gröflin and Klinkert，2009；Zhang and Wu，2010）。

|第 2 章| 相关理论基础

2.1 企业资源计划理论

ERP 是由制造资源计划（material resources planning，MRPII）融合其他管理思想发展而来的。MRPII 围绕企业的基本经营目标，以生产计划为主线，对企业产、供、销、财等各个环节实行合理有效的计划、组织、控制和调整，使他们在生产经营过程中得以协调有序并充分地发挥作用，是使物流、信息流和资金流畅通的动态反馈系统。MRPII 系统的计划部分可划分为主生产计划及其粗能力计划、物料需求计划及其细能力需求计划两个子系统。在此基础上，ERP 扩展了MRPII 业务管理的范围及深度，包括质量、设备、分销、运输、多工厂管理、数据采集接口等，管理范围涉及企业的所有供需过程，是对企业运作及供应链的全面管理（罗鸿，2002）。

2.1.1 物料清单

在 ERP 系统中，要正确地计算出物料需求数量和时间，必须有一个准确而完整的产品结构表来反映生产产品与其组件的数量和从属关系。在所有数据中，物料清单的影响面最大，其准确性要求也相当高。因此，BOM 数据的准确性、一致性和完整性对企业的各种活动有着决定性影响（肖依永等，2010）。

BOM 的定义有狭义和广义之分（Chang et al.，1997）。狭义的 BOM 是指物料清单（产品零件明细表），是一种技术文件，偏重于产品信息的汇总。广义的BOM 不仅包括产品零件明细表，还包括产品装配结构与配置信息。具体而言，广义的 BOM 信息包括如下成分。单一零件的图号、材料、重量、体积、设计修改审核号、物料失效日期等信息；部件内的各单一零件（包括外协件、外购件、通用件、标准件、借用件等）的装配数量、部件图号等信息；总图（由零部件装配而成）信息包括零部件清单、技术文件、产品说明书、保修单等。零部件既指机械加工等离散行业中用于装配产品的零部件，也指钢铁等流程工业生产工序上加工得到的半成品。

随着各种 ERP 产品的不断发展，对于 BOM 的定义可扩展的余地也越来越大，概念上也有了更加深入的解释。BOM 已经由原来的 Bill of Material 扩展到了 Bill of Manufacturing（制造清单），也就是在广义 BOM 理解的基础上更多地考虑了制造资源如设备、人力等。这样企业的生产能力就能在 BOM 中得到体现，同时也扩大了 BOM 对生产计划/排产系统的影响。

1）BOM 的常见分类

离散行业 BOM 通常采用树形、非循环式的图表来描述产品每一个部件与其子部件之间的装配关系，描述图表最后收敛于某一根节点（最终产品），即所有原材料、子部件、部件单元最终收敛于同一父部件。该 BOM 是一种描述装配件的结构化零件表，包括所有装配件、原材料，以及制造某一装配件所需的物料数量。

流程型企业的生产方式是通过对原材料的混合、分离、粉碎、加热等物理或化学方法，使原材料增值的过程，主要行业为钢铁、化工、炼油、制药等，通常以批量或连续的方式生产。流程行业的产品生产制造过程与工艺流程顺序密切相关，产品的流向具有收敛或发散的特点。并且该行业产品配方复杂，且对安全性和保密性管理要求高。行业的配方（处方）或配料清单不仅描述产品结构，还包含产品配方、工艺流程等信息，属广义 BOM。此外，由于生产流程中包含众多的活动和资源，其生产过程动态多变，加上产品质量要求多样以及物料回流等情况，使得 BOM 的结构也很复杂。

企业的业务过程均能够反映在 BOM 上，并通过 BOM 实现运营过程的集成，因此对 BOM 技术的研究比较广泛。与离散行业相比，流程行业 BOM 技术有较大不同，其结构特点包括以下三个。

（1）BOM 结构的动态性。由于物料反应机理、资源设备、工艺环境、过程操作等多方面因素存在动态性，使流程型企业生产制造过程具有较大的波动性，BOM 的结构（配方或配料）需要在生产过程中进行动态调整。

（2）BOM 结构的发散性。在流程型企业生产的中间过程或最后阶段的产出品可能有多个，包括联产品或副产品，而且有些产品有等级的区分、批号的记录、时效质保期限制、浓度/发气量的差异和纯度的区别等。

（3）BOM 结构的连续性。流程行业特别强调连续、均衡生产，当需求变化或质量异常时，流程型企业通常通过调整工艺流程的参数来维持生产持续进行，所以 BOM 一般呈现为链式结构状态。

因此，流程行业中不能以产品零部件的装配关系来确定 BOM 的结构和映射模型，而应充分考虑产品配方/配料关系和工艺流程顺序关系。在流程型企业产品生命周期内，面向不同部门的 BOM 具有不同的属性特征和相异的表现形态，根据流程型生产的特点，主要有以下几种形态。

(1) 设计 BOM (engineering BOM, EBOM)，EBOM 是设计人员用来表示产品的设计结构，是企业产品设计部门用来组织和管理构成某种产品所需的零部件物料清单。产品设计人员根据客户需求或者设计要求进行产品设计。在产品设计工程师完成产品设计工作后，EBOM 从设计图纸提取相关数据，这些数据包括产品名称、产品结构、零部件的版本和有效性、物料明细表、物料汇总表、产品使用说明书以及产品的装箱清单等。

(2) 工艺 BOM (process planning BOM, PPBOM)，PPBOM 是企业的工艺设计部门用来组织和管理生产某种产品及其相关零部件的工艺文件。工艺部门在 EBOM 的基础上，根据企业工艺装备特点编制产品的装配件、零部件和最终产品的制造方法，同时在 BOM 中确定了零部件的加工设备、工装夹具、刀具、辅具等工艺信息。PPBOM 在零部件的装配关系上与 EBOM 相同，但在内容上增加了工艺信息的描述。

(3) 制造 BOM (manufacturing BOM, MBOM)，MBOM 是企业生产制造部门用来组织和管理在实际的制造和生产管理过程中生产某种产品所需的零部件物料清单。MBOM 主要根据 EBOM 信息，结合 PPBOM 中提供的产品工艺信息对 EBOM 中零部件之间的装配关系和装配数量进行修改，决定零部件和最终产品的制造方法。由于产品的制造结构要比设计结构复杂，所以 MBOM 也要比 EBOM 复杂，它主要反映产品在制造过程中的装配结构和自制件的制造相关信息。MBOM 对生产经营管理具有重要的意义，特别是在物料需求计划 (material requirement planning, MRP) 计算中，只有通过 MBOM 结构，才可以准确的计算出所有物料项的需求数量和需求时间，从而为制订生产计划和采购计划提供数据依据。

(4) 采购 BOM (buying BOM, BBOM)，企业的采购部门根据 MBOM 的零部件的外购和外协信息制定产品的外购件、外协件的 BOM 清单，根据自制件的 PPBOM 中定义的原材料成材率制定自制件的原材料采购物料 BOM 清单。

(5) 成本 BOM (cost BOM, CBOM)，CBOM 是成本核算部门用来描述产品及零部件的最终成本信息的物料清单。它根据 MBOM 中自制件、外协件和采购件的成本方面信息，通过追加企业的管理费用、设备折旧费用等计算出产品及零部件的最终成本。

（6）其他类型 BOM 包括计划 BOM、跟踪 BOM、检验 BOM、质量 BOM、库存 BOM 等。

2）BOM 在部门间的传递关系分析

BOM 是企业生产经营活动中的关键技术文档，BOM 中全面列出了在产品生产过程中需要控制和管理的物料项，这些物料项是企业生产经营活动的主体对象。BOM 明确地表明了物料项之间的数量关系、物料之间的制造装配关系和时间关系，这些都是企业实施 MES/MRPII/ERP、实现 CAM（compter aided manufacturing）的关键。它贯穿于企业各种经营活动中，如客户订单确定、产品零部件累计提前期的计算、物料需求计划、主生产计划编制、采购实施、确定可选装配件、追踪生产加工信息的流动、追溯任务来源、成本核算、竞标和产品创新等，是产品生产制造过程中各种生产活动的重要参照文件，是连接产品设计过程和产品制造过程的信息桥梁。

在制造执行系统领域，由于它是面向车间生产管理的，ERP 大量涉及产品的物料清单、零部件的工艺信息、制造过程的质量管理信息以及制造成本的控制信息等。具体来说，BOM 在 ERP 系统中起到了非常重要的作用。

物料清单的作用有：①物料清单是生成 MRP 的基本信息，是联系 MPS（master prodution schedule）与 MRP 的桥梁；②可以根据物料清单来生成物品的总工艺路线；③为采购外协加工提供依据；④为生产线配料提供依据；⑤物料清单可作为物品成品计算的依据；⑥提供制定销售价格的依据。

在典型的制造企业中，工程设计部门根据客户的需求设计产品，从而产生 EBOM；工艺部门按照 EBOM 来进行零件部件和装配工艺的设计，产生 PPBOM 和 MBOM；计划部门根据 MBOM 进行生产加工的原材料配套，并制定作业计划；采购部门根据 EBOM 和 MBOM 确定需要购买的零部件清单。总的来说，BOM 贯穿了企业生产活动的始终。通过 BOM 这条线索，将产品中相关的数据、过程、人员组织起来，就可以将产品生命周期中不同的阶段和过程进行连接，并实现信息、过程、企业的集成。图 2-1 描述了 BOM 信息在企业各部门的传递与表现形式。

首先，由设计部门设计产品，制定出设计文件，提供一种 EBOM，提交给工艺部门；随后，工艺部门根据 EBOM 制定符合本企业生产加工前的准备工作文件，产生 PPBOM；供应采购部门接着根据 EBOM 和 MBOM 以及库存情况确定需要购买的零部件清单；然后财务部门根据工艺要求、加工产品的复杂度、购买材料的费用以及产品管理所需的费用计算产品成本；最终，销售部门以 PPBOM 为基础，加上用户的需求，制定装箱清单。

作为产品生产到产品销售的桥梁，BOM 本身就体现出数据共享和信息集成

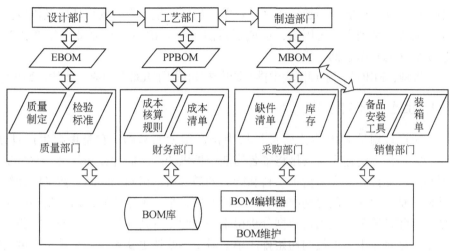

图 2-1　BOM 在不同部门间的传递关系

的性质，且随着用户需求、设计、工艺的更改，生产条件的改变而处于动态的不断变化之中，各生产车间无时无刻都要查询 BOM 信息以协助生产。因此 BOM 不仅是一种技术文件，还是一种管理文件，是联系与沟通各部门的纽带。

　　此外，为适应客户需求多样化的发展和赢得竞争优势，企业既要有多品种小批量、甚至是单件生产的柔性（满足客户定制化生产要求），又要有大量流水线生产的效果（满足低成本、高效率的要求）。于是，客户化大量生产为企业提高核心竞争能力开辟了新的途径，同时也不可避免地对传统的 ERP 系统提出了严峻挑战，从而出现了一些新问题，其中物料清单 BOM 作为 ERP 的核心技术之一就是一个难点。如传统的 ERP 系统中的 BOM 是基于单个产品的，按这种结构构造客户化大量生产环境下的 BOM，将会导致自上而下整体安排资源，一般会放弃单个订单甚至小批量订单。提高 BOM 对多种生产类型的适应性，直接关系到能否成功地将客户订单转化为标准的 BOM 清单，这是 ERP 系统实施成功与否的瓶颈之一。

2.1.2　排产调度

　　生产调度作为企业供、销、存的中枢核心，在企业的资金流、物流和信息流中起着承上启下的作用。企业实施 ERP 系统时，生产调度需要调入其他模块的大量数据（如订单产品数量、订单交货期、模具数量、造型线、原材料数量、设备维修记录等）进行分析运算，指导生产部门生产。然而，在实际的生产过程中，生产线生产能力不稳定、客户订单不确定、生产设备的损坏以及供应商供货不及时等一系列不确定因素，造成了目前实施 ERP 的生产企业中生产排产调度模块成功的几率较低。

一般地，ERP 生产管理模块中排产调度主要由以下几部分组成（张毅，2001）。

1. 主生产计划

主生产计划是 ERP 生产管理模块中排产调度的基础。它是根据生产计划、预测和客户订单的输入来安排将来各周期中提供的产品的种类和数量。它将生产计划转为产品计划，在平衡了物料和能力的需要后，精确到时间、数量的详细进度计划。是企业在一段时期内的总活动的安排，是一个稳定的计划，是根据生产计划、实际订单和历史销售数据分析得来的预测三者共同作用产生的。它相当于目前中小型企业中调度员的初始排产单，需要不断地更新数据，是排产调度的第一步。

在面向库存生产的环境下，企业的主生产计划对象通常安排的是最终成品，即企业的销售产品。企业根据对市场需求的预测和成品库需要补充的数量来决定生产什么产品，并从现有的库存中销售产品。

不同类型的企业在制订主生产计划时考虑的因素是不同的，但不管企业采取什么样的生产策略，其在制订计划过程中考虑的因素主要有：①生产计划大纲；②预测的需求；③客户实际订单；④可用的原材料；⑤工厂实际可用能力。

在制订计划的过程中，一般都要经过计划制订和粗能力平衡阶段，在确定了计划的可行性以后再正式发布和执行。计划通过 MRP 的分解运算后若发现存在能力的不平衡，就存在对计划进行调整的必要，直到能力/负荷平衡为止。主生产计划制订的流程图如图 2-2 所示。

2. 物料需求计划

MRP 的基本原理是根据产品结构的具体特征，将主生产计划具体分解为零部件生产计划和采购件及原材料的采购计划，确定自制件的投产日期与完工日期、原材料和采购件的订货日期和入库日期。

1）系统的主要输入信息

MPS 主要是关于"生产什么"的描述，根据客户订单和市场预测确定出厂产品的数量和时间。当用户改变了订货合同项目的数量或交货期，或者市场价格、市场供应与需求变化时，主生产计划要进行相应的调整。

BOM 主要是关于"要用到什么"的描述，主要描述产品和所有下层物料之

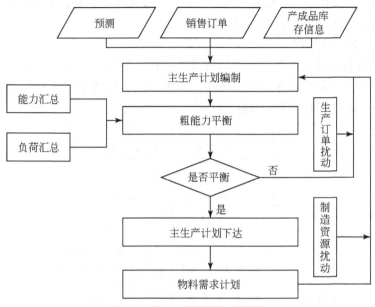

图 2-2　主生产计划制订流程图

间的从属关系。MRP 根据物料清单将主生产计划中产品的生产计划分解成产品所有零部件的生产计划，因此 MRP 计划的准确依赖于物料清单的准确性。

库存信息是主要关于"已有什么"的描述，说明物料存放地点的静态信息和说明物料可用量的动态信息。库存信息通常包括现有库存量、已分配库存量和在途量等。MRP 计算时，先根据主生产计划分解得到零部件的毛需求量，再考虑库存量计算出零部件的净需求量。

物料主文件，物料是指产品中的每一项材料，包括原材料、在制品、半成品和完成品。物料主文件则记录所有物料的属性。这些属性包括物料编号、提前期、安全库存、批量规则、最低码等。物料编号是物料的唯一标识码。提前期是指以交货或完工日期为基准，倒推到加工或采购开始日期的这段时间。其中，生产提前期是由制造工艺路线中每道工序的传送、排队、准备、加工和等待时间构成；采购提前期由管理提前期、供应商提前期与验收时间等组成。安全库存是为了保证生产活动的正常进行，防止因需求或供应波动引起短缺损失而设的一种库存数量。批量规则是为了达到成本最低的目的而设的订单批量计算标准。最低码是物料在产品结构中曾出现的最低阶次，用来决定 MRP 计算的计算顺序。

除了主生产计划、物料清单、库存信息和物料主文件外，还需要工厂日历、工艺文件以及工作中心等信息。根据工厂日历安排生产计划；根据工艺文件和工作中心信息，进行能力平衡，调整 MRP 计划。

2）MRP 计算原理

MRP 计算主要是根据产品结构树将主生产计划中产品的生产计划分解成零部件的生产计划和采购件的采购计划。MRP 逻辑流程图如图 2-3 所示。MRP 计划的编制一般分下面四个步骤进行。

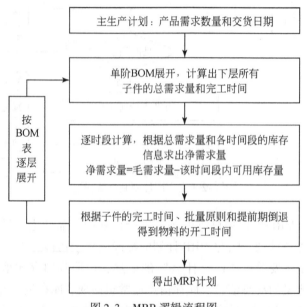

图 2-3 MRP 逻辑流程图

（1）根据产品的层次结构，逐层把产品展开为部件与零件。

（2）根据规定的提前期标准，由产品的交货日期倒排生产计划，根据主生产计划需求量计算零部件的毛需求量。

（3）根据毛需求量和该物料的可分配库存量，计算净需求量；再根据批量原则决定该物料的实际加工批量和日期。

（4）对于外购的原材料和零部件，先根据 BOM 表进行汇总，然后按它们的提前期倒推出采购的时间和数量。

3. 能力需求计划

它是在得出初步的物料需求计划之后，将所有工作中心的总工作负荷与工作中心的能力平衡后产生详细的工作计划，用以确定生成的物料需求计划是否是企业生产能力上可行的需求计划。能力需求计划是一种短期的、当前实际应用的计划。

能力需求计划一般分为两级：粗能力计划（rough cut capacity planning，RCCP）和细能力计划（capacity requirement planning，CRP）。

RCCP 的处理过程是将产成品的生产计划转换成对相应的工作中心的能力需求。生产计划可以是综合计量单位表示的生产计划大纲，或是产品、产品组的较详细的主生产计划。将 RCCP 用于生产计划大纲或主生产计划，并没有什么原则差别。但是，RCCP 的编制忽略了一些基本信息，以便简化和加快能力计划的处理过程。RCCP 的处理过程直接将主生产计划与执行这些生产任务的加工和装配工作中心联系起来，所以它可以在能力的使用方面评价主生产计划的可执行性。顾名思义，RCCP 仅对主生产计划所需的关键生产能力做一粗略的估算，给出一个能力需求的概貌。RCCP 的处理一般只考虑每月在主生产计划中的主要变化。尽管主生产计划的计划周期为周，但 RCCP 可以每月做一次。将主生产计划中每周的生产量汇总成当月的生产量，以该数据为根据，对以月为计划周期的主生产计划编制 RCCP，更加便于进行能力管理。RCCP 的编制可以分为两种方法。①使用能力清单（资源清单）；②使用分时间周期的能力清单（资源清单）。

RCCP 应用三种方式以机器负载报告来定义产能需求。①综合因素能力计划（capacity planning using overall factors，CPUOF）：所需数据和计算最少；②标准工时清单方法（the bill of labor approach，BOLA）：需要使用每个产品在主要资源的标准工时的详细数据。标准工时是一个正常工人（设备）以平常的步调工作，生产一项产品一个单位并加上宽放的时间。所有零件的标准工时已经考虑休息的宽放、延迟的宽放等；③资源轮廓方法（resource profile approach，RPA）：除了标准工时的数据外，尚需要考虑前置时间。

细能力计划又称为能力需求计划（capacity requirement planning，CRP），它是帮助企业在分析物料需求计划后产生出一个切实可行的能力执行计划的功能模块。该模块帮助企业在现有生产能力的基础上，及早发现能力的瓶颈所在，提出切实可行的解决方案，从而为企业实现生产任务提供能力方面的保证。其实，CRP 制订的过程就是一个平衡企业各工作中心所要承担的资源负荷和实际具有的可用能力的过程，即根据各个工作中心的物料需求计划和各物料的工艺路线，对各生产工序和各工作中心所需的各种资源进行精确计算，得出人力负荷、设备负荷等资源负荷情况，然后根据工作中心各个时段的可用能力对各工作中心的能力与负荷进行平衡，以便实现企业的生产计划。具体流程图如图 2-4 所示。

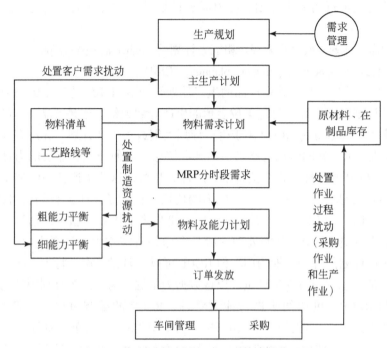

图 2-4　能力需求计划在 ERP 系统中的位置图

4. 车间控制

这是随时间变化的动态作业计划，是将作业分配到具体的各个车间，再进行作业排序、作业管理、作业监控。

车间作业管理的目的是便于制造企业编制与管理生产计划，重点在于计划和控制生产过程的人力、物力、设备和时间。车间作业管理模块的基本功能包括以下几方面。

（1）建立和维护准确的、最新的车间订货数据，包括标准车间订货和客户化的车间订货。

（2）建立和维护能力需求计划所需的工作中心负荷数据。

（3）建立和维护车间日历。

（4）具有灵活的计划编制和重排进度的能力，从而制定出切合实际的、符合当前优先级的生产计划。

（5）车间任务下达。

（6）针对每个车间订货记录物料和人力。

（7）报告所有车间订货的当前状态。

（8）建立和维护车间全部事务档案，以用于历史性分析和制订未来计划。

5. 制造标准

在编制计划中需要许多生产基本信息，这些基本信息就是制造标准，包括零件、产品结构、工序和工作中心，都用唯一的代码在计算机中识别。①零件代码是对物料资源的管理，对每种物料给予唯一的代码识别。②物料清单定义产品结构的技术文件，用来编制各种计划。③工序描述加工步骤及制造和装配产品的操作顺序。它包含加工工序顺序，指明各道工序的加工设备及所需要的额定工时和工资等级等。④工作中心由使用相同或相似工序的设备和劳动力组成，从事生产进度安排、能力核算、成本基本单位的计算。

ERP 系统的调度管理主要是执行 MRP 计划，把 MRP 计划变换为车间加工单和调度单，并按车间加工单和调度单执行，同时对计划执行情况进行反馈，并进行投入与产出控制。ERP 系统基于事务处理环境，车间加工单和调度单的时间跨度一般比较长，它从管理层角度关注客户订单、销售预测、物料需求等信息，并将计划下达给车间执行层以生产需要的产品，来满足客户订单或库存要求。

物料需求计划 MRP 是 ERP 的核心，它在 ERP 整个体系中属于管理层的计划，是企业整个微观计划阶段的开始，是主生产计划的进一步展开。物料需求计划是联接技术数据、主生产计划、能力需求计划、生产任务管理、生产采购管理、装配及库存物流管理的中枢。物料需求计划管理理念的科学性和合理性是事关企业整个 ERP 能否高效运行的关键所在。

并且，MRP 系统具有剖析物料清单、安排项目时间与物料需求的能力，因而能够用于生产计划。但 MRP 相对准时制生产（Just in Time，JIT）而言，库存和在制品量大。其主要原因在于 MRP 采用增加最终产品的安全储量和在制品的储量来调节生产和需求之间、不同工序之间的平衡。高的存储降低了物料在制造系统中的流动速度，于是导致了 MRP 的制造周期较长。

另外，主生产计划的数据在实际中往往很难精确，加上未来需求的不确定性，这就使得 ERP 中的主生产计划精度降低，执行中必须不断修改。若更改不及时，就难以反映拖期交货、生产和市场等方面的变化。

2.2 约束理论与准时生产理论

2.2.1 约束理论

约束理论（theory of constraints，TOC）产生于 20 世纪 80 年代，最初由以色列学者 Goldratt 提出的。它是由最优生产技术（optimized production technology，OPT）发展而来的（Goldartt，1990）。

TOC 的基本概念包括瓶颈、企业目标、企业的绩效评价标准三个部分，其中瓶颈是约束理论的核心。所谓瓶颈或者瓶颈资源指的是实际生产能力小于或者等于生产负荷的资源。TOC 关注整个系统的改进，认为系统的绩效由最薄弱的环节决定，它限制了企业的产出，企业要做的便是找出这些约束环节即瓶颈，改进瓶颈，从而提高系统的整体效率。

鼓—缓冲—绳（drum-buffer-rope，DBR）理论是约束理论用于解决生产计划与控制的新方法。它把企业看作一个系统，依据瓶颈资源的生产能力，制定相应的主生产计划。约束理论的生产计划与控制方法——DBR 系统，是一种"前拉后推"的模式，即以瓶颈资源为核心，以瓶颈资源的生产节奏决定系统的节奏。瓶颈资源前的工序采取类似于 JIT 系统的拉动式生产方式，减少在制品库存；瓶颈资源后的工序采取推动式的生产方式，提高系统的产出。

基于 TOC 的生产计划是一种重复循环式的模式，从系统中瓶颈的识别、时间缓冲的设置、确定瓶颈资源的生产节奏到各订单的投料时间，再到缓冲区的管理，依次循环往复，不断提升系统的瓶颈，挖掘系统的潜能。

此外约束理论存在两套评价系统来衡量企业的绩效水平，一套是从财务角度出发，另外一套从运营的角度出发（戚晓曜，2005）。

1. 财务评价

约束理论有三个指标测评企业赚钱的能力。①净利润是企业赚钱多少的绝对量。②投资收益率表示一定时期内收益与投资的比。③现金流表示短期内收入和支出的钱。这三个指标必须结合起来使用。企业获得一定的净利润，就需要知道获得这些利润花费了多少投资，否则就没有实际意义。企业需要现金来支付日常运营的费用，不少企业就是因为缺乏现金，导致资金链断裂而破产。

2. 运营标准

财务评价在企业较高的层次上非常有效，但是在运营层次上却不适用。一般使用以下几个指标对运营情况进行评价。①产销率。它是系统通过生产和销售赚取利润的速率。它不是一般的生产率，而是单位时间内生产出来并销售出去的量，即通过销售活动获取金钱的速率。生产出来但未销售出去的产品只能是库存；②库存。它不仅包括为满足未来需要而准备的原材料、加工过程的在制品、暂时不用的零部件和未销售的成品，而且还包括扣除折旧的固定资产；③运营费用。它是系统为了把库存变成产销率而花费的资金，其中包括所有的直接费用和间接费用。

TOC 是一种科学系统的生产系统管理模式，被广泛地应用到生产、营销、分销、项目管理、供应链等领域，而且都收到了很好的效果。TOC 的核心是使瓶颈产能最大化从而使系统产销率最大化，那么通过什么方法识别和解决瓶颈呢？TOC 为我们提供了三种方法：DBR、五步法和思维流程。

（1）TOC 中直接应用于生产计划和控制的方法是 DBR，它是为实现 TOC 思想而专门设计的一种运作控制机制。它主要由 "鼓"（drum）、"缓冲"（buffer）、"绳子"（rope）等三个部分组成。① "鼓" 是用来识别生产系统中的瓶颈，而且可以反映出整个系统对瓶颈资源的利用程度（丁明玲，2008）。企业在制订生产计划时，要以瓶颈资源的生产速度为依据，首先对瓶颈资源编制详细的作业计划，即主生产计划，然后使其他环节与瓶颈资源同步，在系统产销率最大的前提下满足顾客对交货期的要求。瓶颈控制着企业生产的节奏即鼓点，因此企业生产计划的安排不仅需要正确预测市场需求，还要对瓶颈环节进行优先权数的选择，使企业其他生产计划与之相协调。如果系统中既没有瓶颈资源，又没有次瓶颈资源，则最好以物流的分叉点作为约束。② "缓冲器" 设置的目的是保护瓶颈资源生产的连续性，使物流在生产过程中能够畅通无阻，有效缓解系统受不确定性因素的影响。"缓冲器" 按照功能不同可以分为三种：瓶颈缓冲用来保护瓶颈资源，使其不因为缺料而闲置；出货缓冲使得订单能如期交货；装配缓冲使保护瓶颈资源所完成的工件能顺利被装配（Ronen and Starr, 1990）。

按照其性质不同缓冲又可分为时间缓冲和库存缓冲（Schrgaenheim and Rozen, 1990）。时间缓冲是将瓶颈环节所需的物料比计划要求提前一段时间提交，以消除随机波动，并以瓶颈上的加工时间长度作为计量单位；库存缓冲实际上是安全库存。缓冲量的大小与瓶颈资源前工序出现的波动幅度和设备发生的故障以及企业排除故障恢复生产的能力等因素有关。③ "绳子" 实质上是一种控制机制，控制着瓶颈前各工序的物料投入，有效地使物料按照产品出产计划快速地通过非瓶颈工序，以保证瓶颈的需要。绳子的信息传递作用使上游工序实行拉动式生产，即后道工序根据需要向前道工序领取必要的零件进行加工，而前道工序只补充后道工序已取用的部分，使得瓶颈和非瓶颈之间达到平衡，加工批量和运输批量减少，降低提前期和库存，还不会使瓶颈工序中断生产。通过绳子的控制，使系统产出达到最大化。

（2）为了更好地识别解决瓶颈，TOC 提出了五步法，具体内容如下。

第一步，找出瓶颈因素，识别约束。企业的约束一般有原料增加生产过程的原材料投入；能力——增加某种生产资源；市场——开拓市场需求；政策——找出企业内部和外部约束产销率的种种政策规定。企业约束还包括一些公司固有的制度、员工的态度、习惯等。如果系统中有多个约束，优先解决对系统影响最大的约束。

第二步，寻找解决这些瓶颈的方法，并利用约束。挖掘约束未被充分利用的潜能，使系统尽可能高效运行，有几个途径：最大程度的利用时间；加大加工批量，节约设备的调整准备时间；约束资源前设置时间或库存缓冲，力争瓶颈资源满负荷运作；加强供应商管理；运用质量管理的方法提高瓶颈资源产出的合格率等。

第三步，所有其他的活动服从系统约束的需要。保证瓶颈资源的充分利用，确保约束资源无需等待。因为非瓶颈资源的增加不能增加整个系统的产销率，因此此时利用率和效率不是非约束资源的考核指标。正是这一点使得约束理论不单单是一种制造理念，而是一种管理理念或经营理念，可以应用到营销、采购、生产、财务等企业经营各个方面的协调。

第四步，采取措施提高约束产能，使其不再是瓶颈。力争打破系统的约束，如果经过以上步骤后系统的产能仍然不满足，考虑增加产能，如增加设备、安排外协加工等。但是，企业的约束很多，又会有新的瓶颈出现，需要进行第五步。

第五步，约束循环，回到第一步。当采取措施突破瓶颈后，又会有新的瓶颈出现，因此要回到第一步开始新的循环。切忌不要让人的惰性成为新的瓶颈。

（3）支撑 TOC 的五大步骤的是 TOC 的思维流程（thinking process，TP）和一些 TOC 的工具（刘广东，2011）。TOC 的思维流程严格按照因果逻辑来回答下面的三个问题。①改进什么；②改成什么样子；③怎样使改进得以实现。

回答第一个问题从而解决了五大核心步骤的第一步：找出系统中存在哪些约束。由于瓶颈来自不同的方面，所以不可能一下子就能识别哪些是瓶颈，必须首先能够知道系统的现状如何，此时可以用"当前现实树"，把当前存在的问题用树状的逻辑结构表示出来就能识别关键瓶颈了。

"改成什么样子"实质上就是找到消除瓶颈后所达到的理想状态。此时用到的逻辑结构图和工具就是"消雾法"、"未来现实树"和"负效应枝条"。"消雾法"用来突破当前约束企业的主要冲突。"未来现实树"用来确认当前面对的不尽如人意的状况确实能够用这个突破法来转变成令人满意的结果。而实施这些改进措施会出现的那些意料不到的负面影响可以用"负效应枝条"来表示。因此,这里主要通过消雾法来消除当前企业的冲突,得出未来现实树,说明了通过消雾法可以得到令人满意的结果,而在实施改进的过程中出现的负面影响用负效应枝条来表示。当确定这些负面影响被避免之后就可以确认改进的结果了。

在回答了前两个问题之后,怎样把想象的结果变成现实就要采取一定的措施。系统中出现问题的环节,相关工作人员是最清楚问题出现在哪里,企业应主动去征求这些人的意见,看他们认为什么会阻碍企业推进这一改进过程。据此,TP 要求企业应积极主动的让所有人员参与进来,这也能保证最后的方案顺利实施。这时用到的工具是必备树和转变树。

通过运用 TOC 的思维流程和所提供的工具,不断地识别企业的瓶颈,寻求突破瓶颈的方法,并采取措施来实现企业的财务目标、运营目标,最终提高企业的产销率。可以说,约束理论既是面向产销率的管理理念,又是一系列的思维工具,已形成了一套完整的体系。

2.2.2 准时生产

JIT 是起源于日本丰田汽车公司的一种生产管理方法。它的基本思想可用现在已广为流传的一句话来概括:"只在需要的时候,按需要的量生产所需的产品"。

这种生产方式的核心是追求一种无库存,或使库存达到最小的生产系统。其目标就是降低成本,获取最大利润。研究人员为此而开发了包括"看板"在内的一系列具体方法,并逐渐形成了一套独具特色的生产经营体系。准时生产方式在最初引起人们注意时曾被称为"丰田生产方式",后来随着这种生产方式被人们越来越广泛地认识研究和应用,特别是引起西方国家的广泛注意以后,人们开始把它称为 JIT 生产方式。

1. JIT 生产方式的基本思想

JIT 的基本思想是生产的计划、控制及库存的管理。JIT 生产方式以准时生产为出发点，首先暴露出生产过量和其他方面的浪费，然后对设备、人员等进行淘汰、调整，达到降低成本、简化计划和提高控制的目的（大野耐一，2006）。在生产现场控制技术方面，JIT 的基本原则是在正确的时间生产正确数量的零件或产品，即准时生产。它将传统生产过程中由前道工序向后道工序送货，改为后道工序根据"看板"向前道工序取货。看板系统是 JIT 生产现场控制技术的核心。以看板管理的应用为例，唐山爱信公司采用精益化生产方式中的后道工序从前道工序领取零部件的"拉动方式"，生产轻、微、轿型变速器。在产量逐年增大的情况下，不但满足了市场的需要，而且存货资金同时逐渐降低；存货资金周转天数由 1996 年的 104 天降到 2001 年的 22 天；2000～2001 年，在公司内公开进行的质量控制（quality control，QC）活动共有 122 项，可计算的直接成本降低了近 60 万元。通过实施看板管理，其公司的产品质量稳步提高，并且充分地调动了员工的工作积极性，员工主人翁意识得到明显加强，公司的生产管理得到极大的改善。但是 JIT 不仅仅是看板管理，只是看板管理的应用较为突出。

2. JIT 生产方式的主要特征

（1）品质——寻找、纠正和解决问题。

（2）柔性——小批量、一个流。

（3）投放市场时间——把开发时间减至最小。

（4）产品多元化——缩短产品周期、减小规模效应影响。

（5）效率——提高生产率、减少浪费。

（6）适应性——标准尺寸组成、协调合作。

（7）学习——不断改善。

3. JIT 生产方式的目标

JIT 生产方式的最终目标即企业的经营目的是获取最大利润。为了实现这个最终目的，"降低成本"就成为基本目标。在福特时代，降低成本主要是依靠单一品种的规模生产来实现的。但是在市场瞬息万变、多品种小批量生产的情况下，这一方法是行不通的。JIT 生产方式采用灵活的生产组织形式，根据市场需求的变化，及时、快速地调整生产，依靠严密细致的管理，通过"彻底排除浪费"，防止过量生产来实现企业的利润目标。为实现这一基本目的，JIT 生产方式必须能很好地实现以下三个子目标：零库存、高柔性（多品种）、无缺陷。

1）零库存

一个充满库存的生产系统会掩盖系统中存在的各种问题。如设备故障造成停机，工作质量低造成废品或返修，横向扯皮造成工期延误，计划不周造成生产脱节等，都可以动用各种库存，使矛盾钝化、问题被淹没。表面上看，生产仍在平衡进行，实际上整个生产系统可能已千疮百孔，更可怕的是，如果对生产系统存在的各种问题熟视无睹、麻木不仁，长此以往，紧迫感和进取心将丧失殆尽。因此，日本人称库存是"万恶之源"，是生产系统设计不合理、生产过程不协调、生产操作不良的证明，并提出"向零库存进军"的口号。所以，"零库存"就成为 JIT 生产方式追求的主要目标之一。

2）高柔性

高柔性是指企业的生产组织形式灵活多变，能适应市场需求多样化的要求，及时组织多品种生产，以提高企业的竞争能力。面临市场复杂多变这一新问题，JIT 生产方式必须以高柔性为目标，实现高柔性与高生产率的统一。为实现柔性和生产率的统一，JIT 生产方式必须在组织、劳动力、设备三方面表现出较高的柔性。①组织柔性：在 JIT 生产方式中，决策权力是分散下放的，而不是集中在指挥链上，它不采用以职能部门为基础的静态结构，而是采用以项目小组为基础的动态组织结构。②劳动力柔性：市场需求波动时，要求劳动力也作相应调整。JIT 生产方式的劳动力是具有多面手技能的多能工，在需求发生变化时，可通过适当调整操作人员的操作来适应短期的变化。③设备柔性：与刚性自动化的工序分散、固定节拍和流水生产的特征相反，JIT 生产方式采用适度的柔性自动化技术（数控机床与多功能的普通机床并存），以工序相对集中，没有固定节拍以及物料的非顺序输送的生产组织方式，使 JIT 生产方式在中小批量生产的条件下，接近大量生产方式因刚性自动化而达到的高效率和低成本，同时具有刚性自动化所没有的灵活性。

3）零缺陷

传统的生产管理很少提出零缺陷的目标，一般企业只提出可允许的不合格百分比和可接受的质量水平。其观念是：不合格品达到一定数量是不可避免的。而 JIT 生产方式的目标是消除各种产生不合格品的原因，在加工过程中每一工序都要求达到最好水平，追求零缺陷。

高质量来自零缺陷的产品，"错了再改"得花费更多的金钱、时间与精力，强调"第一次就做对"非常重要。每一个人若在自己工作中养成了这种习惯，凡事先做好准备及预防工作，认真对待，防患于未然，很多情况下就不会有质量问题了。因此，追求产品质量要有预防缺陷的观念，凡事第一次就要做好，建立"零缺陷"质量控制体系。过去一般企业总是对花在预防缺陷上的费用能省则省，结果却造成很多浪费，如材料、工时、检验费用、返修费用等。企业应该认识到，事后的检验是消极的、被动的，而且往往太迟。各种错误造成需要重做零件的成本，常常是几十倍的预防费用。因此，应多在缺陷预防上下工夫，也许开始时多花些费用，但很快便能收回成本。

4. JIT 生产方式的基本手段

图 2-5 明确而简洁地表示了 JIT 生产方式的体系构造，同时也表明了该体系的目标以及实现目标的各种技术、手段和方法及其相互间的关系。

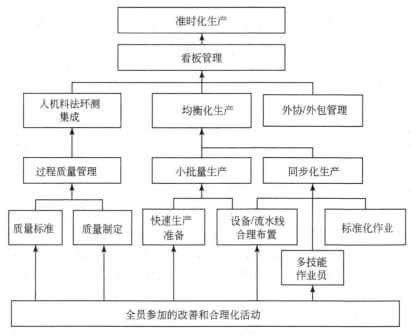

图 2-5　JIT 生产方式

可见 JIT 的实际应用包含了纷繁复杂的内容，从实施手段和工具的角度也因企业和生产方式的差异而不同。但从 JIT 的核心思想出发，为了达到降低成本这一基本目标，对应于上述基本目标的三个子目标，JIT 生产方式的基本手段也可以概括为下述三方面。

1）生产流程化

即按生产汽车所需的工序从最后一个工序开始往前推，确定前面一个工序的类别，并依次恰当安排生产流程，根据流程与每个环节所需库存数量和时间先后来安排库存和组织物流。尽量减少物资在生产现场的停滞与搬运，让物资在生产流程上毫无阻碍地流动。

"在需要的时候，按需要的量生产所需的产品"。对于企业来说，各种产品的产量必须能够灵活地适应市场需要量的变化。众所周知，生产过剩会引起人员、设备、库存费用等一系列的浪费。避免这些浪费的手段就是实施适时适量生产，只在市场需要的时候生产市场需要的产品。

为了实现适时适量生产，首先需要致力于生产的同步化。即工序间不设置仓库，前一道工序的加工结束后，立即转到下一道工序，装配线与机械加工几乎平行进行。在铸造、锻造、冲压等必须成批生产的工序，则通过尽量缩短作业更换时间来尽量缩小生产批量。生产的同步化通过"后道工序领取"这样的方法来实现。"后道工序只在需要的时间到前道工序领取所需的加工品；前道工序中按照被领取的数量和品种进行生产"，这样，制造工序的最后一道即总装配线成为生产的出发点，生产计划只下达给总装配线，以装配为起点，在需要的时候，向前道工序领取必要的加工品，而前道工序提供该加工品后，为了补充生产被领走的量，必向再前道工序领取物料，这样把各个工序都连接起来，实现同步化生产（赵启兰和刘宏志，2003）。

这样的同步化生产还需通过采取相应的设备配置方法以及人员配置方法来实现。即不能采取通常的按照车、铣、刨等工业专业化的组织形式，而需按照产品加工顺序来布置设备。这样也带来人员配置上的不同作法：弹性配置作业人数。众所周知，降低劳动费用是降低成本的一个重要方面，达到这一目的的方法是"少人化"。所谓少人化，是指根据生产量的变动，弹性地增减各生产线的作业人数，以及尽量用较少的人力完成较多的生产。这里的关键在于能否将生产量减少了的生产线上的作业人员数减下来。具体方法是实施独特的设备布置，以便能够在需求减少时，将作业所减少的工时集中起来，以整顿削减人员。但这从作业人员的角度来看，意味着标准作业中的作业内容、范围、作业组合以及作业顺序等的一系列变更。因此为了适应这种变更，作业人员必须是具有多种技能的"多面手"（蔡启明和张庆，2005）。

2）生产均衡化

生产均衡化是实现适时适量生产的前提条件。所谓生产的均衡化，是指总装配线在向前工序领取零部件时应均衡地使用各种零部件，生产各种产品。为此在制订生产计划时就必须加以考虑，然后将其体现于产品生产顺序计划之中。在制造阶段，均衡化通过专用设备通用化和制定标准作业来实现。所谓专用设备通用化，是指通过在专用设备上增加一些工夹具的方法使之能够加工多种不同的产品。标准作业是指将作业节拍内一个作业人员所应担当的一系列作业内容标准化。

生产中将一周或一日的生产量按分秒时间进行平均，所有生产流程都按此来组织生产，这样流水线上每个作业环节上单位时间必须完成多少种作业就有了标准定额，所在环节都按标准定额组织生产，因此按此生产定额均衡地组织物质的供应、安排物品的流动。因为 JIT 生产方式的生产是按周或按日平均，所以与传统的大生产、按批量生产的方式不同，JIT 的均衡化生产中无批次生产的概念。

标准化作业是实现均衡化生产和单件生产单件传送的又一重要前提。丰田公司的标准化作业主要是指在标准周期时间内，把每一位多技能作业员所承担的一系列的多种作业标准化。丰田公司的标准化作业主要包括三个内容：标准周期时间、标准作业顺序、标准在制品存量，它们均用"标准作业组合表"来表示。

3）资源配置合理化

资源配置的合理化是实现降低成本目标的最终途径，具体指在生产线内外，所有的设备、人员和零部件都得到最合理的调配和分派，在最需要的时候以最及时的方式到位。

从设备而言，设备包括相关模具实现快速装换调整，例如，丰田公司发明并采用的设备快速装换调整的方法是六十秒即时换模法（single minute exchange of die，SMED）。丰田公司所有大中型设备的装换调整操作均能够在 10 分钟之内完成，这为"多品种、小批量"的均衡化生产奠定了基础。

在生产区间，需要设备和原材料的合理放置。快速装换调整为满足后工序频繁领取零部件制品的生产要求和"多品种、小批量"的均衡化生产提供了重要的基础。但是，这种频繁领取制品的方式必然增加运输作业量和运输成本，特别是如果运输不便，将会影响准时化生产的顺利进行。合理布置设备，特别是 U 型单元连结而成的"组合 U 型生产线"，可以大大简化运输作业，使得单位时间内零件制品运输次数增加，但运输费用并不增加或增加很少，为小批量频繁运输和单件生产单件传送提供了基础。

JIT 模式的生产过程中前道工序的活动是按后续工序的现场需求来确定的。物流与信息流方向正好相反，JIT 系统的信息是沿着系统一个接一个岗位地反向流动的，因此，它是一个典型的"拉"（pull）式系统。工作准时移动到下道工序，使工作流协调一致，避免了工序间积累的额外存货。JIT 尽量维持生产的稳定和能力平衡，要求人员一专多能和相互合作，要求设备柔性重构以保证生产线能力的相对平衡，这些都保证了 JIT 生产系统的柔性化。此外，JIT 作为一种横向信息结构，信息传递的速度快，传递效率高，信息失真度小，对市场的小范围波动还可以进行自律地微调，在一定程度上提高了系统的柔性。

但由于 JIT 系统追求零库存，不能适应大的需求变化，主要适用于少品种、大批量、需求相对平稳的重复和流程式的生产运作环境。JIT 的管理重心依赖生产现场，因此其整体计划性弱，缺少中长期计划的指导，可能导致工艺实施过程中不同工序抢夺系统资源，从而影响整个生产系统的执行情况。生产系统中的不均衡是绝对存在的，仿真结果表明 JIT 对波动和设备故障产生的不均衡的承受能力要远低于 MRP Ⅱ 系统，尤其是瓶颈资源的故障将严重影响产品的交货期。

2.3 动态调度理论

按照加工任务或被加工工件的特征，调度问题分为静态调度和动态调度。静态调度认为所有零件的信息和车间状态都是明确的，一旦调度计划确定，车间就按计划生产。在静态调度问题中，n 个工件在 m 台机器上加工，当各工件在每台机器上的加工顺序确定后，所有工件的调度方案就被确定。然而，传统的静态调度模型不能适应实际生产调度环境的动态性、随机性、多目标等特点，Jackson 在 1957 年最早给出了动态调度的概念。动态调度问题的提出主要是因为存在新订单到达、零件报废或返工、交货期变更以及机器故障、原材料延迟到达等一系列随机干扰因素，迫使原定的生产计划被打乱。为了保证生产过程的顺利进行，就需要根据系统中工件的状况不断地进行重新调度。

2.3.1 动态调度特点

（1）复杂性。车间中的作业、加工设备、搬运系统之间往往是相互作用的，同时每个作业又要考虑它的到达时间、加工时间、安装时间、操作顺序以及交货日期等，由于车间调度问题是在等式或不等式约束下求得性能指标的优化，在计算量上往往是 NP 完全问题，即随着问题规模的增大，对于求解最优化的计算量呈指数增长。因而使得一些常规的最优化方法往往无能为力，只能采用近似算法。

（2）动态随机性。动态随机性表现在动态事件上，引起调度环境变化从而需要进行动态调度的事件称为动态事件。动态事件的种类有多种，Suresh 等将动态事件分成以下 4 类（Suresh and Chandhuri, 1993）。①与工件相关的事件：工件随机到达。工件加工时间不确定，交货期变化，动态优先级和订单变化；②与机器相关的事件：机器损坏负载有限，机器阻塞/死锁和生产能力冲突；③与工序相关的事件：工序延误、质量否决和产量不稳定；④其他事件：操作人员不在场、原材料延期到达，原材料有缺陷，动态加工路线等。

（3）多约束。在研究调度问题时，无论哪种调度问题都需要满足一定的机器、工件和订单等多方面的约束，如机器的能力约束、工件到期时间约束和工序的先后顺序约束等。同时还要考虑其他约束条件，如人员、工具、物流系统等。这些约束条件的多样性进一步增加了调度问题的求解难度。

（4）多目标。调度的目标多种多样，在实际的调度中需要综合考虑各种目标。一次调度往往具有多个目标，如加工时间最短、利润最大、生产成本最低等，而且这多个目标之间有时互相冲突，需要对不同目标加以协调。再次调度时，目标可能变化，因此需要动态调整目标。

（5）离散性。车间生产系统是个典型的离散系统，工件的加工发生在不同的时间、加工时资源的短缺、任务的到达、订单的更改、设备的故障和操作人员的失误等都是随机发生的离散事件。

2.3.2 动态调度评价

在经典的 job-shop 静态调度问题中，所有工件的释放时间（或到达时间）r_i 均在零时刻，性能指标通常采用最大完工时间 C_{max} 最小，即 $\min\{\max C_i, \ i = 1, \cdots, n\}$，其中 C_i 是工件 J_i 的完工时间。然而，在实际动态生产环境中工件是依次进入待加工状态，它们的释放时间 r_i 是不可预期的和不同的。由于工件只能在释放时间之后开始加工，动态模式中最大完工时间由最新加入工件的释放时间支配。

动态车间调度的指标（performance criterion）主要可以分为测量调度效率指标，测量稳定性指标和测量费用指标。

（1）测量调度效率的性能指标常常用在产生一个生产调度上。它们以测量时间为基础，如生产周期、平均延迟时间、平均流动时间、平均资源利用率和最大迟滞时间等。在以往的静态环境下，这个指标的研究是最多的，也是最成熟的。近些年，JIT 的思想在制造业中得到了广泛应用，这意味着要尽可能地使工件的加工完成时间与交货时间接近，从而减少库存成本和降低风险。

如以交货期最优为目标函数，JIT 制企业强调提前于交货期完工和落后于交货期完工都将受到惩罚，所有工件的完工时间必须尽量与交货期靠近。因此，交货期性能最优既是预调度又是再调度的优化目标，定义为

$$\min f_1 = \max_{j=1}^{N}\{\max[(d_j - C_j), 0]\}$$

$$\min f_2 = \max_{j=1}^{N} \left\{ \max\left[\left(C_j - d_j \right), \ 0 \right] \right\}$$

式中，C_j 是工件 j 的完工时间，d_j 是工件 j 的交货期。

（2）调度稳定性在静态和确定性调度环境中通常不是问题，因为调度环境中不需要更新。然而在其他重调度环境中，稳定性、神经性和鲁棒性是很重要的性能指标。

如以偏差度为目标函数，采用偏差目标的原因是一旦预调度方案投入实施后，车间就会付出一系列的准备工作（比如订购原材料、调试机器、组织工人、制定交货期等），如果生产过程中出现的扰动情况会对这些准备工作产生负面影响，就应该把这种偏差尽量减小。该目标作为再调度的优化目标，具体定义为：发生扰动时，重新产生调度方案后，尚未加工的工序在预调度和再调度两种方案里的开工时间的偏差和。

$$\min f_3 = \min \sum_{j=1}^{N_d} \left(\left| S'_j - S_j \right| \right)$$

式中，S'_j 和 S_j 分别指开工时间；N_d 是再调度因子出现时预调度中尚未完工的总工序数。

（3）重调度费用包括：计算费用、准备费用和运输费用。计算费用包括计算机运行调度系统时的计算负荷、在必需的信息系统中投入的偶生成本（传感器、显示器、通讯网络、硬件和软件）和续生成本（系统管理、维护和更新）。如果重调度用手工的话，计算费用还包括工作人员产生和更新调度的时间。准备费用在根据调度提前创建或分配工具和装备时出现。因此，在调度中的一个改变将要出现再分配小车和重新计划工具的费用。运输费用就是把物料从一个机器运到另一个机器所需要的费用。

通常的调度不能完全照顾到所有的指标，需要根据不同的需要具体选择。

2.3.3　动态调度策略

由于车间调度是制定一系列外部生产计划活动（物料准备、设备维护、产品计划下达等）的基础，所以常常根据当前企业拥有的信息或者对未来预测所得的信息生成一个预调度方案，这个方案综合考虑了企业内的资源状况和执行过程中有可能发生的干扰事件。但在实际生产环境中，并不是所有的突发事件的发生都有规律可循，即使事件类型可以预测，事件发生的时间及其所影响的具体范围都是动态变化的。所以，在初始调度优化模型中考虑到这些干扰的影响是很困难的，这就需要对调度方案进行重调度，以消除这些动态事件对系统的影响。

由于动态调度提出的比较晚，所以其理论研究还不成熟，体系尚不完备。并且车间内的环境是动态不确定的，对调度策略的要求很高，它要求动态调度系统在能够快速响应环境变化的同时保持良好的调度性能。目前，大部分对重调度策略的研究可以归类以下三类，鲁棒调度、预测反应式调度/重调度和完全反应式调度/动态调度，具体如表2-1所示。

表2-1　动态调度方式

鲁棒调度	预测反应式调度/重调度			完全反应式调度/动态（在线，实时）调度
期望	事件驱动	周期驱动	混合驱动	多代理技术 优先调度技术

1. 鲁棒调度

鲁棒调度是根据当前信息或未来一部分可预测信息，先生成一个调度方案，该方案尽可能地将可预测的干扰事件考虑在内。

鲁棒调度研究的热点是试图产生具有鲁棒性的调度方案，即按照生成的调度方案实施车间调度，可以保证生产系统的性能在实际发生的动态事件的干涉下不会出现大幅度的恶化。Yeilig 和 Mackulak（1997）根据设备的历史表现，采用统计方法得出分布函数，从而估计设备可能出故障的时间间隔。李素粉等（2005）采用数学期望预测设备发生故障时刻，然后将启发式规则和遗传算法相结合，计算鲁棒调度计划。O'Donovan 等（1999）在建立具有鲁棒性的调度模型时，估计可能的动态事件导致系统性能下降的程度，在调度方案中加入额外的设备空闲时间，以吸纳动态事件产生的干涉。刘琳（2007）研究了三种典型的情况：加工时间不确定、机器随机故障和工件到达时间未知的鲁棒调度方法。

由于在实际的动态事件发生之前就进行了积极的预防，鲁棒调度具有容纳可能发生动态事件的能力，具有较高的鲁棒性。但是，鲁棒调度常常具有过高的设备空闲时间，这是对资源的极大浪费。另外，鲁棒调度几乎不考虑当实际发生的动态事件与预测的可能发生的动态事件有偏差时该如何处理，所以其对预测之外的突发事件反应能力差，很可能导致性能大幅下降。

2. 预测反应式调度

预测反应式调度也被很多学者称为重调度（Vieira et al.，2003）。预测反应式调度是离散型制造车间进行重调度的常用策略，它包含两个基本步骤。①不考虑车间层未来的动态事件生成一个预调度方案，即静态调度方案；②对预调度方案进行更新，更新由动态事件进行触发，重调度可以保持调度方案的可行性或者改善调度性能。

这种调度方案的关键是如何确定重调度时刻，即何时应该启动重调度。Yamamoto 等（1985）提出了一个三阶段的重调度策略。①计划阶段，根据车间当前信息在新调度开始之前生成预调度方案，对车间内现有资源进行预调度；②控制阶段，每当有新工序开始加工或者工序加工完毕时，对比实际调度与预调度方案之间的偏差；③重调度阶段，根据系统与预调度方案的偏差对原方案进行修订，对未加工工件进行重调度。

在预测反应式调度策略中理论界通常采用三种重调度方式：周期性重调度、事件驱动型重调度和混合类重调度。

周期性重调度以滚动时域为基础，以一定的时间间隔为周期，对剩余资源进行重调度。时间间隔选取需要根据计划层下达的计划任务量、车间生产的负荷等具体实际情况加以确定。周期调度策略是目前制造系统采用最多的调度方法，这是因为柔性制造系统（flexible manufacturing system，FMS）大多是以周期性生产的形式工作的，所以此调度系统中事件（意外事件除外）的发生具有一定的周期性和确定性。这种调度方法简单方便、可靠，并且易于实现；然而缺点是不得不牺牲一些系统性能，另外对突发事件的处理具有很大的局限性。

事件驱动重调度指每当出现一个使系统状态发生变化的事件时（如"工件到达"等事件），以此作为重调度的机制，在线调度系统设备，使系统得到最优的调度。在车间的动态环境下，Vieira 等（2000）突出了待加工工件的数目达到一定值，即触发重调度机制的事件驱动重调度。事件驱动重调度一般是以计算机技术为手段，面对系统中层出不穷的事件进行频繁的动态调度。因此，它能够很好地处理突发事件，并能够对调度系统进行优化，克服了周期调度策略对加工环境变化的迟钝和古板性。但它对调度触发器的硬件和软件要求比较高，且对未来事件缺乏预见的能力和整体的概念。

混合重调度规则周期性地重调度系统，它也在主要事件发生时重调度系统。主要事件通常是机器损坏，但是也有可能是突然作业到达、作业取消或作业优先性改变。Church 和 Uzsoy（1992）讨论了一个混合规则，这个规则在每个时期开始和有重大的破坏发生时修改调度，即当有突发事件时立即进行调度，其他时间每隔一个固定周期进行再调度。研究表明这种调度策略要优于前两种策略。

很多学者研究了重调度的频率对系统性能的影响，如 Church 和 Uzsoy、Sabuncuoglu 和 Bayiz（2000）以及 Perry 和 Uzsoy（1993）。他们的研究显示增加重调度的频率可以有效提高系统性能，但重调度的频率增加达到一定程度后，不会带来更多的系统性能的提高，只会导致系统的混乱，增加重调度引起的成本。研究者们开发了滚动窗口方法来实现周期驱动或混合驱动重调度以降低计算复杂度。这种方法将复杂的动态调度过程分解为一系列窗口内的静态调度（Ovacik and Uzsoy，1994；王冰等，2005），从而可以在每个窗口内直接应用一些成熟的静态调度理论及方法。如 Singer（2001）使用了基于瓶颈漂移过程的启发式分解方法；Shafaei 和 Brun（1999）利用调度规则生成周期调度计划；Qi 等（2000）使用了多种群遗传算法；潘全科和朱剑英（2005）用遗传算法实行多目标优化。很多研究者的试验结果显示，滚动窗口的大小会在一定程度上影响调度的效率和质量。然而窗口大小的确定是难点。在实际生产中为了简便，通常把窗口设定为固定时间长度的窗口，如一个班次。

预测反应调度研究的另一个关键问题是如何生成预调度和修补预调度。生成预调度的方法非常多，关于这方面的综述相当的多，比较具有代表性的有 Pinedo 和 Chao（1999）的工作。关于预调度的修补通常有三种办法：右移、部分修改和全部修改。Abumizar 和 Svestka（1997）认为在干涉发生时，仅仅重新调度那些直接或间接受干涉影响的工件，能有效减少由于干涉引起的生产周期的增加，同时也减少了与预调度的偏差，效率和稳定性都较好，然而这样的修改很难操作。

预测反应调度实际上是在必要时才对干扰进行响应，相对鲁棒调度该方法对突发事件的响应能力有所提高，但是可能导致较差的鲁棒性和稳定性。在很多制造车间中，预调度根据车间层当前状态和订单信息，生成从现在到未来某段时间内的计划，如一天或者一个班次。预调度在计划时段的开始时刻下放到车间层，它有两个重要功能：为不同的工件分配资源以优化某些性能指标；指导车间层外部活动的计划安排，如原料购买、设备维护和订单下放等。因此，在执行过程中尽量跟随预调度是很重要的。频繁修改调度很可能导致以预调度为基础的外部活动无法正常执行。有些学者对预测反应调度的实用性进行了研究，研究结果表明，在动态事件发生不频繁、不确定性程度低的生产环境中，预测反应调度的效果比较好；然而在动态事件发生频繁、不确定性程度高的生产环境中，频繁进行重调度很容易导致生产系统的混乱，降低生产系统的性能。

3. 完全反应式调度

完全反应调度与前两种调度方法不同，它并不生成预调度方案，而是在必要时刻（决策时刻）根据生产系统当前状态和可获得的局部信息，采用某种策略快速、经济的做出局部调度决策。这种方法一般采用分派规则或启发式方法对待加工工件进行排序（Smith，1995；Monostori et al.，1998；Sabuncuoglu and Bayiz，2000）。当加工设备空闲时，就从已经按照某种性能指标排序的工件中按次序进行加工。通常分派规则以加工时间和交货期作为排列准则，这种方法仅仅针对该设备内的队列信息，信息处理量少，计算量小，反应迅速。一些分派规则是这些规则的延伸，这些规则在简单的调度问题上效果很好（如最短加工时间和最早交货期）。当用简单规则时，这些分派规则的计算能力是很低的（如 SPT 或 EDD）。然而一些分配规则需要大量信息，这样在每次分派决策时，作业的优先性必须重新计算。

由于调度决策是基于系统的当前状态，所以完全反应式调度与实时信息的获取是密切相关的。虽然，完全反应调度只是在必要时刻，根据生产系统的现行状态和局部信息做出局部调度决策，但它也从上层系统获得如工件交货期等全局信息，能够以长远的眼光安排调度过程，从而实现全局优化的目的。另外，由于完全反应式调度进行调度决策是没有把未来一段时间内可能发生的动态干扰考虑进去，就无法给车间层外部相关活动提供一个计划基准，当实际扰动发生时，会导致频繁修改车间物料计划而增大调度成本。

2.4　干扰管理理论

客观世界存在的不确定性使人们经常处于变化莫测的环境中，各种随机事件对人机系统产生不同程度的影响和干扰，使事先制定好的计划可能变得不可行，使系统变得不正常。干扰事件发生后，需要及时处理干扰事件对系统的影响，以尽量小的扰动尽快恢复系统的正常运行，这就是干扰管理（disruption management，DM）致力研究解决的问题。

关于干扰管理的研究早在 20 世纪 70 ~ 80 年代就已经开始，但是直到 90 年代干扰管理这一概念才明确提出。美国德克萨斯大学奥斯丁分校的 Yu 和 Qi 教授将干扰管理定义为：在计划开始阶段，用优化模型和求解算法得出一个好的运行计划。计划实施中，由于内外部不确定因素导致干扰事件的发生，使原计划变得不可行，需要实时地产生新计划。新计划要考虑到原来的优化目标，同时又要使干扰带来的负作用最小化（Yu and Qi，2004）。

Clausen 等（2001）把干扰管理限定在使变化回归到最初计划这一基本目标之上，使系统扰动最小。陈安认为干扰管理是能够使事件回到原始状态的一种管理方法，主要面对的是稍微偏离原计划状态的事件，而这样的偏离只是一种微小的偏离，没有造成很大的负面影响，可以通过积极的管理进行纠正（陈安和李铭禄，2006）。

2.4.1 干扰管理模型

我们通常使用模型来抽象问题。目前研究的干扰管理模型也主要分为图模型和数学模型两大类。

1. 图模型

采用结点图的方法，将问题中各个要素及要素之间的关系直观地表达出来，可以增强问题的可识别性，降低问题解决的复杂度。目前干扰管理图模型主要有三类：时空网络模型（time-space network model，TSNM）、干扰恢复博弈树模型（repair game tree model，RGTM）和基于计划评审技术图（program evaluation and review technique chart，PERTC）的干扰管理模型。

1）时空网络图模型

网络图模型是一种描述网络各组成要素之间关系的模型。Hane 等（1995）首先将该模型引入到航空领域，用于解决机组调度问题。随后 Jarrah 等（2000）对模型进行了修改和扩展，构造了时空网络图模型（timespace network model，TNM）。在航空领域的干扰管理研究中，Yu 和 Qi（2004）通过在时空网络图上增加虚拟的延迟航班和保护航班作为干扰管理方案，并设定这些虚拟航班相应的运作成本和保护成本，使受到如机械故障、天气影响等原因造成的航班取消或延迟的损失大大降低。

网络图模型将问题中各个要素及要素之间的关系直观地表达出来，可以增强问题的可识别性，降低问题的求解难度。但是由于其表达能力有限，该模型缺乏解决复杂问题的能力。

2）干扰恢复博弈树模型

干扰恢复博弈树模型（repair game tree model，RGTM）是计划调度模型的一种形式，该模型以博弈树 $G = (V, E, h)$ 为根基树，将结点分为 V_{max}，V_{min} 和 V_{avg} 三类，且 $V_{max} \cup V_{min} \cup V_{avg} = V$，每个结点的关联值定义为 $h: V \rightarrow IN_0$，该博弈树的值定义为 $v \in V_i$ 时的最小极大值 $^*minimax$：$V \rightarrow IN_0$。模型的目标函数为（G，p，g，f，s），即深度为 t 的博弈树 $G = (V, E, g + f)$ 时的最小极大值 $^*minimax$ 的累积运算结果。其中，p 为该博弈树 G 的叶子集元素；g 为期望成本；f 为干扰恢

复诱发成本；s 为此时的系统状态。干扰恢复模型由 Ehrhoff 等（2004）提出，以博弈树搜索思想为核心，结合运筹学优化工具，从增强原计划调度安排鲁棒性的角度对干扰管理问题展开研究。该项研究以航空调度为研究背景，提出了一种具有普遍意义的干扰管理方法论。

干扰恢复博弈树模型的优越性在于：能够根据决策过程中的启发性或模糊性知识产生的随机数据做出更加完备的计划安排，比传统方法以确定性数据得出的计划效果更好，大大提高了原计划的鲁棒性和应对干扰的能力。但目前该模型的相关求解算法仍存在一定的缺陷，如缺乏智能性、对启发信息的选择效率不高等。

3）基于 PERT 图的模型

PERT 图是一种出现于 20 世纪 50 年代后期的网络计划技术，主要应用于项目管理领域，可以用来解决项目管理中逻辑关系确定但持续时间不确定的各个作业的时间风险问题。通过对高度不确定性作业的工期进行估计，获得期望完工时间，并且可以对工期进行概率计算。PERT 图模型是一种有向图，一个项目涉及的作业及其关系分别用有向弧（arcs）和节点（nodes）表示。用这种方法可以把各项作业及其关系描述成 PERT 图，找出项目的关键路线，可以有效地控制和管理项目进度。由于作业时间的不确定性，项目的进展必然受到干扰。Ping 等（2004）采用 PERT 图建立了非确定性项目网络的风险调度预测模型，提高了预测的准确性。罗守成（2005）对 PERT 图中各项作业的延误对总工期和总费用的影响进行了研究，提出按照各项作业的重要性而不仅仅是根据延误时间长短来计算延误时间惩罚的方法。

PERT 图模型的优点是能够预测项目的完工时间，通过对各项作业持续时间的估计合理分配资源，监控关键作业的进度。缺点是时间的估计具有较大的主观性，对经验的依赖程度高。需要注意的是，PERT 图的应用前提是各项作业具有确定的逻辑关系。它可以在项目管理、生产制造领域的干扰管理中得到应用。

2. 数学模型

由于干扰管理所要解决的问题是复杂多变的，而数学模型可以针对不同条件建立满足需要的模型，因此目前针对干扰管理数学模型的研究较多。式（2-1）是无干扰时数学模型的一般形式。

$$
\begin{aligned}
&\min f(x) && \text{无干扰时目标函数的一般形式} \\
&\text{subject to } x \in X && \text{约束条件}
\end{aligned}
\tag{2-1}
$$

当干扰发生时，目标函数和可行解集发生相应的变化，目标函数是根据扰动评价标准使新方案相对于原方案的扰动程度最小，扰动评价可考虑使客户的满意程度最大、与原路线的偏离最小等。通过多个目标之间的权衡优化达到总目标的优化，根据目标优先级的高低，采用字典序目标规划结构（lexicographic goal programming strucure，LGPS）。式2-2是含有两重优化目标的数学模型，两式分别表示不同的优先级目标规划。

$$\min\left[K_1 g(a^+,\ a^-) + K_2 h(x)\right]$$

$$\text{subject to}\begin{cases} x \in X^\wedge \\ x + a^+ - a^- = x^0 \\ a^+,\ a^- \geqslant 0 \end{cases} \tag{2-2}$$

式中，x 为出现干扰后的新路线，$X^\wedge$ 是 x 的可行集；x^0 为原路线；K_1 和 K_2 为权系数，且 $K_1 + K_2 = 1$；$g(a^+,\ a^-)$ 为 x 与 x^0 不同的路段数，a^+ 为在 x^0 中而不在 x 中的路段，a^- 为在 x 中而不在 x^0 中的路段；$h(x)$ 为 x 的成本。目标函数是使 $g(a^+,\ a^-)$ 与 $h(x)$ 的加权和最小，从而实现系统扰动程度最小的目标。

使用数学模型解决管理问题，是因为数学模型具有两个特点：①容量大。该类模型对参数的容纳能力强，能够表达大规模的复杂问题；②灵活性强。随着实际应用需求的变化，目标函数和约束条件会随着干扰问题条件的变化而发生改变。但这类模型对问题的抽象程度高，从模型本身很难识别问题原型及其所属领域，且模型求解得到的数据不带任何领域知识和信息，必须把这些数据还原成用户能够理解的形式，造成模型使用复杂化。

2.4.2 干扰管理算法

1. 精确算法

早期 Teodorović 和 Guberinić（1984）采用分支定界法（branchand bound）求解了基于网络图的航班延迟的干扰管理模型；后来 Wei 等（1997）对分支定界法进行了改进，用于求解机组干扰恢复整数规划数学模型；Kouvelis 等（2000）采用鲁棒精确算法求解了工件调度中可能发生的最严重的干扰问题的模型等。

尽管上述学者采用精确算法都较好的求解了干扰管理模型，但是由于精确算法在求解具体问题时得到的是最优解，需要耗费较长的时间，因此精确算法一般只适用于规模较小的问题。当问题的规模增大时，精确算法很难在有限的时间内得到最优解，这样将难以满足干扰管理实时性的特点，因此目前采用精确算法解决干扰问题的研究成果相对较少。

2. 启发式算法

运用启发式算法求解干扰管理模型的研究成果较多，Andersson（2001）提出的拉格朗日启发式算法、针对小规模问题的 dantzig-wolfe 启发式算法、针对大规模问题的 Tabu 搜索启发式算法；Stiitzle（2006）提出的反复局部搜索算法（iterated local search，ILS）；Mladenović 和 Hansen（1997）提出的邻域变量搜索算法（variable neighborhood search，VNS）等。学者们通常运用局部搜索方法来解决干扰管理问题，但局部搜索容易获得局部最优而使最终结果偏离全局目标。为避免这一弊端，有学者综合运用几种算法的优势，以逃出局部最优结果的僵局。Løve 等就提出这样一种搜索算法，即最速上升局部搜索算法（steepest ascent local search，SALS）算法，该算法结合 ILS 算法与 VNS 算法的优势，即 ILS 算法能够在开始很短时间内找到比较合理的优化结果而 VNS 算法可以在后续时间内提高搜索效率，大大提高了干扰管理模型求解。该研究最后还将 SALS 应用于航空干扰管理问题，结果令人满意（Løve et al.，2002）。与精确算法相比，启发式算法具有解决大规模复杂干扰管理问题的能力。但多数启发式算法还存在一些缺陷，如搜索时间与结果满意度之间存在矛盾，即为了得到最优或次优干扰管理方案，常常需要花费较长的搜索时间。目前干扰管理的不少算法研究集中在改进启发式算法这些缺陷方面。

3. 拍卖式算法

拍卖式算法由 Bertsekas 于 1979 年提出，是一种对偶算法，在搜索方式上与传统方式有很大不同。它模仿现实的拍卖过程，利用"一对一"式的 n 个主体对 n 个对象同时叫价这样的竞争机制，最终实现总价值（总目标）最大化。拍卖式算法最初用于调度问题（Bertsekas，1985；1986；1988），1991 年被 Bertsekas 应用于解决最短路问题，后来又被用于解决运输问题（王京元和程琳，2006）。Freling 等（1999，2001）综合了拍卖式算法中"前向算法"和"后向算法"的优势，研究出"双向结合式"的拍卖式算法。Li 等（2008）将可能存在的可行网络考虑在内，改进"双向结合式"的拍卖式算法，提出并行连续型拍卖式算法，将其成功运用于公交车干扰管理问题的求解。

该算法的最大特点是并行计算，可以用不同的处理器同时计算不同路径，并能够共享价格矢量，大大提高了求解的速度和结果满意度。这一特点决定了拍卖式算法在计算大型网络模型方面更具优势，随着网络规模的扩大，其计算速度的优势愈加明显。但该算法相对适用于解决网络弧值为正的情况，在弧值为负的时候求解仍存在困难，需要其他算法的支持。

2.4.3 干扰管理应用

生产调度问题基本上由机器数量、种类、环境、工件或任务的性质及目标值函数组成。机器数量、种类、环境有多种变化，任务或工件的约束更是错综复杂，再加上度量不同指标的目标函数，从而形成了种类繁多的生产调度模型。目前，学术界普遍采用 Graham 等（1979）提出的三参数表达方法，即 α，β，γ 表示法，用以简化调度问题的表示，其中，α 表示机器的数量、类型和环境；β 表示工件的加工性质、加工要求和限制，资源的种类、数量和对加工影响等约束条件，它可同时包含多项；γ 表示需要优化的目标函数。根据调度系统的机器的复杂度，可分为单机、多台并行机、flow-shop、job-shop 四种类型。

1. 单机情况

单机是生产调度中最简单、最常见的调度方式，也是研究其他类型调度的基础。Qi 等讨论了生产调度系统中部分工件被处理后，一台机器遭遇随机或预期干扰时，企业通过更新原调度系统，以适应干扰事件对调度带来的变动。他们将干扰事件纳入到更新后的调度目标范围内，建立原调度和更新后调度之间的扰动费用偏差模型。模型的衡量标准有两个。①原调度目标函数；②原调度目标函数与更新后调度目标函数的偏差。运用动态规划和启发式算法对模型求解，找出在原调度目标函数基础上与更新后调度目标函数偏差最小的最优调度方案。引入先干扰管理和后干扰管理两种不同的干扰管理策略，解决调度系统面临机器故障和工件工期增减两种干扰时，如何基于原调度的最优分派调度规则 SPT（the shortest processing time rule），通过修正 SPT 规则求得最优调度方案（Qi et al.，2006）。

Lee 和 Yu（2007）研究了一个干扰事件在确切的时间点发生，且干扰以概率 Pa 持续 a 时间段的情况下，对单机上未完成工件（分为可恢复工件与不可恢复工件）的干扰管理，运用动态规划方法求解目标函数分别为最小化加权完工时间期望与最小化最大延迟时间期望这两类调度问题。

Hall 和 Potts 研究了在单机调度环境下，在新的工件到达时，通过限定新到达的工件位置变动数、推迟时间数及它们之和作为限定调度的因素，建立用最大延迟时间与加工总完成时间的加权作为目标函数的调度模型。通过权衡原有工件的调度成本和插入新工件后的干扰成本，找出最优调度方案。还扩展研究了新工件重复到达这种多干扰因素下的调度模型（Hall and Potts，2004）。

Leus 和 Herroelen（2005）研究了单机系统遇到单工件扰动时的复杂性问题，证明了目标函数为初始加工时间偏移期望的单机扰动问题的复杂性是普通的 NP-hard；此外，还证明了附加了不等的准备时间限制及带优先级限制的单机扰动问题的复杂性是强 NP-hard。Cowling 和 Johansson（2002）提出了一种使用实时信息的框架来改善调度决策。通过将实时信息反馈给调度决策系统，以效用和稳定性能来权衡遭到扰动修订后的调度和按原计划执行的静态调度的优劣，并用实例阐明提出的框架体系如何在单机调度中利用实时信息选择应对干扰的策略。Ballestín 和 Leus（2008）研究了单机情况下，加入共同的最后完工期的限制，目标函数是使计划调度工件开始时间和实际工件开始时间的偏差最小，采用两种启发式演算法求解单工件发生干扰时调度最优的问题。

2. 平行机情况

平行机可被看做是双单机环境。在单机调度环境下的研究成果可以比较容易扩展到平行机环境中。Lee 等（2006）研究了双机调度情形下，遭遇意外的干扰事件，考虑剩余未完成工件的处理问题。根据实际情况提出两种处理方法：①将未完成的工件安排到其他机器上，此时需要额外的运输时间和费用；②等待受干扰的机器恢复后继续对工件进行处理。Lee 等针对上述解决方案，建立了目标函数：使初始调度的费用函数、可能的运输费用及与原调度偏离而产生的干扰费用总和最小的数学模型，最后通过多项式算法和伪多项式算法求出最优调度方案。Lee 和 Yu（2008）在他们 2007 年的研究基础上，将干扰管理推广到平行机的应用中，提供伪多项式时间算法寻找在持续一段时间内机器全部不能使用时平行机调度系统的最优。

Petrovic 等（2006）提出针对平行机调度系统遇到不确定干扰时的一种新的以模糊逻辑为基础的决策支持系统。他们将此应用于陶器厂的实际生产调度中，提出一个预测反应调度模型，分两步对系统进行调度：首先建立一个具有吸收干扰的预测调度方案，当干扰事件产生的影响过大时，采用重调度的反应式策略方案。在甄别干扰强度并决定调度决策时，依靠使用标准模糊集和二级模糊集描述原材料短缺的干扰源（主要表现为原材料的短缺数及持续时间）。生产实验证明了预测生产调度策略的有效性以及采用模糊推理生成适当的调度策略安排的合理性。

Vieira 等（2000）针对并行机系统中，不同类型的工件在动态到达且具有不同的安装时间的情况下，提出了新的分析模型用以预测 3 种重调度的执行质量和效率，平衡不同的衡量方法。Barua 等（2005）研究了模拟半导体晶片设施的生产调度系统遭遇随机的机器故障的干扰时，通过对几种分派规则与他们提出的全局调度算法应对干扰影响这两者的性能比较，分析了在不同的干扰层次下，不同调度策略的优缺点，寻找在特定环境下能使目标函数为最大、加工延迟时间最小的调度策略方案。

3. flow-shop 及 job-shop 情况

由于 flow-shop 及 job-shop 的调度环境较为复杂，干扰管理带来的影响也会非常复杂。Lee（1997）研究了双机器 flow-shop 环境中，一台机器不可用的干扰情况，采用伪多项式的动态规划算法解决问题，证明这种干扰问题属于 NP-hard；还分别给出两台机器上出现干扰问题时的最坏情况误差界，得出在双机器 flow-shop 的不同单机之间发生干扰时不能互相替换的结论。Mehta 等（1998）认为，job-shop 调度中的干扰会使工期延长或使基于原来的生产计划调度的不可行，因此提出了预测型调度用于吸收干扰，保持良好的调度性能而不影响生产的外部活动（如材料采购、机器的预防性维护等）。他们提出的预测型调度将空闲时间插入调度中，用以吸收机器故障带来的影响，而空闲时间的插入数量和位置取决于机器故障、修理分布以及预测型调度结构，至于干扰对原调度计划的影响可以通过测量工件的总完工时间在原计划调度和预测型调度之间的偏移得出。

第 3 章 | 产能配置要素的作用机理及其结构化建模

本章通过剖析产能协调配置的作用机理及其要素构成，基于产能配置环境中大量存在的离线数据和在线数据，采用特征辨识、数据同化等综合技术获取隐含在数据中且对改善产能配置性能起重要作用的关键信息和知识。

3.1 钢铁企业产能配置要素特征分析

制造资源是反映钢铁企业制造能力的全部资源的总称，它覆盖的范围较广，既包括生产设备、原辅材料等有形资源，还包括企业的产品数据资源、工艺技术文件、劳动定额等一些无形资源。制造资源的配置与管理贯穿于钢铁产品形成的全过程，它以钢铁生产工艺流程为主线，以产品生产过程中所需要的数据、信息为媒介，把钢材销售、物资供应、工艺规划、生产计划的制定、生产加工和质量判定等业务全过程有机地融为一体（陈荣秋和马士华，2005）。

通常认为企业业务过程中的数据和信息具体反映在 BOM 上，BOM 为实现整体业务运营提供所需的关键基础数据。BOM 是主要描述产品结构信息的技术文件，在企业运营过程中，不同阶段的 BOM 具有不同的属性、形态与作用，是数据集成、信息集成和过程集成的基础架构。但是，企业制造资源的配置和科学管理过程不仅要考虑产品结构（产品资源）信息，还必须充分考虑体现生产流程特征的作业资源信息和反映生产过程资源消耗特征的产能资源信息。BOM、作业和产能信息三者紧密联系，构成了连接产品（设计）物料需求、作业流程和产能协调配置的信息桥梁（Stonebraker，1996），它们在企业制造资源的配置和管理过程中共同起着核心数据的作用，三者缺一不可。

3.1.1　产品结构特征

钢铁产品结构是典型的"分解型"结构，其 BOM 表现为链式视图结构特征（薄洪光等，2009）。钢铁产品的大类可分为管、板、型、卷、线五种类型，但由于在钢号、标准、形状、规格、附加检验、加工用途、交货状态等产品属性上的差异，而最终交付给客户的产品种类却多达成千上万个品种，钢铁产品结构具有复杂性特点。按照其属性钢铁产品主要分类见表 3-1。

表 3-1　钢铁产品主要分类

按化学成分分	碳素钢：钢中除铁、碳外，还含有少量锰、硅、硫、磷等元素的铁碳合金	低碳钢：含碳量≤0.25%；中碳钢：含碳量在 0.25%～0.60%；高碳钢：含碳量>0.60%
	合金钢：为了改善钢的性能，在冶炼碳素钢的基础上，加入一些合金元素而炼成的钢	如铬钢、锰钢、铬锰钢、铬镍钢等
按钢的品质分	普通钢：钢中含杂质元素较多，含硫量一般≤0.05%，含磷量≤0.045%	如碳素结构钢、低合金结构钢等
	优质钢：钢中含杂质元素较少，含硫及磷量一般均≤0.04%	如优质碳素结构钢、碳素工具钢和合金工具钢、弹簧钢、轴承钢
	高级优质钢：钢中含杂质元素极少，含硫量一般≤0.03%，含磷量≤0.035%	如合金结构钢和工具钢等
按冶炼设备分	转炉钢：用转炉吹炼的钢，可分为底吹、侧吹、顶吹和空气吹炼、纯氧吹炼等转炉钢	根据炉衬的不同，又分酸性和碱性两种
	平炉钢：用平炉炼制的钢	按炉衬材料的不同分为酸性和碱性两种
	电炉钢：用电炉炼制的钢	有电弧炉钢、感应炉钢及真空感应炉钢等
按钢的用途分	结构钢：建筑及工程用结构钢简称建造用钢	如碳素结构钢、低合金钢、钢筋钢等
	工具钢：一般用于制造各种工具	如碳素工具钢、合金工具钢、高速工具钢等
	特殊钢：具有特殊性能的钢	如不锈耐酸钢、耐热不起皮钢、高电阻合金、耐磨钢、磁钢等
	专业用钢：指各个工业部门专业用途的钢	如汽车用钢、农机用钢、航空用钢、化工机械用钢、锅炉用钢、电工用钢、焊条用钢等

按制造 加工形式分	铸钢：用于制造一些形状复杂、难于进行锻造或切削加工成形而又要求较高的强度和塑性的零件 锻钢：凡是一些重要的机器零件都应当采用锻钢件 热轧钢：常用来生产型钢、钢管、钢板等大型钢材，也用于轧制线材 冷轧钢：常用来轧制薄板、钢带和钢管 冷拔钢：主要用于生产钢丝，也用于生产直径在 50mm 以下的圆钢和六角钢，以及直径在 76mm 以下的钢管

随着客户对钢材的产品标准、性能、物理规格等的要求越来越个性化，逐渐呈现出多品种、小批量的生产特点，使得传统的少品种、大批量生产模式不再适合钢铁企业的调度管理，为了提高市场占有率、满足客户个性化的需求，钢铁企业的产品结构也跟着不断调整，因此在生产管理过程中需要对不同需求的订单进行组批生产，这就给物料的跟踪、质量管理增加了难度。

3.1.2 作业过程特征

钢铁产品生产过程是一个连续与离散生产相混合的作业过程，工艺路线相互交错，工艺流程逐渐地分流且又具有明显的阶段性（殷瑞钰，2000），主要包括以改变物料化学成分为主的炼钢(含浇铸)作业阶段、以改变物料形态和物理性能为主的热加工作业阶段、以表面处理和延展变形为主的深加工作业阶段。

从整体上看，钢铁生产过程也属于"分解型"过程，产品都是由冶炼过程中产生的整炉钢水开始的，在后续的生产过程中，通过施加不同的工艺措施，钢水被打造成了物理规格、化学性能和外观形状各异的不同产品。钢铁企业混合型的生产作业流程如图 3-1 所示，虚线框 A 中，炉料配比、高炉炼铁和炼钢阶段都是属于大批量生产，生产设备是根据生产作业流程按照一定的顺序进行布置的，每个设备都是用于特定阶段的，很难改做其他用途。而虚线框 B 中，浇铸、轧制和再处理阶段与虚线框 A 中有一定的差异，每阶段的生产批量都相对较小，且不同产品的工艺过程也大多不一样，因此，生产设备也不再是按照生产作业顺序而多是按照工艺流程进行布置的，另外，设备之间也具有可共享性，即不同的设备也可能能够进行相同的加工工艺。诸多的不确定性使得对所加工的物料进行调度存在一定的困难，也为制造资源的协调配置和管理增加了难度。鉴于以上分析，钢铁生产作业过程具体有以下几个特点。

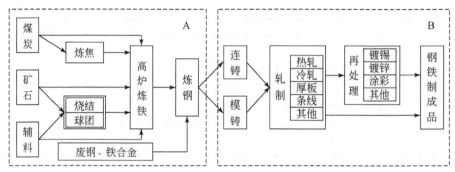

图3-1 混合型钢铁生产作业流程示意图

(1) 从投入原材料到产出最终产品的过程中，生产呈现出炼钢、连轧、精整等多阶段状态，每个阶段的工艺要求和成分控制方法相差较大，且工艺规划目标各不相同，因此不易用单一的模型对钢铁制造资源配置进行描述。

(2) 生产过程中的各个工序，每道都是一个连续的生产过程，如高炉炼铁、转（电）炉炼钢、连铸、热带/冷带连轧等。但各个工序之间却是由不同类型的产品来衔接的，如分离的铁水、铸坯、铸锭、钢卷等，产品类型变化多端。

(3) 有些产品虽然对产品类型、规格尺寸和质量性能等要求完全不同，但其作业流程可能存在着很多相同或相似之处，如热轧钢卷、冷轧钢卷、厚板等产品。

(4) 由前面所述中可知，钢铁产品的结构类型都相当复杂，不同产品的加工工艺路线也可能不一样。但在加工工艺的开始部分，每一类产品的加工路线又通常会共享某些设备，如连铸机、热轧机组和连轧设备等。

(5) 整个作业过程中主要流程路线和设备基本不变，但有时会出现多个工艺路线并存的情况，且某个工艺路线一旦选定，则就轻易不能进行改动。钢铁作业流程具有 flow-shop 问题的特征，作业/任务的开始时间取决于其紧前/紧后工序的作业时间。

(6) 钢铁生产过程中设备基本上是不停机的，随着时间的进行，生产线上不同的时刻都会有不同的在制品产生，导致产能协调配置的一些参数动态变化，如设备负荷、劳动定额、能源消耗，从而导致瓶颈工序和设备的变化，因此，产能协调配置过程中各资源要素之间要能够互相关联，使得任意时刻随着关键因素的动态变化，也能够快速得知其他生产要素的变化情况。

(7) 钢铁产品的有效产出取决于瓶颈工序、瓶颈设备和瓶颈资源等，因此，为了最大限度地发挥产能利用率，制订生产计划时必须优先考虑瓶颈因素的制约，解决瓶颈因素的有效利用问题。

（8）钢铁企业的制造资源种类繁多，设备机组多样化，物理化学作用以及各种人为因素的影响导致作业过程中经常出现一些不确定因素。要想实现任务的精确化控制存在一定的困难，因此需要引入适当的模糊度水平。如制定主生产计划时，难于具体到每一工步，只需得出计划完成量的承诺和计划完成期的承诺，具有一定的模糊性。但是生产过程中的物料追踪又要求能够完全精确化，由此钢铁生产出现了管理粗放与精确相结合的独特方式。

（9）由于产品在钢号成分、标准等诸多方面的差异，同类产品单独进行生产时，会造成余材量的产生、材料的浪费，且生产线上产品之间互相切换时，也需要大量的时间和成本进行调整准备，为了有效控制成本，可以将具有相同特征的订单进行组批生产。

3.1.3 产能资源特征

钢铁企业产能是指在当前技术和组织条件下，铁合金、废钢等产能要素在一定时间内所能产出的钢材产品数量（Reginald Tomas，2004）。钢铁企业可用的产能要素是指制造资源，其蕴含丰富的配置过程信息能够反映产能能力的配置状态（Cowling，2003），但由于钢铁产品结构、工艺设计、作业过程等的复杂性，其数据结构特征描述起来较为复杂。钢铁企业产能能力的结构机理如图 3-2 所示，制造资源在过程维（配方设计、连铸连轧、组批规则、过程干扰等）、构成维（设备能力、工艺知识、材料属性、库存水平等）、指标维（批量指标、质量指标、时间指标、成本指标等）和层次维（集团层次、企业层次、产线层次及工序层次）上的协调分配与均衡控制直接影响企业的可用产能能力。

由订单多品种、个性化的特点决定了钢铁企业生产过程中所涉及的资源种类繁多，在整个产品的作业工序流程中，所需能源的加工、排放和转换等过程都依附于物料流的流动，能源流与物料流二者既互相独立又彼此制约。产能配置状态与生产任务类型、作业工艺过程、设备使用情况、库存水平等因素紧密相连，因此，产能状态的数据信息通常是由设计、工艺、生产、物供、质量、设备等业务部门共同提供的，产能配置环境的信息需要涵盖工艺要求、任务（物料）类型、工艺路线、设备状态等多维数据。

钢铁企业的产能利用情况大多是由瓶颈工序决定的，如大型关键设备、关键流水线、物料等，瓶颈工序间生产节奏的匹配程度直接影响着整个作业流程中物流的平衡。影响瓶颈工序上产能要素的因素很多，如质量要求（特殊评审）、交

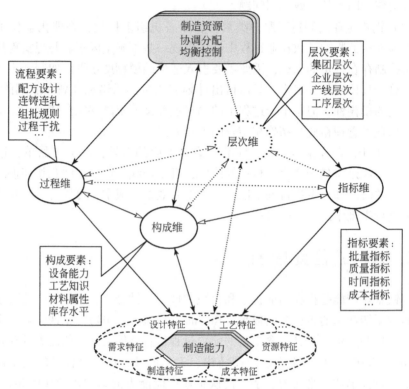

图 3-2　钢铁企业产能能力的多维结构机理

货状态、工艺过程等，在进行产能协调配置时通常会存在着时间、设备、能源、人力资源冲突等的干扰情况。如生产任务的紧急插单、缺料、因质量问题补料、设备故障、设备维修等情况的出现，导致加热炉、退火炉等热处理设备能力不均衡及负荷动态变化；炼钢阶段废钢、铁合金等原辅材料成分的差异直接决定着电弧炉转炉、精炼炉等设备的出钢能力；连铸机故障时间不确定、插铁板频次的不可预知等造成连浇工艺等待时间的不固定，从而造成连铸/连浇能力和有效工作时间的波动。

　　由于钢铁制造资源的状态描述存在数据不精确、信息不完整、干扰因素不确定等客观因素，使得该类优化协调配置问题的求解结果缺乏可行性（Pacciarelli and Pranzo，2004）。本文以钢铁企业实践为背景，研究支持产能配置过程集成的制造资源清单技术，以钢铁制造作业流程为依据，综合考虑产品结构和产能资源等特征属性，通过建立制造资源清单模型，把钢材销售、产品设计、物资供应和生产交付等过程数据有机地组织衔接为一体，为钢铁企业产能配置提供决策信息支持。

3.2 企业产能协调配置的制造资源清单技术

针对钢铁企业的产品结构、作业过程、产能资源特征和工艺流程特点，本节建立了基于作业过程的钢铁企业制造资源清单模型。该模型采用工艺分解和特征匹配的方式，以作业工序为信息纽带，通过构造各生产阶段的"产品—作业"分配关系描述矩阵和"作业—产能"消耗关系描述矩阵，形成面向钢铁产品生产过程的资源配置信息的关联结构，为钢铁企业制造资源的协调配置和集成化生产管理提供完整、统一的基础数据信息支持。

3.2.1 制造资源清单的概念

制造资源清单（bill of manufacturing resources，BOMR）是描述钢铁企业制造资源的要素结构及其关联关系的基础数据文档。它不仅描述化学成分和工艺条件等所决定的钢铁产品结构特征，而且能够反映"产品—作业—产能"消耗关系的制造资源要素结构特征和动态工艺流程特征，为制造执行过程管理的复杂工时计算、生产计划调度、作业成本核算等提供了基础数据。

钢铁企业 BOMR 由 3 个数据清单（产能清单、作业清单和物料清单）和两个关联矩阵（"产品—作业"分配关系描述矩阵、"作业—产能"消耗关系描述矩阵）构成。其中，产能清单（bill of capacity，BOC）是描述钢铁产品制造过程中各项作业对生产资源能力的消耗定额属性信息，确定生产某种产品所需的加工设备、刀具、工装夹具及辅具等制造信息。

作业清单（bill of process，BOP）按照工艺路线执行顺序描述从原料投料到成品入库全过程的所有作业信息，主要包括物料类别、作业类型、作业工序、作业顺序、零部件的装配顺序、标准产量、标准工时等数据信息，也包含了编制产品的装配件、零配件的制造方法。由于钢铁生产制造过程中的工艺规程和工艺参数较多，且也都具有较大的动态性，BOP 根据工艺规程适用的生产阶段及对应的工艺顺序进行划分，并将各个批次物料的作业过程信息储存起来。

物料清单（bill of material，BOM）是描述钢铁产品装配组成的结构化零件表。当确定了一个产品名称后，可以根据物料清单得出如下信息：产品结构、物料明细表、零部件之间的装配关系和装配数量、物料汇总表、产品的装箱清单、零部件的版本和有效性等。MRPII 根据投入/产出比率等参数，通过生产 BOM 可以计算出不同生产阶段的物料种类，并获得所有物料种类的需求数量和到达时间，从而帮助企业及时制订有效的生产计划和采购计划，为产品生产制造过程中各阶段物料流的连续性和均衡性提供保障。同时，BOM 中也包含了各个零部件、物料种类方面的成本信息，通过 BOC 中所消耗的资源定额可以计算得出生产过程中的资源成本、管理费用、设备折旧费用等及产品的最终成本。

考虑到钢铁生产过程中炼钢、热加、深加作业的多阶段性特点，通过分析多阶段制造能力的动态形成过程、信息处理流程和资源分配过程逻辑与数量关系，以作业清单为纽带，建立基于制造资源状态数据的能力与负荷工序状态描述矩阵，分别为基于工艺路线的"产品—作业"分配关系描述矩阵和基于作业工序的"作业—产能"消耗关系描述矩阵，明确各生产阶段作业产能与能力需求的状态对应关系，进而实现多个生产阶段制造资源的预分配。

1）"产品–作业"分配关系描述矩阵：依照 BOM 与 BOP 中所对应的物料类别、作业类别等制造资源属性关联关系，建立产品与作业资源之间的分配关系描述矩阵。记作 $R_{P' \to P}^{(\text{phase})} = \{ \langle r_{P' \to P\ ji}^{(\text{phase})} \rangle \mid j = 1, 2, \cdots, m;\ i = 1, 2, \cdots, n \}$，其中 $\langle r_{P' \to P\ ji}^{(\text{phase})} \rangle :: = \langle M_{\text{No.}} \rangle \langle P_{\text{No.}} \rangle \langle P_{\text{Lot.}} \rangle \langle L_{\text{Tim.}} \rangle$ 为第 phase 个生产阶段的作业分配项；$\langle M_{\text{No.}} \rangle$ 为物料编码；$\langle P_{\text{No.}} \rangle$ 为工序编码；$\langle P_{\text{Lot.}} \rangle$ 为作业批量；$\langle L_{\text{Tim.}} \rangle$ 为提前期（包括生产准备、物料转移、排队等待时间等）；若 $\langle r_{P' \to P\ ji}^{(\text{phase})} \rangle$ 非空，则表示产品物料项 j 对第 i 项作业有工序分配占用。

2）"作业—产能"消耗关系描述矩阵：依照 BOP 和 BOC 中所对应的作业类别、产能资源类别等制造资源属性关联关系，建立作业与产能资源之间的消耗关系描述矩阵。记作 $R_{P \to C}^{(\text{phase})} = \{ \langle r_{P \to C\ ik}^{(\text{phase})} \rangle \mid i = 1, 2, \cdots, n;\ k = 1, 2, \cdots, q \}$，其中 $\langle r_{P \to C\ ik}^{(\text{phase})} \rangle :: = \langle M_{\text{No.}} \rangle \langle P_{\text{No.}} \rangle \langle C_{\text{No.}} \rangle \langle S_{\text{Rat.}} \rangle$ 为第 phase 个生产阶段的产能资源消耗项；$\langle C_{\text{No.}} \rangle$ 为产能资源编码；$\langle S_{\text{Rat.}} \rangle$ 为产能资源消耗定额（如工时定额、材料定额等）；若 $\langle r_{P \to C\ ik}^{(\text{phase})} \rangle$ 非空，则表示作业项 i 对第 k 项产能资源有工序消耗。

针对炼钢—浇铸、热加、深加工等不同生产阶段，通过描述矩阵元素中的 $\langle B_{\text{Type.}} \rangle$ 项标识完成制造资源预分配后的物料组批状况：炼钢—连铸连续作业阶段按化学成分组批加工、组浇组炉标识，热轧/热锻作业阶段按物料钢组、形状规格柔性标识，冷轧/退火等深加作业阶段为快速响应客户需求而进行物料调整的组批标识以及上述阶段间物料转移时各批次物料分拆/合并等重组批标识。上述两个描述矩阵中包含工序级作业过程和动态时段信息，通过矩阵数据项配置实现制造资源的预分配，为后续制造资源协调配置决策和优化控制奠定基础。

3.2.2 制造资源清单的结构模型

根据钢铁企业制造资源配置要素的构成结构，理清制造资源之间的逻辑关系，建立多层次、多视图、可集成的 BOMR 模型，是实现制造资源协调配置与统一管理的前提和基础。综合产品结构、订单需求等产品资源结构特征，工艺流程、生产线组成等作业资源结构特征以及产能状态、库存状态等产能资源结构特征，探究制造资源配置要素特征的提取与表达方法。通过产品—作业—产能要素的结构特征匹配、制造资源配置要素信息关联分析，明确制造资源配置过程中各要素间的作用机理、制造资源配置的协调特性、配置过程行为的动态响应和配置性能的演变规律。

通过把制造资源配置过程与"产品—作业—产能"关联结构有序融合，形成一个蕴含多种约束关系反映钢铁产品制造资源配置过程特征的逻辑整体，实现面向"产品—作业—产能"关联结构的制造资源配置信息融合，为 MTO 钢铁集团企业制造资源协调配置提供决策数据支持。根据钢铁生产特点，将 BOMR 表达为三阶段形式（即炼钢—连铸阶段、轧制阶段和深加工阶段），面向产能配置的 BOMR 模型如图 3-3 所示。

3.2.3 基于工艺分解和特征匹配的 BOMR 模型

制造资源清单数据建模是实现制造资源配置和管理的基础。由于钢铁产品结构的复杂性不仅反映在最终产品的钢号、标准、形状、规格等静态属性方面，而且与生产作业过程密切相关，也体现在原料配方的多样性和工艺过程的动态性等方面，因而钢铁企业 BOMR 模型需要考虑材料代用政策、等效产线/机组替产规则等多方面动态因素。特别是在当前市场竞争激烈的环境下，钢铁企业多采用MTO 模式，订单的随机性和客户化进一步加剧了钢铁企业制造资源管理的难度。BOMR 数据模型需要支持"产品—作业—产能"资源的快速配置，满足企业及时响应市场变化的要求。

钢铁企业制造资源的配置描述信息包含了产品结构、物料类别、工艺路线、机组状态等多维资源信息，而且产能状态与作业过程、负荷类型等因素有着紧密的关联关系。综合考虑上述因素关系，依据可拓集合理论以及图 3-3 所示的工序分解重构思路，将反映制造资源状态的特征属性集定义为五元组（Mat. list, Pro. list, Cap. list, Fea. list, Val. list），BOMR 数据模型的 BNF 范式可以描述为

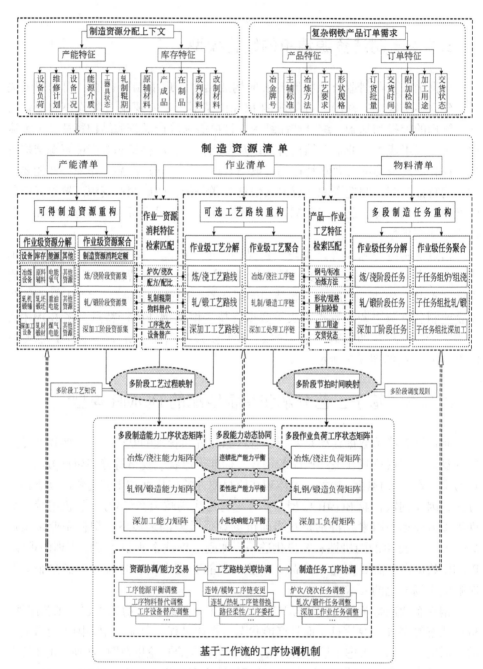

图 3-3 基于工序分解与匹配协调的制造资源清单建模研究方案

$\langle \text{Mat. List} \rangle ::= \langle \text{Phase}_{\text{No.}} \rangle \langle P_{\text{No.}} \rangle \langle M_{\text{No.}} \rangle \langle M_{\text{Type.}} \rangle$ 产品资源列表

$\langle \text{Phase}_{\text{No.}} \rangle$ 生产阶段类别

$\langle M_{\text{Type.}} \rangle ::= \langle G_{\text{No.}} \rangle \langle S_{\text{No.}} \rangle \langle F_{\text{Sha.}} \rangle \langle P_{\text{Spe.}} \rangle [P_{\text{Use.}}] [D_{\text{Sat.}}]$ 物料类别

$\langle G_{\text{No.}} \rangle$ 钢号编码 $\langle S_{\text{No.}} \rangle$ 标准编码

$\langle F_{\text{Sha.}} \rangle$ 产品形状 $\langle P_{\text{Spe.}} \rangle$ 产品规格

$[P_{\text{Use.}}]$ 加工用途 $[D_{\text{Sat.}}]$ 交货状态

$\langle \text{Pro. List} \rangle ::= \langle \text{Phase}_{\text{No.}} \rangle \langle P_{\text{No.}} \rangle \langle P_{\text{Type.}} \rangle [P'_{\text{No.}}]$ 作业资源列表

$\langle P_{\text{Type.}} \rangle ::= \langle \text{WC}_{\text{No.}} \rangle \langle P^{+}_{\text{No.}} \rangle \langle P^{-}_{\text{No.}} \rangle \langle P_{\text{Lot.}} \rangle \langle L_{\text{Tim.}} \rangle$ 作业类别

$\langle \text{WC}_{\text{No.}} \rangle$ 工作中心编码 $\langle P^{+}_{\text{No.}} \rangle$ 紧后工序编码

$\langle P^{-}_{\text{No.}} \rangle$ 紧前工序编码 $[P'_{\text{No.}}]$ 替产工序编码

$\langle \text{Cap. List} \rangle ::= \langle \text{Phase}_{\text{No.}} \rangle \langle P_{\text{No.}} \rangle \{ \langle C_{\text{No.}} \rangle \langle C_{\text{Type.}} \rangle [C'_{\text{No.}}] \}$ 产能资源列表

$\langle C_{\text{Type.}} \rangle ::= \langle S_{\text{Rat.}} \rangle [\text{ES}_{\text{No.}}] [\text{RM}_{\text{No.}}] [\text{EC}_{\text{No.}}] [\text{RO}_{\text{No.}}]$ 产能资源类别

$[\text{ES}_{\text{No.}}]$ 设备／机组编码 $[\text{RM}_{\text{No.}}]$ 材料编码

$[\text{EC}_{\text{No.}}]$ 能源编码 $[\text{RO}_{\text{No.}}]$ 其他资源编码

$[C'_{\text{No.}}]$ 替代产能资源编码

$\langle \text{Fea. List} \rangle ::= \langle F_{\text{No.}} \rangle \langle F_{\text{Type.}} \rangle$ 特征属性列表

$\langle F_{\text{No.}} \rangle$ 特征属性编码

$\langle F_{\text{Type.}} \rangle ::= \langle R_{P'-P} \rangle \mid \langle R_{P-C} \rangle$ 特征属性类别

$\langle R_{P'-P} \rangle$ "产品—作业"

$\langle R_{P-C} \rangle$ "作业—产能"

$\langle \text{Val. List} \rangle ::= \langle F_{\text{No.}} \rangle \langle P_{\text{RI}} \rangle \langle F_{V} \rangle \langle \lambda_{W} \rangle$ 特征属性量值列表

$\langle P_{\text{RI}} \rangle$ 匹配优先级

$\langle F_{V} \rangle$ 属性量值或范围

$\langle \lambda_{W} \rangle$ 匹配权重系数

基于上述 BOMR 的结构和数据模型，产能协调配置的作业机理可以总结如下。首先，按订单需求特征进行产品结构 BOM 分解、按加工工艺特征进行作业工序 BOP 分解、按生产过程特征进行产能资源 BOC 分解；其次，以工序标识为联系纽带，将当前生产阶段（如炼钢阶段）的"BOM—BOP—BOC"信息相互关联；再次，根据制造资源特征属性列表<Fea. list>分别提取特征属性值<Val. list>，利用工艺路线、匹配优先级等规则进行"产品—作业"（$P'—P$）和"作业—产能"

（P—C）特征检索匹配；最后，针对制造资源不能满足匹配条件的情况，需要结合作业替产、设备替代等制造资源代用规则，并重新提取制造资源特征进行检索和匹配判断；最后，动态生成"作业分配关系描述矩阵"和"产能资源消耗关系描述矩阵"，完成各生产阶段制造资源数据的关联描述。

3.2.4　应用案例

钢铁行业分为普钢和特钢两类。特钢与普钢的区别在于，为满足客户对产品个性化、特殊性能的需求，特钢产品在冶炼投料时，除了必需的铁元素外，还需投入一些特殊的合金成分，因而特钢企业生产具有特殊的生产工艺、组织和性能。相比普钢的生产，特钢企业钢材品种繁多、作业流程更为复杂，不确定因素多。因此，本文选取特钢企业作为案例进行研究，而东北某特钢集团公司是国内同行业生产中的佼佼者，其生产经营的特殊钢精品质量档次及附加值较高，首当被选作研究对象。

东北某特钢集团公司可生产不锈钢、轴承钢、工具钢、汽车航空用钢和特种合金等几乎全部特殊钢钢类，12 000 多个规格的线、棒、方、扁、丝、板、带、大异型件等产品结构，各种规格齐全，系我国北方最大的特殊钢生产基地。该集团是典型的面向订单生产的以市场需求为导向的企业，客户对板材的宽度、厚度、机械性能等规格的需求多样化，因此，该企业生产工艺复杂且工艺路线组合多样，生产过程物流交错、信息流繁杂，对制造资源的控制要求高、数据管理难度大。

现以该特钢集团公司 304H 奥氏体型不锈钢 Φ55 圆材订单产品的炼钢阶段制造资源配置过程为例，详细说明钢铁企业 BOMR 模型的具体建立过程及展开状态，如图 3-4 所示。

首先，按订单需求特征进行产品结构 BOM 分解、按加工工艺特征进行作业工序 BOP 分解、按生产过程特征进行产能资源 BOC 分解；然后，以工序标识（连铸工序编码：L0318）为联系纽带，将当前生产阶段（L—炼钢阶段）的"BOM—BOP—BOC"信息相互关联；进而，根据制造资源特征属性列表 <Fea. List> 分别提取特征属性值 <Val. List>，利用工艺路线、匹配优先级等规则进行 P'—P 和 P—C 特征检索匹配；针对制造资源不能满足匹配条件的情况，需要结合作业替产、设备替代等制造资源代用规则（如图 3-4 中，根据订单特殊要求等选择模铸工序 L0312 代替连铸工序，在产能清单中所对应的工序设备则由模铸设备 Cap. A2 代替连铸机 Cap. A1），并重新提取制造资源特征进行检索和匹配

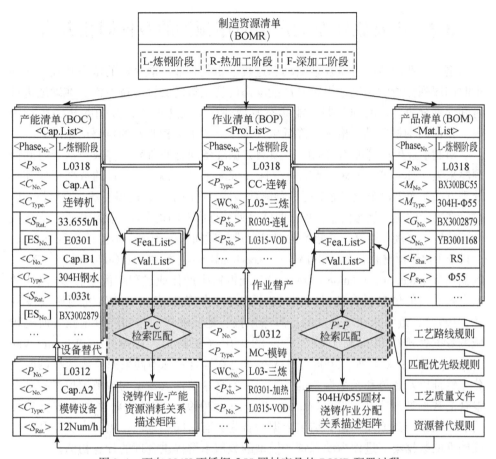

图 3-4 面向 304H 不锈钢 Φ55 圆材产品的 BOMR 配置过程

判断；最后动态生成"304H/Φ55 圆材—浇铸作业分配关系描述矩阵"和"浇铸作业—产能资源消耗关系描述矩阵"，完成炼钢阶段制造资源数据的关联描述。

　　企业实施应用的结果表明，基于 BOMR 模型的钢铁企业基础数据管理方法较好地克服了传统 BOM 和资源清单等分离应用的缺点，BOMR 模型将产品、作业和产能资源三者统一起来，能够形成面向钢铁产品生产过程的制造资源集成化管理和控制视图，解决了集团企业生产基地内部的制造资源配置信息不对称、难于精确管理等问题，并为后续钢铁生产，如炉次计划的制订、炉料结构的优化决策提供了数据信息支持。

3.3　支持钢铁企业产能时序预测的数据同化方法

　　钢铁企业产能配置是复杂的动态过程，也是行业产能释放的微观基础，而基于时间序列分析的预测结果则是产能动态配置决策的关键支持条件。准确地进行时间序列分析，及时地掌握产能状态波动规律，快速地辨识并消除相关影响因素，是提高钢材产品合格率、降低生产成本、增加运营收益的重要信息基础。

　　对制造业生产管理相关的时序预测数据准备问题的研究，多采用基于时间窗顺序采集（孙林等，2008）或随机取样（朱海平等，2009）方式的数据提取和预处理方法，而钢铁企业产能的时序预测数据涉及产品工艺、过程装备、原材料、库存等多维度的能力状态信息，加之时间序列数据固有的动态性、高噪声性、大规模性等特性，直接利用复杂的原始数据对象进行时间序列预测，不但计算复杂性高，而且难于保证预测的准确性和可靠性（Keogh and Kasetty，2003；Gullo et al.，2009）。数据同化（data assimilation，DA）是实现钢铁生产作业过程中海量在线/离线数据有效集成的信息融合技术。DA 技术起源于气象数值预报的研究领域（罗乔林，1997），近年来在环保监测、海洋预报、地质勘探、作物产量预测等研究领域的数据处理中也得到了较为广泛的应用（王跃山，1999；De Wit and Van Diepen，2007；刘峰等，2008）。DA 技术是在综合考虑不同来源监测数据的时空分布特征以及监测和系统误差的基础上，实现系统注入数据与数值模拟过程动态整合的数据处理方法（Tanajura and Belyaev，2009）。它能够将多源多粒度差异的监测数据与数值模拟运算结果数据融合为具有时间一致性、语义完整性和信息准确性的数据集，进而为动态预测模型的数值求解提供合理的计算初值。

　　离线数据预处理是否充分是影响后续预测是否准确的先决条件，本文针对钢铁企业产能动态预测的数据准备问题，提出一种基于动态重构技术的产能数据同化方法。首先进行数据梳理，按生产任务类型、作业工序类型和时间粒度要求，将动态更新的产能状态描述数据分解转化为时间序列数据；再对分解后的时间序列数据进行删除和替换等操作，完成对数据的清洗去噪；最后，利用连续化产能日历映射转换技术，实现间断性时序数据的连续化处理。上述基于动态重构技术的产能状态时序数据同化处理方法，能够为产能预测提供科学的数据依据。

3.3.1　产能时序预测数据准备问题描述

　　钢铁工业属于典型的连续/离散作业混杂的流程制造行业，影响钢铁企业设备能力、物料能力等产能要素的因素很多，如产品结构、过程工艺、质量要求（特殊评审）、加工用途、交货状态等，而且钢铁生产制造过程中的动态不确定性干扰因素繁杂，如炼钢阶段铁合金、废钢等原主材料品位的差异，直接影响到电弧炉（electric arc furnace，EAF）/转炉—LF/VOD/AOD 精炼炉等炼钢设备的出钢能力；连铸机故障时间不可预知、中间包连浇炉数/插铁板频次不固定所形成的连浇工艺等待时间不确定等多维影响因素，引起连铸有效工作时间/连铸能力的波动；生产任务插单、质量问题补料、设备临时故障等情况的出现，导致加热炉、退火炉等热处理设备的负荷动态变化和设备能力不均衡。由于生产执行跟踪、设备状态监测等数据的采集过程所覆盖的业务范围很广，而且又存在过程监测误差、系统计算误差等，钢铁企业产能时间序列预测所使用的初值并不是传统意义上严格的精确初值，而是需要经过数据同化处理后获得初值化的多维数据集。

产能综合利用系数（或称产能综合效率）$\lambda_{oce}^{(var)}$ 描述钢铁企业计划生产能力的实际利用程度，它是某计划周期内生产 var 类型产品与在制品的实际产量与计划生产能力的比值，即合格 var 类型产品与在制品的理论加工总时间与计划时间的比值。产能综合利用系数可表示为 $\lambda_{oce}^{(var)} = (time_{unit}^{(var)} \times W_{chk})/T_{PL}$，其中，$time_{unit}^{(var)}$ 表示 var 类型产品/在制品的单位重量理论加工周期，W_{chk} 表示计划执行期内 var 类型产品/在制品的合格品产量，T_{PL} 表示计划执行期。$\lambda_{oce}^{(var)}$ 能够线性地反映出工序（过程）能力的大小，综合考虑多维产能环境因素和影响因素在海量离线数据中精确地获取 $\lambda_{oce}^{(var)}$，则是实现钢铁企业产能时序预测的关键前提。

通常描述工序产能状态的数据信息来源于生产、工艺、质量、物供、设备等业务部门，从多个业务系统抽取而来的产能状态数据集合中，不可避免地存在着数据错误或数据间冲突。同时，由于影响工序产能的原因多种多样，如设备计划停机（设备检修、更换轧辊）、非设备因素停机（前部工序物料质量不合格）等，这些信息分散在相关不同业务部门的原始数据中，按时间物理连续性采集和统计所获得的产能数据原始序列隐藏着工序产能变化的真实规律，但其描述的产能正常占用状态却是非连续的，这不利于发现和预测工序产能变化规律，因此有必要对原始的产能状态时间序列数据进行连续性动态重构处理。另外，由于实际业务管理要求的精细化程度不同，各类数据来源中同类数据的划分粒度不尽相同，面向产能时序预测主题对原始数据进行聚集—转换—导入操作时，需对原始离线数据进行同化处理。

3.3.2 产能状态时序数据动态重构技术

根据钢铁企业产能状态的描述特征和预测需求组成，对原始数据进行分解重构，其过程主要包括：数据梳理、清洗和映射。产能状态时序数据重构模型如图 3-5 所示。

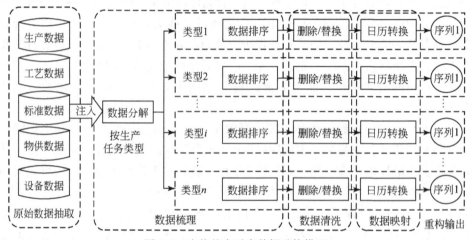

图 3-5 产能状态时序数据重构模型

首先，定义正常产能和非常态产能占用的概念，本文中正常产能占用是指在生产环境正常和工艺条件稳定的情况下生产常规品种产品时对设备产能的占用，即在设备正常工况下生产常规品种产品时对设备产能的占用；非常态产能占用是指生产环境异常或工艺条件调整的情况下生产常规品种产品，或试验生产新品种产品时对设备产能的占用，如设备计划/故障检修、更换轧机轧辊、相同组距（轧制规格不变）变换轧制钢种、工序物料供应不及时引起的非设备因素停机、试验生产客户特殊要求或新开发品种产品等情况下，形成对设备产能的占用即为非常态产能占用。对于非常态产能占用状态，需在生产实绩跟踪、设备运行状态跟踪等数据中进行特殊标记。

1. 数据梳理

针对采集到的产能状态特征历史数据进行清理和分类标志，然后对清理、分类后的数据进行分解和排序梳理。

（1）数据分解算法。将原始的产能状态离线数据按生产任务类型标识信息加以分解，生成以作业工序为统计单位的产能状态历史数据集合。定义各作业工序的设备资源集合 Res. Set $= \langle R_1, R_2, \cdots, R_i, \cdots, R_n \rangle$，类型为 var 生产任务产能状态历史数据的集合为 Cap. Sta. _his$^{(\mathrm{var})}$（DS^{R_i}），设备 R_i 所对应的产能状态数据集合为 Cap. Sta. _his$_{R_i}^{(\mathrm{var})}$（DS$_j^{R_i}$），$0 \leqslant j \leqslant m$（$m$ 为截至当前时间 R_i 的产能占用次数）。

分解算法具体步骤如下：

步骤 1：初始化列表 List_tmp 顺序装载 Cap. Sta. _his$^{(\mathrm{var})}$（DS^{R_i}），List_tmp 位置指针 h 置 0。

步骤 2：取出列表 List_tmp 当前位置指针 h 所指向的产能状态数据 DS^{R_i}。

步骤 3：按工艺路线顺序，依次将 DS^{R_i} 复制至 Cap. Sta. _his$_{R_i}^{(\mathrm{var})}$（DS$_j^{R_i}$）。

步骤 4：若位置指针 h 已指向数据序列最末元素，转步骤 6，否则转步骤 5。

步骤 5：位置指针 h 后移一位，$i = i + 1$，转步骤 2。

步骤 6：算法结束。

（2）数据排序算法。分解生成的 Cap. Sta. _his$_{R_i}^{(\mathrm{var})}$（DS$_j^{R_i}$），数据元素并不是严格按照时间顺序排列的，需重新排序形成时间序列数据。同工序设备的产能状态数据排序算法如下。

步骤 1：设置排序遍历状态 $i = 0$。

步骤 2：初始化设备 R_i 产能数据列表 List. Cap$_{R_i}^{(\mathrm{var})}$（DS$_j^{R_i}$）。

步骤 3：根据设备 R_i 产能占用时间顺序完成 Cap. Sta. _his$_{R_i}^{(\mathrm{var})}$（DS$_j^{R_i}$）数据排序。

步骤 4：将时序数据排列结果输入列表 List. Cap$_{R_i}^{(\mathrm{var})}$（DS$_j^{R_i}$）。

步骤 5：若 Res. Set 集遍历完成，转步骤 6，否则 $i = i + 1$，转步骤 2。

步骤 6：算法结束。

2. 数据清洗

采用删除和替换方法对非常态产能占用类型数据进行数据清洗。首先定义产能状态链接结构 Cap. Sta. _link，其数据结构参数五元组描述为 Cap. Sta. _link $= \langle \lambda_{\mathrm{oce}}^{(\mathrm{var})}, T_w, T_{F-w}, T_{B-w}, R_w \rangle$，其中，$\lambda_{\mathrm{oce}}^{(\mathrm{var})}$ 表示实际产能综合利用系数；T_w 表示当前产能占用时间；T_{F-w} 表示紧前产能占用时间；T_{B-w} 表示紧后产能占用时间；R_w 表示产能占用类型。

（1）数据删除算法。在确定非正常产能占用状态后，在序列中删除该类非常态占用数据，生成相应的产能状态链接结构，其中 $\lambda_{\mathrm{oce}}^{(\mathrm{var})}$ 取非常态产能占用的紧前、紧后正常占用的产能综合利用系数均值；T_w 为 "0000-00-00hh 00：00：00"，即标志为非常态产能占用时间，T_{F-w} 为非常态产能占用的紧前正常产能占用时间，T_{B-w} 为非常态产能占用的紧后正常产能占用时间，R_w 为"正常"型。而后在序列中删除相应的两次正常产能占用。数据删除算法流程如图 3-6 所示。

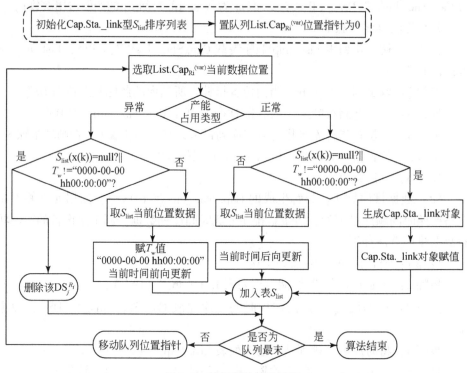

图 3-6　数据删除算法流程

步骤 1：初始化由 Cap. Sta. _link 构成的排序列表 $S_{list}(x_k)$，位置指针 k 置 0。

步骤 2：选取某排序队列 List. $Cap_{R_i}^{(var)}$（$DS_j^{R_i}$），位置指针 j 置 0。

步骤 3：若队列 List. $Cap_{R_i}^{(var)}$（$DS_j^{R_i}$）信息中产能占用类型为"正常"且 $S_{list}(x_k)$ 当前位置为空或 Cap. Sta. _link 元素 T_w 不为"0000-00-00 hh00：00：00"，则生成一个 Cap. Sta. _link 对象，否则转步骤 4。

步骤 4：在 $S_{list}(x_k)$ 当前位置 Cap. Sta. _link 对象的紧后时间域 T_{B-w} 写入当前占用时间数据，并加入列表 $S_{list}(x_k)$，下移 $k = k + 1$，转步骤 7。

步骤 5：若 List. $Cap_{R_i}^{(var)}$（$DS_j^{R_i}$）信息中产能占用类型为"异常"，并且 $S_{list}(x_k)$ 中当前位置为空或 Cap. Sta. _link 中 T_{F-w} 为"0000-00-00 hh00：00：00"，则将其删除转步骤 8，否则转步骤 6。

步骤6：变更 $S_{\text{list}}(x_k)$ 当前位置 Cap. Sta._link 对象中元素 T_w 为 "0000-00-00 hh00：00：00"、元素 T_{F-w} 为当前产能占用时间。

步骤7：若队列 List. $\text{Cap}_{R_i}^{(\text{var})}(\text{DS}_j^{R_i})$ 已处理完成，转步骤9，否则转步骤8。

步骤8：下移调整队列位置指针 $j = j + 1$，转步骤3。

步骤9：算法结束。

（2）数据替换算法。首先抽取因随机干扰因素产生的非正常产能占用周期，依据四类替换规则，分别是：①最近化规则，即选取此非正常占用周期的紧前正常占用周期替换该间隔；②最小化规则，即选取所有相同或相近（相同或相近钢类钢号、质量标准、形状规格等制造特征的任务排产）生产环境下正常产能占用周期集中大于被替换非正常周期的最小值替换该间隔；③最大化规则，即选取所有相同或相近生产环境下正常产能占用周期集中最大值替换该间隔；④均值/中值规则，即选取所有相同或相近生产环境下正常产能占用周期集的平均值或中值来替换该间隔。极大限度模拟产能占用状态的演化趋势，即以替换重构的方式生成一个滤除干扰信息的产能占用数据序列。数据替换算法流程如图3-7所示。

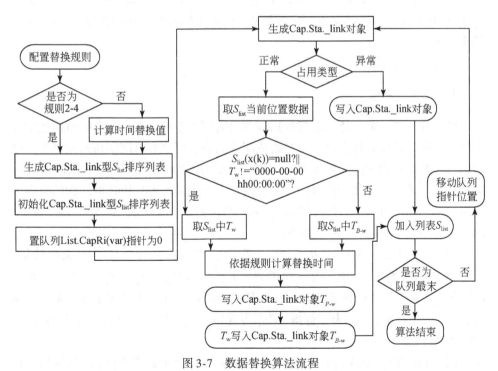

图3-7 数据替换算法流程

步骤 1：配置替换原则，若采用 (ii)、(iii)、(iv) 规则须计算符合规则的时间替换值。

步骤 2：初始化由 Cap. Sta. _link 构成的排序列表 $S_{\text{list}}(x_k)$，位置指针 k 置 0。

步骤 3：选取某排序队列 List. $\text{Cap}_{R_i}^{(\text{var})}$（$\text{DS}_j^{R_i}$），位置指针 j 置 0。

步骤 4：生成 Cap. Sta. _link 对象，若队列 List. $\text{Cap}_{R_i}^{(\text{var})}$（$\text{DS}_j^{R_i}$）信息中产能占用类型为"正常"，则写入 Cap. Sta. _link 对象，转步骤 8，否则转步骤 5。

步骤 5：取 $S_{\text{list}}(x_k)$ 当前位置数据，若 $S_{\text{list}}(x_k)$ 为空或 Cap. Sta. _link 元素 T_w 不为"0000–00–00 hh00：00：00"，则取 $S_{\text{list}}(x_k)$ 中 T_w 依据替换规则计算替换后时间，写入 Cap. Sta. _link 对象 T_{F-w}，转步骤 7，否则转步骤 6。

步骤 6：取 $S_{\text{list}}(x_k)$ 中 T_{B-w}，依据替换规则计算替换后时间，写入 Cap. Sta. _link 对象 T_{F-w}。

步骤 7：在 $S_{\text{list}}(x_k)$ 当前位置 Cap. Sta. _link 对象紧后时间域 T_{B-w} 写入当前占用时间数据。

步骤 8：加入列表 $S_{\text{list}}(x_k)$，下移 $k = k + 1$，判断处理队列 List. $\text{Cap}_{R_i}^{(\text{var})}$（$\text{DS}_j^{R_i}$）是否完成。若已完成，转步骤 9，否则下移调整队列位置指针 $j = j + 1$，转步骤 4。

步骤 9：算法结束。

3. 数据映射

经上述处理后的产能状态能数据表现为时间不连续，即有效产能时段经常被事故、故障、检修和休息时间等割裂成间断状态，而现有时间序列预测算法在处理间断性时间序列预测时效果并不理想（张楠等，2008），需要将时间间断性产能状态数据进行连续化产能日历映射转换。本文定义产能日历映射结构的数据五元组 Cap. Cal. _ Map = 〈Cap. Mar. _ con，Cap. Tim_ working，$\lambda_{\text{oce}}^{(\text{var})}$，Cap. Pro_ backward，Cap. Pro_forward〉如下。

（1）Cap. Mar. _ con = 〈R_{No}，P_{No}，$T_{\text{ask}}^{(\text{var})}$〉表示产能配置环境的关键特征，式中，$R_{\text{No}}$ 为资源编码，P_{No} 为工序编码，$T_{\text{ask}}^{(\text{var})}$ = 〈G_{RA}，N_{UM}，S_{T-M}，S_{T-A}，P_{EC}，F_{IG}，P_{UR}，D_{ST}〉为生产任务（产品/在制品）类型标志（G_{RA} 为产品钢级，N_{UM} 为钢号，S_{T-M} 为主标准，S_{T-A} 为辅标准，P_{EC} 为规格，F_{IG} 为形状，P_{UR} 为加工用途，D_{ST} 为交货状态）。

（2）Cap. Tim_working = 〈tw_s，T_{spa}，tw_F〉表示正常产能占用时间元素，式中，tw_s 为正常占用开始时间；tw_F 为正常占用结束时间；T_{spa} 为正常占用时

间跨度值（即 $T_{spa} = \text{tw\_F} - \text{tw\_s}$）。

（3）$\lambda_{oce}^{(var)}$ 的定义同上。

（4）Cap. Pro_backward $= \langle \text{No.}_{pro.-B}, \text{No.}_{equ.-B}, K_{BN}^{(B)} \rangle$ 表示紧后工序元素，式中，$\text{No.}_{pro.-B}$ 为紧后工序编码，$\text{No.}_{equ.-B}$ 为该工序对应资源编码，$K_{BN}^{(B)}$ 为该工序状态瓶颈类型（临时/非临时）。

（5）Cap. Pro_forward $= \langle \text{No.}_{pro.-F}, \text{No.}_{equ.-F}, K_{BN}^{(F)} \rangle$ 表示紧前工序元素，式中，$\text{No.}_{pro.-F}$ 为紧前工序编码，$\text{No.}_{equ.-F}$ 为该工序对应资源编码，$K_{BN}^{(F)}$ 为该工序状态瓶颈类型（临时/非临时）。

针对钢铁生产作业中加热/退火、连铸连轧等加工工序对工艺时间精度要求较高的特点，在辨识 Cap. Mar._con 产能配置环境关键特征进行有效产能时间映射时，采用以 h 为时间计量和计算的基本单位。在某给定由 N 个时间段构成的时间区间 $[T^{Sta}, T^{Fin}]$ 内，对于其中任意时间点 $t(i) \in [T^{Sta}, T^{Fin}]$，记 $F_{acc}. t(i) = \sum_{k=i}^{i} T_{spa}^{t(i)}$（$1 \leqslant i \leqslant N$），表示该时间区间内前 i 段有效产能时间的累加值，则产能日历映射函数 Tim. Mapping $(t(i))$ 定义为

$$\text{Tim. Mapping}(t(i)) = T^{Sta} + 0, \quad T^{Sta} \leqslant t(i) \leqslant t_{W-S}^{t(i)}$$

$$\text{Tim. Mapping}(t(i)) = T^{Sta} + F_{acc} \times t(i-1) + t(i) - t_{W-S}^{t(i)},$$
$$1 \leqslant i \leqslant N \text{ 且 } t_{W-S}^{t(i)} \leqslant t(i) \leqslant t_{W-F}^{t(i)}$$

$$\text{Tim. Mapping}(t(i)) = T^{Sta} + F_{acc} \times t(i), \quad 1 \leqslant i \leqslant N \text{ 且 } t_{W-F}^{t(i)} \leqslant t(i) \leqslant t_{W-S}^{t(i)}$$

$$\text{Tim. Mapping}(t(i)) = T^{Sta} + F_{acc} \times t(N), \quad t_{W-F}^{t(i)} \leqslant t(i) \leqslant T^{Fin}$$

产能日历映射函数 Tim. Mapping $(t_{(i)})$ 实现了将时间间断性产能状态数据的连续化映射处理，能够生成连续的时间序列。对于并行设备工序，Cap. Cal._Map 中元素 $\lambda_{oce}^{(var)}$ 需按 Cap. Mar._con 的 $R_{No.}$ 和 $P_{No.}$ 标识归类合并计算获得（可逆向拆分追溯）。结合约束理论（theory of constraint，TOC）所强调的能力平衡与物流均衡相互协同的思想，若 Cap. Pro._backward 中 $K_{BN}^{(B)}$ 为非临时状态，则当前资源 $\lambda_{oce}^{(var)}$ 可由紧后瓶颈资源 $\lambda_{oce}^{(var)}$ 参考确定，并沿工艺链前向传播；若 Cap. Pro._forward 中 $K_{BN}^{(F)}$ 为非临时状态，则当前资源 $\lambda_{oce}^{(var)}$ 可由紧前瓶颈资源 $\lambda_{oce}^{(var)}$ 参考确定，并沿工艺链后向传播。

3.3.3　基于动态重构的数据同化模型

为适应激烈的市场竞争，现代钢铁企业多采用面向订单生产（make to

order，MTO）的运作模式。MTO 环境下钢铁企业的产能配置是一个柔性的、反复的、时间连续的动态过程，工业现场采集的产能数据也处于不断变化之中，与之相适应的基于动态重构技术的产能状态数据同化模型如图3-8所示。图3-8所描述的双层循环结构能够实现多来源、不同粒度产能状态数据的动态更新和融合，其中内侧循环部分由产能状态数据重构模块、增量数据分析模块和产能数据动态融合模块组成，外侧循环部分主要由产能状态增量更新模块和数据粒度线性转换计算模块组成。

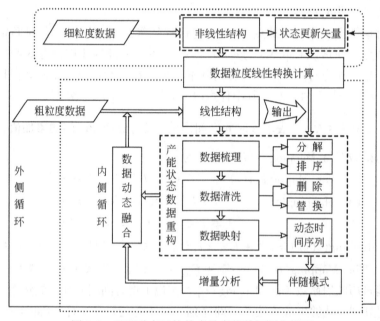

图 3-8　基于动态重构技术的产能数据同化模型

对于非线性结构数据需要经线性转换处理后使用。如反映产能占用情况的物料工艺状态描述数据：钢铁生产制造过程中分批加工、合批生产等情况较多导致物料工艺状态十分复杂，只有基于炉号、次等关键信息标志物料，才能实现其工艺状态的精细化描述，物料工艺状态描述数据的逻辑结构特征表现为某一节点元素可能存在多个直接前趋或多个直接后继，是典型的非线性结构。较细粒度的物料工艺状态描述数据需依据炉次、批次的拆分/合并规则以及数据粒度要求经转换计算后，生成用于时序预测的线性结构产能状态数据。

3.3.4　可拓集合基本理论及距的概念

1983 年，蔡文提出了可拓集合的概念，用来定量地表述事物的可变性、质变和量变的过程，可拓集合理论包括可拓集合和关联函数等（蔡文，1983）。

定义：设 U 为论域，k 是 U 到实域 I 的一个映射，$T = (T_U,\ T_k,\ T_u)$ 为给定的变换，称

$$\tilde{A}(T) = \{(u,\ y,\ y')\, u \in T_U U,\ y = k(u) \in I,\ y' = T_k k(T_u u) \in I\}$$

为论域 $T_U U$ 上的一个可拓集合，$y = k(u)$ 为 $\tilde{A}(T)$ 的关联函数，$y' = T_k k(T_u u)$ 为 $\tilde{A}(T)$ 的可拓函数。其中 T_U、T_k、T_u 分别为对论域 U、关联函数 $k(u)$ 和元素 u 的变换。

这里规定当 $u \in T_U U - U$ 时，$y = k(u) < 0$。

在可拓集合中，建立了关联函数这一概念。可以根据关联函数值，来定量地描述 U 中任一元素 u 属于哪一部分：正域、负域还是零界。即使不同的元素属于同一个域，也可以根据关联函数值的大小来确定它所在的层次。

点 x_0 与区间 $X_0 = <a,\ b>$ 之距的公式为

$$\rho(x_0,\ X_0) = \left| x_0 - \frac{a+b}{2} \right| - \frac{b-a}{2}$$

这里实变函数中距离的概念被拓展为距的概念。

距 $\rho = (x_0,\ X_0)$ 与经典数学中"点与区间的距离"$- d(x_0,\ X_0)$ 的关系是

（1）当 $x_0 \notin X_0$ 或 $x_0 = a,\ b$ 时，$\rho(x_0,\ X_0) = d(x_0,\ X_0) \geqslant 0$；

（2）当 $x_0 \in X_0$ 或 $x_0 \neq a,\ b$ 时，$\rho(x_0,\ X_0) < 0$，$(x_0,\ X_0) = 0$。

通过引入距的概念，可以根据距的值定量地精确描述点与区间的位置关系，点在区间的不同位置是根据距的不同值来反应的。

除此之外，在现实问题中，还需要考虑一个点与两个区间、区间与区间的位置关系。一般地，设 $X_0 = <a,\ b>$，$X = <c,\ d>$，且 $X_0 \in X$，则点 x 关于区间套 X_0 和 X 的位值规定为

$$D(x,\ X_0,\ X) = \begin{cases} \rho(x,\ X) - \rho(x,\ X_0), & x \notin X_0 \\ -1, & x \in X_0 \end{cases}$$

$D(x,\ X_0,\ X)$ 就刻画了点 x 与区间套 X_0 和 X 的位置关系。

在距的基础上，计算点和区间套的初等关联程度的函数公式（蔡文，1994）为

$$k(x) = \frac{\rho(x,\ X_0)}{D(x,\ X_0,\ X)},\ X_0 \subset X,\text{且无公共端点}$$

我们用上述式子表述可拓集合中的关联函数，就把"具有性质 P"的事物从定性描述拓展到"具有性质 P 的程度"的定量描述。

根据关联函数值，$k(x) \geqslant 0$ 表示 x 属于 X_0 的程度，$k(x) \leqslant 0$ 表示 x 不属于 X_0 的程度，$k(x) = 0$ 表示 x 既属于 X_0 又不属于 X_0。

因此，关联函数可以定量化的描述事物的量变和质变，对给定的变换 T，当 $k(x) \times k(Tx) > 0$ 时，事物的变化是量变；当 $k(x) \times k(Tx) < 0$ 时，事物的变化是质变。

3.3.5 基于特征匹配的同化数据检索

反映产能状态的资源特征集可参考本章 3.2.3 中 BOMR 数据模型。为量化计算特征属性匹配问题的关联度，运用可拓集合理论中距的概念定义特征属性关联函数。首先，规定点 $F_V^{(x)}$ 与区间 $F_V^{(x_0)} = [F_V^{(x_\alpha)},\ F_V^{(x_\beta)}]$ 的距为

$$\rho(F_V^{(x_0)},\ F_V^{(x)}) = |F_V^{(x)} - 0.5(F_V^{(x_\alpha)} + F_V^{(x_\beta)})| - 0.5(F_V^{(x_\beta)} - F_V^{(x_\alpha)})$$

式中，$F_V^{(x_0)}$ 为字符/字符串型或单值实数型时，即 $F_V^{(x_0)} = F_V^{(x_\alpha)} = F_V^{(x_\beta)}$，若 $F_V^{(x_0)} = F_V^{(x)}$，则 $\rho(F_V^{(x_0)},\ F_V^{(x)}) = 0$；否则，$\rho(F_V^{(x_0)},\ F_V^{(x)}) \to \infty$。显然，当实数型 $F_V^{(x)}$ 在区间 $F_V^{(x_0)}$ 内时，点 $F_V^{(x)}$ 与区间 $F_V^{(x_0)}$ 的距 $\rho(F_V^{(x_0)},\ F_V^{(x)})$ 为负，其量值亦随 $F_V^{(x)}$ 位置不同而变化。

特征属性关联函数

$$k(F_V^{(x_0)},\ F_V^{(x)})$$

$$= \begin{cases} -\rho(F_V^{(x_0)},\ F_V^{(x)}), & F_V^{(x)} \in F_V^{(x_0)} \\ \rho(F_V^{(x_0)},\ F_V^{(x)})/(\rho(F_V^{(x_\varepsilon)},\ F_V^{(x)}) - \rho(F_V^{(x_0)},\ F_V^{(x)})), & F_V^{(x)} \notin F_V^{(x_0)},\ F_V^{(x)} \in F_V^{(x_\varepsilon)} \end{cases}$$

式中 $F_V^{(x_\varepsilon)}$ 为特征属性值的匹配松弛区间。结合工艺特征属性列表各个特征属性的重要度，分别确定该属性的特征匹配权重系数 $\lambda_W^{(\omega)}$（$\sum \lambda_W^{(\omega)} = 1$，$\omega \in \{G_{RA},\ N_{UM},\ \cdots,\ P_{UR}\}$），计算匹配相似度 $\mathrm{sim}_V^{(\omega)} = \sum \lambda_W^{(\omega)} \times k(F_V^{(\omega_0)},\ F_V^{(\omega)})$。

针对钢铁企业产能时序预测实际需求目标，根据钢铁生产任务或订单产品数据信息获取其工艺特征属性列表 Fea. List 和对应量值列表 Val. List，经工艺设计和工序拆分后制定工艺计划，生成设备资源列表 Res. List 和工序工艺列表 Pro. List，构造资源特征属性集，形成产能状态数据检索条件。通过计算匹配相似度 $\mathrm{sim}_V^{(\omega)}$ 并完成匹配相似度排序，进而实现对产能状态同化数据的快速检索。

3.3.6 应用案例

东北某特钢集团公司是以废钢、铁合金为主要原料，以电炉冶炼—连铸/模铸—连轧/热轧短流程生产为典型特征的钢铁制造企业。以该企业作为应用案例，现对其 DL 生产基地的一炼钢厂和棒线材连轧厂 2010 年以来生产不锈钢线材产品所积累的部分原始作业数据（表 3-2 和表 3-3）加以分析。

遵循上述基于动态重构技术的产能数据同化方法过程，首先针对更新导入的多源原始数据进行梳理，清理其中重复数据和区分标识偏离正常产能实际的原始数据，如表 3-2 中钢号为"430HT"、炉号为"10116010646"的新品种冶炼作业数据和表 3-3 钢号为"430HT"、炉号为"10116010646"的验车料轧制作业数据等；然后，按生产任务类型的标识信息、以作业工序（设备资源）为统计单位进行原始数据的分解和排序，如按生产任务类型标识〈'铬镍系不锈'，'304H'，'QJ/DT03.0002 - 2005'，'150 × 150 连铸坯'〉和作业工序〈'方坯连铸机'〉、按生产任务类型标识〈'铬镍系不锈'，'304H'，'QJ/DT03.0002 - 2005'，'ϕ5.5 线材'〉和作业工序〈'连轧机组'〉等分别完成设备产能历史数据的工序分解和时间排列；接下来，针对非常态占用类型的产能数据进行清洗，如删除〈'方坯连铸机'〉序列中钢号为"430HT"、炉号为"10116010646"的新品种连铸作业数据，删除〈'连轧机组'〉序列中钢号为"430HT"、炉号为"10116010646"的验车料轧制作业数据，配置替换规则对随机干扰因素产生的其他非正常情况完成产能状态数据替换；最后，进行产能数据的日历映射转换，如按相同连铸浇次、相同轧制辊期分别对工序设备〈'方坯连铸机'〉、〈'连轧机组'〉的产能状态数据进行有效作业时间的连续性映射，并完成工序产能综合利用系数等数据的整理，可形成符合产能时序预测需求、具有实际连续意义的时间序列数据（表 3-4）。

大规模连续生产型钢铁企业的实际产能状态通常被非常态产能占用情况分割为时间间断性状态，同时设备产能综合利用系数与生产任务类型（钢号、标准、规格等）密切相关，运用传统的数据预处理方法生成的数据序列通常会导致时序预测结果与实际产能状态的测定值偏差较大。本文采用基于动态重构技术的数据同化方法获得连续意义的时间序列数据，并根据生产任务的类型特点，基于资源特征属性匹配的方式进行产能状态同化数据快速检索，完成产能状态数据的预处理过程。企业实际产能数据的多次测算结果表明，使用上述预处理数据进行产能时序预测，计算所得的预测值与实测值的误差可控制在 9% 之内。

原材料/坯料能力分析、设备维护备件需求、在制品过程质量控制等方面预测的数据预处理问题也可采用类似上述的基于动态重构技术的数据同化方法。

表 3-2 2010 年 DL 生产基地一炼钢厂部分原始作业数据

一炼钢厂原始作业跟踪记录（部分关键工序）

生产任务类型标识					工艺设备	配料-单渣	电炉冶炼	AOD精炼	VOD精炼	LF精炼	连铸
炉号	钢类	钢号	标准	规格	设备	配料设备	EAF炉	AOD炉	VOD炉	LF炉	方坯连铸机
…	…	…	…	…	…	…	…	…	…	…	…
101160010646 (N010646)	铬镍系不锈（新品种）	430HT	QJ/DTO2.0212-2009	150×150 连铸方坯	开始： 完成： 重量：	03-01 02:30:00 03-01 05:06:00 28.360t	03-01 08:19:00 03-01 10:32:00 28.360t	03-01 11:35:00 03-01 13:10:00 28.360t	— 	03-01 13:26:00 03-01 16:51:00 28.360t	03-01 17:16:00 03-01 18:59:00 28.360t
10116010929	铬镍系不锈	304HCB	QJ/DTO2.0179-2007	150×150 连铸方坯	开始： 完成： 重量：	03-18 10:28:00 03-18 16:12:00 22.700t	03-18 17:25:00 03-18 20:20:00 22.700t	03-18 20:35:00 03-18 23:55:00 22.700t	03-19 00:15:00 03-19 02:35:00 22.700t	03-19 03:00:00 03-19 04:15:00 22.700t	03-19 04:45:00 03-19 05:19:00 22.700t
10116010875	铬镍系不锈	304H	QJ/DTO3.0002-2005	150×150 连铸方坯	开始： 完成： 重量：	03-15 22:41:00 03-16 01:10:00 30.500t	03-16 03:16:00 03-16 06:00:00 30.500t	03-16 06:15:00 03-16 07:50:00 30.500t		03-16 08:20:00 03-16 10:55:00 30.500t	03-16 11:30:00 03-16 12:21:00 30.500t
10116010436	铬系不锈	430H	QJ/DTO2.0212-2008	150×150 连铸方坯	开始： 完成： 重量：	02-20 13:29:00 02-20 19:45:00 27.130t	02-20 20:05:00 02-20 21:55:00 27.130t	02-20 22:40:00 02-21 00:10:00 27.130t		02-21 00:30:00 02-21 03:19:00 27.130t	02-21 04:23:00 02-21 05:17:00 27.130t
10116011455	铬系不锈	430FR1	QJ/DTO1.20025-2005	150×150 连铸方坯	开始： 完成： 重量：	04-07 16:00:00 04-07 20:05:00 26.170t	04-07 20:35:00 04-07 22:20:00 26.170t	04-07 23:25:00 04-08 00:40:00 26.170t	04-08 02:45:00 04-08 04:10:00 26.170t	04-08 04:50:00 04-08 05:50:00 26.170t	04-08 06:43:00 04-08 07:36:00 26.170t
10116011053	铬系不锈	430LNb	QJ/DTO2.0200-2008	150×150 连铸方坯	开始： 完成： 重量：	03-22 10:45:00 03-22 14:56:00 23.420t	03-22 15:20:00 03-22 17:25:00 23.420t	03-22 19:25:00 03-22 22:25:00 23.420t	—	03-22 22:50:00 03-23 00:25:00 23.420t	03-23 00:50:00 03-23 01:49:00 23.420t
10116010278	铬系不锈	430LX2	QJ/DTO1.20051-2006	150×150 连铸方坯	开始： 完成： 重量：	02-10 02:09:00 02-10 09:57:00 26.930t	02-10 11:10:00 02-10 13:30:00 26.930t	02-10 13:50:00 02-10 15:35:00 26.930t	—	02-10 16:03:00 02-10 17:15:00 26.930t	02-10 17:43:00 02-10 18:57:00 26.930t
…	…	…	…	…	…	…	…	…	…	…	…

表3-3 2010年DL生产基地棒线材连轧厂部分原始作业数据

生产任务类型标识					工艺设备	棒线材连轧厂原始作业跟踪记录（部分关键工序）					
炉号	钢类	钢号	标准	规格		钢坯加热 步进加热炉	线材轧制 连轧机组	在线小摩线 斯太尔摩线	钢材退火 台车炉	钢材酸洗 酸洗装置	钢材修磨 修磨设备
...	...	...	...	...	...	...	...	...	...	...	...
10116010646 (T010646)	铬镍系不锈 （验车料）	430HT	QJ/DT02. 0212-2009	φ18.5线材	开始: 完成: 重量:	03-05 11:21:00 03-05 13:43:00 1.450t	03-05 13:20:00 03-05 13:25:00 1.427t	...		—	—
10116010929	铬镍系不锈	304HCB	QJ/DT02. 0179-2007	φ11.5线材	开始: 完成: 重量:	03-21 06:24:00 03-21 10:20:00 21.755t	03-21 10:24:00 03-21 10:43:00 21.755t	03-21 10:49:00 03-21 12:51:00 21.755t	—	03-21 13:05:00 03-21 17:21:00 21.755t	03-22 08:10:00 03-22 10:56:00 21.406t
10116010875	铬镍系不锈	304H	QJ/DT03. 0002-2005	φ5.5线材	开始: 完成: 重量:	03-19 12:43:00 03-19 16:09:00 11.627t	03-19 16:13:00 03-19 16:24:00 11.627t	03-19 16:53:00 03-19 18:12:00 11.627t	—	03-19 18:23:00 03-19 22:42:00 11.627t	03-20 09:21:00 03-20 11:26:00 11.172t
10116010436	铬系不锈	430H	QJ/DT02. 0212-2008	φ6.5线材	开始: 完成: 重量:	03-20 17:45:00 03-20 20:51:00 20.300t	03-20 20:58:00 03-20 21:19:00 20.300t		03-21 02:13:00 03-21 16:36:00 20.300t	03-21 23:10:00 03-22 05:06:00 20.300t	03-22 13:21:00 03-22 15:57:00 19.082t
10116011455	铬系不锈	430FR1	QJ/DT01 20025-2005	φ12.0线材	开始: 完成: 重量:	04-12 00:07:00 04-12 05:27:00 18.358t	04-12 05:33:00 04-12 05:52:00 18.358t		04-12 09:20:00 04-12 22:15:00 18.358t	04-13 02:26:00 04-13 06:05:00 18.358t	04-13 08:26:00 04-13 10:07:00 17.536t
10116011053	铬系不锈	430LNb	QJ/DT02. 0200-2008	φ7.5线材	开始: 完成: 重量:	03-29 18:35:00 03-29 22:43:00 5.744t	03-29 23:51:00 03-30 00:02:00 5.744t			03-30 13:08:00 03-30 17:19:00 5.744t	03-31 10:35:00 03-31 11:07:00 5.016t
10116010278	铬系不锈	430LXJ2	QJ/DT01. 20051-2006	φ5.5线材	开始: 完成: 重量:	03-19 02:09:00 03-19 16:33:00 25.410t	03-19 16:39:00 03-19 17:03:00 25.410t			03-19 20:19:00 03-20 00:27:00 25.410t	03-21 14:38:00 03-21 18:05:00 24.308t
...	...	...	...	...	...	...	...	...	...	...	...

表 3-4 经数据同化后 DL 生产基地部分设备产能时序数据

任务类型：不锈钢线材

设备资源						产能日历映射连续时间序列（工序产能综合利用系数/%）					
分厂	设备	钢号	标准	规格	...	时段 $i-2$	时段 $i-1$	时段 i	时段 $i+1$	时段 $i+2$	...
一炼钢厂	方坯连铸机	304HCB	QJ/DTT02.0179-2007	150×150 连铸方坯	...	78.63	78.71	78.69	78.61	78.57	...
		304H	QJ/DTT03.0002-2005	150×150 连铸方坯	...	78.99	79.06	79.01	79.02	78.93	...
		430H	QJ/DTT02.0212-2008	150×150 连铸方坯	...	75.28	75.33	75.29	75.25	75.30	...
		430FR1	QJ/DTT01 20025-2005	150×150 连铸方坯	...	74.91	74.87	74.86	74.90	74.89	...
		430LNb	QJ/DTT02.0200-2008	150×150 连铸方坯	...	74.78	74.82	74.79	74.78	74.75	...
		430LXJ2	QJ/DTT01.20051-2006	150×150 连铸方坯	...	73.99	74.03	73.97	73.97	74.01	...
棒线材连轧厂	连轧机组	304HCB	QJ/DTT02.0179-2007	φ11.5 线材	...	89.63	89.66	89.65	89.66	89.70	...
		304H	QJ/DTT03.0002-2005	φ5.5 线材	...	89.96	89.99	89.92	89.93	89.91	...
		430H	QJ/DTT02.0212-2008	φ6.5 线材	...	84.17	84.14	84.19	84.20	84.16	...
		430FR1	QJ/DTT01 20025-2005	φ12.0 线材	...	83.56	83.59	84.06	83.51	83.52	...
		430LNb	QJ/DTT02.0200-2008	φ7.5 线材	...	84.01	84.07	84.03	83.99	83.96	...
		430LXJ2	QJ/DTT01.20051-2006	φ5.5 线材	...	83.26	83.18	83.27	83.22	83.23	...

3.4 基于数据驱动的产能协调配置机制及建模

近年来，基于数据驱动的复杂系统建模及优化思想日益受到学术界和应用界的关注和重视，数据驱动控制、数据驱动决策等理论与方法相继出现。数据驱动的基本理论思想是利用系统的离线和在线数据，基于数据驱动预报、评价、调度、监控、诊断、决策和优化等方式实现复杂系统的各种期望功能。

本章研究基于结构化配置要素数据驱动的产能协调配置建模理论方法，以及产能配置数据模型与机理模型交互协同建模方法。运用数据同化技术为产能配置环境输入参数模型，结合产能需求、能力平衡和成本控制等驱动策略的整合分析，针对具体的钢铁企业产能配置过程及其实时运行数据，将基于数据驱动的产能配置模型与传统机理模型相互结合、互为补充，从而解决基于数据驱动的钢铁企业产能协调配置建模问题。

3.4.1 基于数据驱动的产能协调配置机制

基于数据驱动的产能协调配置一方面是借助于各种产能配置理论、数据分析、数据挖掘和群体智能理论与技术，在大量离线数据的基础上提炼出知识、经验和规则，为产能配置决策提供准确、完整的参数条件，支持更为科学有效的系统状态/行为预测与产能配置决策综合评价；另一方面，通过实时采集在线数据，跟踪反映实际生产过程中的环境变化和约束变化，驱动调度方案、调度算法，甚至调度模型的调整，保证精细时间粒度下动态配置方案的可行性与有效性。综合上述功能，由数据层、驱动层和模型层构成的产能资源协调管理系统总体架构如图 3-9 所示。

数据层主要完成四种功能。①产能配置基础数据选取。在规模庞大的产能基础数据中，根据所要解决的产能配置问题的范围、定位和精度等选出有关的数据。②产能配置基础数据净化。为了保证产能协调配置的精度与质量，必须对企业数据系统中由于更新不及时或维护不力等原因而造成的可靠性及完备性差的数据加以认真核查、修补或检测。③数据结构化建模。对产能协调配置过程中所需要的产品、作业、产能、BOM 等有关数据进行结构化建模，以便能清晰的明确各数据间的关联和配置机理。④配置数据信息集结。对所有产能协调配置过程的有关数据进行统计分析，为产能动态配置策略与优化配置算法提供准确、完整的数据驱动条件。

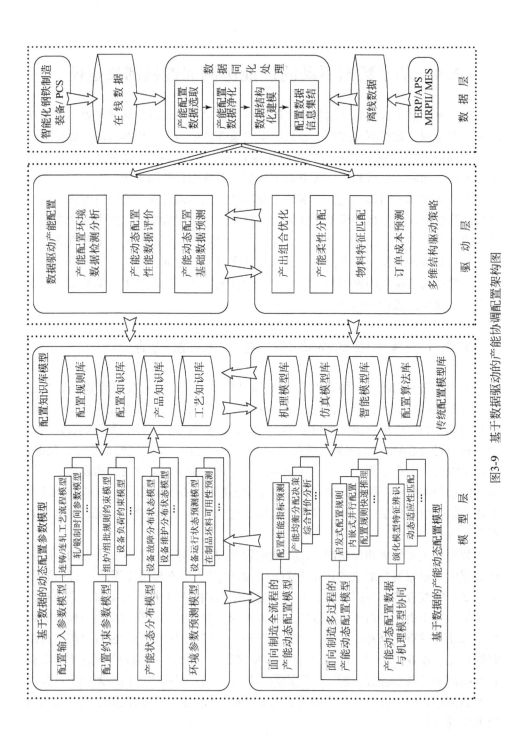

图3-9 基于数据驱动的产能协调配置架构图

在获得完整的基础数据后，将以下数据驱动产能配置的三个方面作为多维结构产能配置策略的驱动条件。①基础数据预测。通过建立配置参数模型，为生产调度模型提供准确、完整的参数条件（包括输入参数与约束参数等）。②环境数据检测分析。即检测并分析离线和在线数据，作为系统性能预测或调度方案调整的驱动。③动态配置性能数据评价。根据系统的离线数据，评价针对不同的系统状态，采取不同的配置方案对系统的性能的影响，提炼出知识、经验和规则，存储在知识库中，为将来生成配置方案或基于在线数据对配置方案的调整提供依据。

将隐含在数据中且对改善配置性能起重要作用的关键信息和知识通过数据层的数据处理技术提取出来，结合产能配置驱动策略储存在配置知识库中，为基于数据驱动的产能动态配置模型提供机理依据。模型层包括两个组成部分。①基于数据的动态配置参数模型。主要包括配置输入参数模型（即工艺流程参数、加工时间参数等）、配置约束参数（如加工规则约束、设备负荷约束等）、产能状态分布模型（设备故障分布状态、设备维护分布状态）、环境参数预测模型（设备运行状态预测、在制品坯料可用性预测等），这些模型为基于数据的产能动态配置模型的运行提供了输入参数与约束条件，为产能配置决策的可靠性提供保证。②基于数据的产能动态配置模型。该模型用于根据调度参数模型提供的参数并在在线数据的驱动下，提取不同粒度的调度模型，获得配置决策方案或进行系统状态/行为的预测。

3.4.2　产能配置要素协同模式及其处理逻辑

在订单生产受扰条件下，将多阶段生产与物流过程的重调度问题统一起来进行研究，形成对炼钢—热加工—深加工多阶段制造资源要素的动态统筹和协调分配。通过剖析制造资源要素的纵向工序协同、横向产能协同和复合协同模式，研究了不同生产阶段要素协同点（多为关键工序）的能力平衡、批量平衡和资源平衡关系，进而研究多阶段资源要素的协调过程、处理逻辑以及协调规则。

制造资源协调分配决策过程建模与求解方法研究方案主要包括基于能力需求数据的制造资源预分配研究、多阶段制造资源协调分配过程问题建模与集成研究和基于动态工序协调规则的启发式分配决策算法研究三部分，其结构关系如图3-10所示。

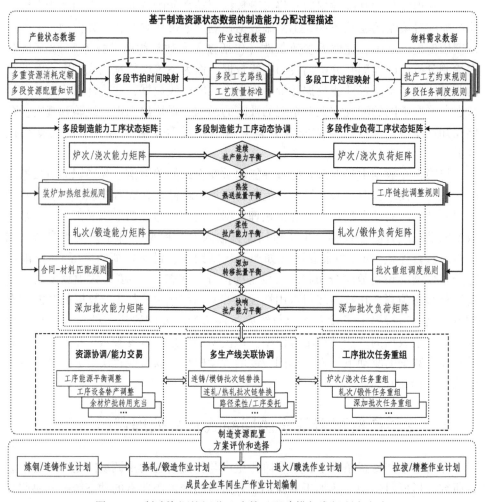

图 3-10 制造资源协调分配决策过程建模与求解研究方案

1. 基于能力需求数据的制造资源预分配

根据图 3-10 中 BOMR 结构模型的两个关联矩阵数据：基于工艺路线的"产品—作业"分配关系描述矩阵和基于作业工序的"作业—产能"消耗关系描述矩阵，明确各生产阶段作业产能与能力需求的状态对应关系，进而通过矩阵数据项配置实现多个生产阶段制造资源的预分配。

2. 多阶段制造资源协调分配过程问题建模与集成

围绕冶炼、轧（锻）制和再处理等主要阶段多产线并行的制造过程特征，综合金属平衡、产能平衡等多维动态因素，通过研究多品种、多批次任务在炼钢—浇铸、热加和深加三个阶段内的资源与能力平衡约束，炼钢—连铸与热加、热加与深加阶段间的物料转移批量协调关系，以及多产线间在制品坯料的制造属性关联关系，以作业负荷工序状态描述矩阵和作业产能工序状态描述矩阵为纽带，设计满足多阶段物流均衡和产能平衡的集成化的制造资源协调配置策略。

MTO 钢铁集团企业制造资源协调配置的集成化机理模型如图 3-11 所示。首先，依据约束理论和一体化计划控制思想，研究热加设备生产订单分配与负荷均衡问题，为实现集团整体有效产出最优，以设备最大生产时间最小、坯料热装比最大和作业提前/延迟率最小为优化目标，结合钢号、规格、工艺要求、资源能力等约束条件，建立集团范围内热加产线任务分配的多目标优化数学模型。通过热轧机组、热锻机不同作业的子问题划分，分别建立考虑轧制辊期和重入交叉加工约束的热轧/热锻产线瓶颈设备负荷均衡分配规划模型。其次，由热加产线任务均衡分配方案分别以前向拉动物流的方式引导炼钢—连铸阶段的浇次、炉次资源分配问题建模，基于精炼工序调整的连铸/模铸资源协调问题；以后向推动物流的方式进行深加快速响应阶段的退火工序、冷加工序资源分配问题建模。最后，将冶炼、热加阶段间工序资源协调问题分解为以轧制辊期序差最小为优化目标的连铸—热轧批量协调子问题和以钢锭热装比最大为优化目标的模铸—初轧批量协调子问题，以实现一体化作业工序间紧密衔接。在深加批量转移运作环节，分别通过建立调整瓶颈工序作业和合同—材料动态匹配的方式实现热加、深加阶段间工序资源协调，以保证深加作业快速响应市场需求。

3. 基于动态工序协调规则的启发式分配决策算法

结合 MTO 钢铁集团企业制造资源协调分配决策过程的多阶段性特征，研究工序批次任务重构、多产线关联协调、制造能力交易等批量均衡策略，建立资源配置动态工序协调的启发式规则。研究炼钢阶段连续批产订单排序、热加阶段批量切换规则、深加阶段分配流程仿真以及热送转移环节的装炉加热时间计算、深加转移环节资源替换的成本差异计算等一系列处理逻辑，设计问题求解相关的业务辅助算法。

针对炼钢—浇铸、热加、深加三个生产阶段间分配决策模型的协调求解问题，研究设计基于动态工序协调规则启发的协同进化算法，如图 3-12 所示。采用

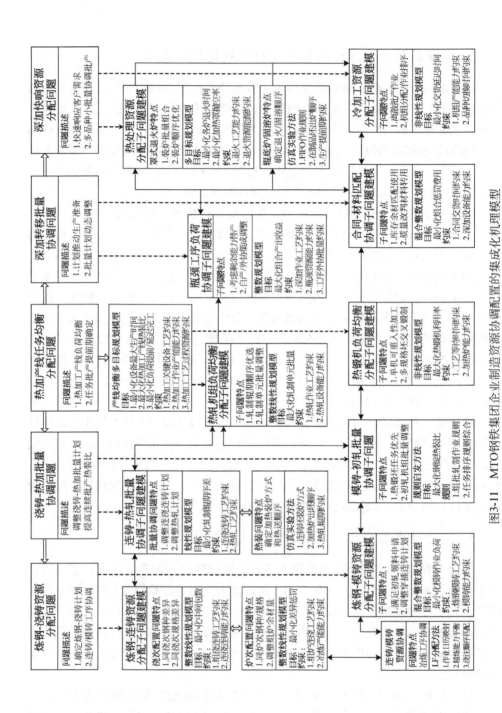

图3-11 MTO钢联集团企业制造资源协调配置的集成化机理模型

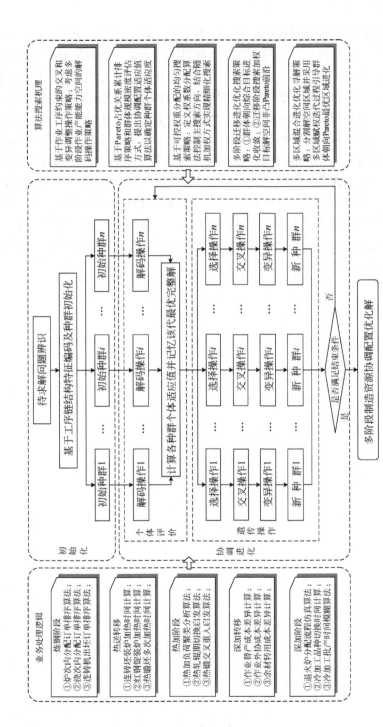

图3-12 基于动态工序协调规则启发的协同进化算法

基于工序链结构特征的染色体编码方案，提出基于作业工序约束的基因调整算法进行交叉操作和变异操作，以保证新个体满足工序约束。在解码操作过程中，采用考虑多阶段作业产能能力空间的解码算法。运用协同进化的思想，提出协同适应值计算算法，使多阶段资源协调配置环境的变化能灵敏地反映在个体适应值上，从而有效地指导种群的进化。在算法搜索方面结合基于动态工序协调的启发式规则，设计可控权重与随机权重相结合的进化策略：采用预先定义的权系数控制算法的主搜索方向，并通过随机加权方式围绕着主搜索方向进行精细化搜索。设计多阶段迁徙进化搜索策略：初始阶段群体朝向综合目标收敛，迁徙阶段搜索加权目标解空间的非凸 Pareto 前沿。设计多区域混合进化搜索策略：划分解空间区域，采用不同的权重向量引导群体朝向 Pareto 前沿的不同区域搜索，通过进化迭代过程使搜索范围覆盖整个非劣最优区域，以保证最优解的多样性。同时，研究基于 Markov 链的算法收敛性分析、相关优化算法的综合以及分配方案的评价等。

第4章 复杂生产过程多层级集成生产计划模型

4.1 基于分厂产能的总厂计划模糊规划模型

总厂作业计划旨在确定产品的最优组合及其数量,而没有涉及具体的细节问题,因此钢铁企业生产管理体系下短期计划的编制可以借鉴离散型制造业生产管理体系下主生产计划的编制。在离散型制造业中,主生产计划是以最终产品的"独立需求"为计划单位,在满足关键资源和产能约束条件下,在 6~18 个月的时间范围内合理地安排产品的生产进度和确定产品批量,尽量保证产品及时交货。

4.1.1 总厂计划参数的模糊性分析

与钢铁生产最直接相关的是工序和设备,但是总厂生产计划管理需要引入各分厂能力参数,作为计划管理参数。由于总厂计划管理的范围比较粗糙,具有模糊性,具体包括以下几方面。

(1)加工期的模糊性。钢铁生产受制于物料的供应,而物料供应涉及整条工艺路线的方方面面,自身因素包括温度特性及流动状况等,外部制约因素包括加工设备的能力及工艺制约、废品的出现以及人员因素等,多方面的影响使得加工期具有不确定性,所以体现为模糊。

(2)交货期的模糊性。钢铁产品的交货都是以"吨"为计量单位的,产品在使用上存在分拆使用以及加工时间长不需要一次全部完成供货等,所以客户对于产品交货期的要求相对宽松,并非要求其严格固定。由此,形成了产品交货期的弹性,即模糊性。

(3)交货量的模糊性。由于钢铁产品的特殊性,对客户的交付并非能够准确控制，而是确定一个企业和客户都能够接受的数量范围，因此交货量是模糊的。

（4）库存容量的模糊性。钢铁产品虽然在外形上存在差异，但是其本质都是作为二次加工的原材料，所以其库存属性不同于工件，表现的不是个数而是重量，而且即使是成品也可以作为原材料重新进行其他加工。所以在钢铁企业中，对于库存没有硬性控制，但是由于存货占用的资金数量很大，出于费用角度我们必须将它考虑在内。库存容量由于主要考虑其重量因素，所以通常需要确定存储容量的上下限，带来了库存的模糊性。

（5）管理决策行为的模糊性。在生产计划编制过程中人的因素始终伴随计划制定全过程，并在其中起到决定性的作用，所以要求人的知识客观、科学。但是在管理活动中获得的知识往往来源于经验，不可避免地带有模棱两可性，很难或根本不能归结为一个精确的值。用模糊集合表示决策者施加在计划编制上的影响。

由于生产计划编制的目标函数和约束条件中都存在模糊变量，所以为保证问题空间解的均衡性，需要对约束条件和目标函数进行等同模糊化处理，进而引入模糊模拟技术。对于模糊规划的研究，本文首先根据制约生产计划编制的模糊性信息，研究模糊信息的出现形式，继而研究这些信息在生产计划编制过程中作用的方式，从而确立问题求解的有效思路。

4.1.2 总厂计划模糊规划问题描述

在实际生产过程中，由于受随机因素的影响，所以在模型中运用模糊理论，对具有模糊属性的参数进行模糊化处理（Eberhart and Kennedy，1995），模糊量是我们建立模糊规划模型的基础。分厂产能通常指分厂主设备的生产能力，对于规模化生产来说，流经主设备的生产任务在连续性和相似性上的高低程度将极大地制约设备能力的发挥，从而导致设备能力参数的波动，因此通常采用对设备历史能力数据的统计值作为分厂产能参数，同样具有模糊性。

1. 模糊规划问题相关界定

（1）订单排产计划期。考虑钢铁生产周期限制，一笔订单可能在计划期内完成生产，也可能生产周期跨越相邻计划时段，可能一次性交货，也可能分不同时段分批交货。对于分批交货产生相应的多个生产任务订单；对于一次性交货而订货量超出生产能力的情况，因为计划受制于冶炼阶段，为适应冶炼合炉需要将一笔任务拆分成几个分批下达，而且钢铁生产具有设备不停机的技术要求，所以虽然是下达的月计划，但是计划期要以月为单位跨越多个计划月，才能保证连续生产。

（2）规划的时效范围。如果排产计划期跨越计划月，钢铁生产费用最小是针对计划期下达的任务份额而言费用最小，同理，制约生产的约束条件同样针对计划期，跨越排产月的生产计划量自动结转到下月，参与下月的平衡，同时占用下月产能指标形成动态产能约束。钢铁生产都是连续生产，即使是跨月计划，生产在连续计划月也是不能停的，因为设备转产可能带来设备准备的额外损失。

（3）优先级制约订单计划的顺序。优先级为订单优先级，订单优先级是指产品按照性质不同分为正常品、新产品和军工产品，新产品和军工产品要求优先安排；同时不同钢种、不同规格的产品需要的生产周期不同，客户要求交货期早的产品需要优先安排。

（4）订单拆分。计划编制前对订单的预处理有利于提高产品的及时交货能力、解决库存造成的资金和场地占用问题，在钢铁等流程工业中普遍存在。企业生产的产品主要依据订单划分，假定订单已进行了拆分，即每个订单只包含一种规格要求的产品。合同信息是生产的主要依据，合同分类可以分为：自用合同，包括标钢（做样品）、合金材、实验体、洗炉钢等；预产合同，主要是空闲时生产的面向下月预估的常用钢；用户合同，指的是售卖合同。注意，一个合同可能包括多个合同附页，每个附页是一种产品的订货要求，所以订单对应的是合同附页的内容。

（5）模型中的任务投放量。可以采用理论值模拟提料，或引入成材率制约，只需要在相应分厂的理论提料量之前加一个系数即可，采用成材率的倒数，从而就形成了逐级提料的实际值。因为受制于技术和管理水平的提高以及工艺的改进，不同分厂不同时期的成材率是一个变动因素，据此提料量的不可控因素太多，可以考虑根据实际情况进行人为干预。

（6）统一单位。钢铁生产是规模化生产，生产设备参数不同于工件生产设备，采用的是规模制约下的单位能力、费用及时间等表述形式，十分复杂。所以本文涉及的计量单位统一用标准工时换算，用于平衡生产难易带来的效益问题，维护计划的有序执行。

2. 模糊规划实现的算法支持

以遗传算法、粒子群算法等为代表的智能算法的兴起和研究为模型的建立提供了技术支持。以遗传算法为例，它的原理就是随机生成染色体的初始种群，相当于生产任务随机匹配等效工艺路线,形成初始任务集;进而计算适应度函数(评价函数),相当于费用评价大小的排序;通过交叉、变异、选择实现染色体的进化,最终求得适应度函数最优的染色体集合,对应于工艺路线匹配组合下的生产任务集进化、选择形成各分厂产能允许的生产计划集合。

3. 模糊规划实现原理

承诺交货量实质就是在计划期内计划的投放量。首先需要进行企业各分厂产能能力的确认,同时要尽可能节约生产成本,由此有必要设计基于分厂产能的总厂最小费用模糊规划模型,在各分厂层次依据其生产能力大小确定承诺生产任务量,择优选择各种产品适用的工艺路线实现企业生产费用的最优。实施原理是:随机为生产任务匹配等效工艺路线,继而以理论值或理论值除以产品成材率得出的提料值从成材分厂开始沿随机选定的工艺路线逐级向上游各分厂模拟提料,并自动扣除各分厂坯料库存,形成各分厂的物料需求计划集,以各分厂在各种产品上的总生产能力为约束条件验证计划的可行性,并从可行集中选择整体生产费用最小的、用户认可的计划方案,形成生产指导计划。

4.1.3 基于分厂产能的最小费用模糊规划模型

本计划层任务是依据合同交货期、技术标准以及工艺要求随机匹配工艺路线,形成主生产计划,沿途分厂依据产品产能初步落实任务,并执行生产费用检验,形成总厂作业计划。

我们借助模糊线性规划思想,借用 Li 的 FMAPP-PC 模型(Zhang et al., 2005)以及刘士新等(2004)的模糊机会约束规划理论,在分厂产能等模糊化参数的基础上,得出如下具有惩罚因子的总厂多品种能力承诺(capacity to promise, CTP)问题模糊规划模型,相关参数定义见表 4-1。

$$F(x, I, B, d, t) = \min\left\{ \sum_{t=1}^{T} \sum_{i=1}^{n} s_{i, \zeta, t} f_{i, \zeta, t}(x, I, B) + \right.$$

$$\left. \sum_{i=1}^{n} \left[cb_i \times \max(0, d_{i, k} - p_{i, k}) + ch_i \times \max(0, p_{i, k} - d_{i, k}) \right] \right\} \quad (4\text{-}1)$$

$$\text{s.t.} \quad p_{i, k} = \sum_{t=1}^{T} (x_{i, k, t} + I_{i, k, t-1} - I_{i, k, t} + B_{i, k, t} - B_{i, k, t-1}) \cong d_i \quad (4\text{-}2)$$

$$\sum_{t=1}^{T} \sum_{i=1}^{n} s_{i, \zeta} f_{i, \zeta, t}(x, I, B) \overset{\sim}{\leq} Q \quad (4\text{-}3)$$

$$\sum_{t=1}^{T} \sum_{i=1}^{n} s_{i,\zeta} x_{i,k,t} \overset{\sim}{\leqslant} C_k \tag{4-4}$$

$$\sum_{i=1}^{n} \left[\mathrm{cb}_i \times \max(0, d_{i,k} - p_{i,k}) + \mathrm{ch}_i \times \max(0, p_{i,k} - d_{i,k}) \right] \overset{\sim}{\leqslant} O \tag{4-5}$$

$$\sum_{t=1}^{T} \sum_{i=1}^{n} s_{i,\zeta} I_{i,k,t} \overset{\sim}{\leqslant} M_k \tag{4-6}$$

$$\sum_{t=1}^{T} \sum_{k=1}^{\zeta k} s_{i,\zeta} PT_{i,k,t} \overset{\sim}{\leqslant} D_i \tag{4-7}$$

$$I_{i,k,t} \times B_{i,k,t} = 0 \tag{4-8}$$

$$B_{i,k,T} = B_{i,k,0} = 0, \quad x_{i,k,t} \geqslant 0, \quad B_{i,k,t} \geqslant 0, \quad I_{i,k,t} \geqslant 0 \tag{4-9}$$

$$f_{i,\zeta,t}(x, I, B) = \left\{ \max \left[\sum_{k=1}^{\zeta k} \alpha \beta u_{i,k} x_{i,k,t} + \sum_{k=1}^{\zeta k} (h_{i,k} I_{i,k,t} + b_{i,k} B_{i,k,t}) \right] \mid \zeta \in \omega \right\} \tag{4-10}$$

$$S_{i,\zeta} = \begin{cases} 1, & \text{产品 } i \text{ 选择工艺路线 } \zeta \text{ 进行生产} \\ 0, & \text{其他} \end{cases} \tag{4-11}$$

$$\sum_{\zeta \in \omega} s_{i,\zeta} = 1 \tag{4-12}$$

模型中的参数和公式说明见表 4-1 和表 4-2。

表 4-1 模糊规划参数

参数表示	参数含义	参数单位
k	企业生产分厂数目	—
T	生产计划期	季度, 半年, 年
Q	计划期可用资本水平	标准工时
O	计划期最大可接受的惩罚费用	标准工时
n	按订单生产的不同类型产品数	—
i	产品编号（$i = 1, 2, \cdots, n$）	—
ch_i	对某种产品 i 的库存惩罚因子，指增加（减少）单位资源带来的惩罚费用	标准工时
cb_i	对某种产品 i 的缺货惩罚因子，一般的 $\mathrm{ch}_i < \mathrm{cb}_i$	标准工时
D_i	某种产品 i 的交货期	标准工时
d_i	某种产品 i 的在计划期 T 的需求量	标准工时
$u_{i,k}$	某种产品 i 在分厂 k 的平均单位生产费用	标准工时
t	生产计划期（$t = 1, 2, \cdots, T$）	月

参数表示	参数含义	参数单位
ζ	工艺路线编号	—
ζ_k	工艺路线 ζ 上的分厂数量	—
$x_{i,k,t}$	计划期 t 产品 i 在 k 分厂的任务投放量，在成材分厂是合同量	标准工时
C_k	k 分厂在计划期 t 具有的模糊产能	标准工时
$\mathrm{PT}_{i,k,t}$	计划期 t 产品 i 在 k 分厂的耗用工时	标准工时
M_k	k 分厂在计划期 t 具有的仓库容量	标准工时
$I_{i,k,0}$	计划期 t 产品 i 在 k 分厂的初始库存量	标准工时
$B_{i,k,0}$	计划期 t 产品 i 在 k 分厂的缺货量	标准工时
$h_{i,k,t}$	计划期 t 产品 i 在 k 分厂的单位库存费用	标准工时
$b_{i,k,t}$	计划期 t 产品 i 在 k 分厂的单位缺货费用	标准工时
α	依据工艺路线造成的环境污染程度设置环境惩罚因子	—

表 4-2　模糊规划模型中的公式说明

公式序号或符号	说明
$\tilde{\leqslant}$	表示某种弹性约束，意指"近似小于等于"
β	不同产品间的等效因子，作用是平衡不同产品生产的绩效差异
(4-1)	表示最小化总费用，后两项为相应的成品惩罚费用
(4-2)	表示生产—库存（缺货）平衡方程
(4-3)	表示计划期内的可用资本水平约束
(4-4)	分厂产能约束
(4-5)	表示计划期内生产的可接受惩罚费用约束
(4-6)	分厂库存容量约束
(4-7)	表示包括产前等待时间在内的生产周期满足交货期约束
(4-8)	表示非负库存与缺货量不能同时发生
(4-9)	决策变量的初始条件和非负约束
(4-10)	表示在计划期 t 内选定工艺路线 ζ 下生产产品 i 产生的加工成本（未考虑管理费用等间接费用）
(4-11)	表示变量的取值范围
(4-12)	表示每个产品必需且仅能在现有工艺路线集合 ω 中选择一条工艺路线进行生产

优化问题的目标是在综合考虑模糊资源约束和资源短缺时的惩罚费用情况下，如何确定每个时期的生产水平，库存水平，使总费用最小，需要说明以下几点。

（1）由于钢铁生产属于物料制约型生产，因此可能存在物料供应瓶颈的分厂，对于制约整个生产网络的分厂产能约束需要优先平衡。

（2）$\max(0, d_{i,k} - p_{i,k})$ 表示成品 i 的缺货量，因为钢铁生产是物料制约型生产，所以最终成品的缺货量就是工艺路线沿途各分厂对某种产品的最大缺货量。同样工艺路线沿途对某种产品的最大生产量就是最终的生产量。

（3）模型最终结果是一个各分厂产能允许的、费用低的可行计划集，而不是计划最终结果，可行计划集在产能允许条件下还需要进一步平衡工序时序才能最终挑出作业计划。

（4）坯料的合同对应问题需要技术部门做出很好的规范，对照合同是一对多关系，交由生产部门做计划时参考使用。出于成本考虑对照规则有优先级制约，即匹配可以由机器自动依据优先级完成。

（5）产品 i 在计划期 t 内耗用工时 $PT_{i,k,t}$ 是一个估算量。

订单的排产是在交货期、成本、环保要求等多重因素作用下的共同结果，所以制定以下优先级规则。

规则 1：订单组批，即在接受客户订单后，对客户订单进行合并，把诸如供货标准、产品品种、尺寸规格、交货日期等完全相同的客户订单进行合并和分组，以提高每批生产投入量，实现规模经济效益。

规则 2：据生产号自动匹配可选工艺路线，匹配规则优先级为交货期>交货状态>加工用途>规格>形状>冶炼方法>钢号>辅标准>主标准，匹配范围逐渐放大，保证小范围内匹配更准。当规则条件小于 3 条时为匹配不成功，否则列出所有可选工艺路线，由生产计划部门选择工艺路线。

规则 3：相同交货期的，订货量大的优先安排。

规则 4：订单优先级高的优先安排。

4.1.4 基于遗传算法的模糊生产计划模型求解

上述模糊规划模型在目标函数和约束函数中都有模糊量的存在，比确定型目标函数的模糊规划问题更加复杂，所以这里基于前文对模糊线性规划问题的均衡求解方法对模型进行改造，引入置信水平变量和基于序的评价函数进行处理，用以缩小问题规模，继而利用模糊模拟技术加以实现，达到目标函数与约束函数综合均衡的目的，提高问题解的准确度，最后利用改进的 SFA 算法实现本模型的求解（Ray and Halevi, 1988；杨纶标和高英仪, 2003）。

1. 模糊机会约束规划模型的构建

针对模型，这里定义 β 和 θ（$0 \leq \beta \leq 1$, $0 \leq \theta \leq 1$）分别为事先给定的对模型中目标（4-1）和约束（4-2）~（4-5）交集的置信水平，当模糊变量取不同值时，约束得到满足的程度不同，并有可能遭到破坏，目标和约束得到满足的可能性必须分别大于等于 β 和 θ，上述模糊规划模型转化为如下规范的模糊机会约束规划模型

$$\max \bar{f} \tag{4-13}$$

$$\text{s. t.} \quad \text{poss}\{f(x,\ \xi) \geqslant \bar{f}\} \geqslant \beta \tag{4-14}$$

$$\text{poss}\{g_j(x,\ \xi) \leqslant 0,\ j = 1,\ 2,\ \cdots,\ m\} \geqslant \theta,\ x \geqslant 0 \tag{4-15}$$

式中，x 是决策向量，ξ 是模糊参数向量，$f(x,\ \xi)$ 是目标函数，$g_j(x,\ \xi) \leqslant 0$ 是约束函数。$\bar{f}$ 表示目标函数在置信水平 β 下取得的最大值，poss $\{\cdot\}$ 表示 $\{\cdot\}$ 中事件的可能性。

根据模糊数学中已知定义，基于序的评价函数

$$\text{poss}\{f(\tilde{a}_1,\ \cdots,\ \tilde{a}_n) \leqslant b\} = \sup\{\min \mu_{\tilde{a}_i}(x_i) \mid f(x_1,\ \cdots,\ x_n) \leqslant b,\ x_1,\ \cdots,\ x_n \in R\} \tag{4-16}$$

$\mu_{\tilde{a}_i}(x_i)$ 是具有模糊性的变量的隶属度函数，在其表述上因常用的 L-R 型或三角型引起的丢失信息多（Holland, 1962），所以我们采用铃型径向基函数表述。

$$\mu_{a_i}(x_i) = f_{ik}(x_i) = 1/(1 + ((x_i - c_{ik})/a_{ik})^{2b_{ik}}) \tag{4-17}$$

式中，$\{a_{ik},\ b_{ik},\ c_{ik},\ i,\ k = 1,\ 2,\ 3,\ \cdots,\ k\}$ 表述铃型径向基函数的参数。函数的中心由参数 c 确定，函数的宽度由参数 a 确定，函数的斜度由参数 a 和 b 共同确定。

由此可见 β 反映了决策者对可接受的模糊优异解的满意程度，θ 是决策者对于他们所关心的变量和约束的重要程度在决策中体现的满意度。

2. 采用模糊模拟技术实现模型目标函数与约束函数的综合均衡

Holland 指出 poss $\{\cdot\}$ 的求解依据定义计算是不实用的，比较实用的方法是采用随机模拟法计算（Holland, 1975；张文修和梁怡, 2003）。因此上述模糊

机会约束规划模型可以表述为：一个解 x 是可行解，当且仅当 $\{g_j(x, \xi) \leq 0,\ j =1, 2, \cdots, m\}$ 的可能性至少是 θ ，此时 $f(x, \xi)$ 也是一个模糊数，存在多个可能的 $\bar{f}$ 满足式 (4-14) 的成立，此时满足了对目标函数的模糊化，实现了目标与约束的平衡。

在指定置信水平上染色体目标值的评价问题，由于目标函数具有模糊特性，所以不能直接作为评价函数使用，而是转变为同样利用模糊模拟方法求式 (4-14) 中的最大 $\bar{f}$ ，或利用公式 $\bar{f} = \max\{\tilde{f} \mid poss\{f(x, \xi) \geq \bar{f}\} \geq \beta\}$ 求目标值。

模糊模拟技术的基本思想是对任意给定的决策向量 x ，利用模糊模拟技术 N 次随机产生模糊向量 $\{\xi_i \mid i = 1, 2, \cdots, N\}$ 寻求式 (4-15) 的成立，如果不成立则说明决策向量 x 不可行，重新生成 x ；否则认为决策向量 x 是可行的，继而利用同样的模糊模拟技术求式 (4-14) 的最大 $\tilde{f}$ 。

模糊模拟技术的引入正是适应前文多次提到的某些参数应采用统计量的需要，通过模拟产生并验证统计量的可行值。

模糊机会约束规划模型的求解具体实现可以表述如下。

步骤 1：与决策者对话，选择适当的隶属函数形式，描述资源的模糊性。

步骤 2：决策者确定系统初始参数、计划可用资本水平和最大可接受的惩罚费用 Q_i 和 O_i ，惩罚因子 ch_i 和 cb_i 等。

步骤 3：建立模糊机会约束规划模型，确定对目标和约束的置信水平 β 和 θ 。

步骤 4：参照任务优先级投放优先任务，每条任务随机匹配与工艺文件相符的一条工艺路线号，同时将它们从任务集中去除。

步骤 5：利用遗传算法进行求解。

之所以采用遗传算法实现，是因为遗传算法的随机搜索机制正好适应了模糊模拟技术工作的需要。

3. 基于模糊模拟技术的遗传算法构造

遗传算法是通过自身的搜索进化过程实现在解空间中的寻优，评价各个解对应的目标函数值，并以此作为下一步遗传操作的依据。但是评价函数和适应度函数虽然存在一定的关系却不是一个概念，优化问题的目标函数被用来评价基因的优劣所以通常被称为评价函数，遗传算法计算的过程就是对评价函数不断求极值的过程。但是适应度函数则不同，它主要是为了比较基因个体的大小以及执行选择、交叉、变异操作而存在，用来表明个体对环境适应能力的强弱，通常将评价函数作映射形成适应度函数，其值称为适应度。当然在某些情况下，评价函数也可以直接作为适应度函数使用，不过由于适应度函数直接作用于每个基因，其使用频率远远高于对评价函数的使用，所以其表现形式力求简单易于产生结果，从而提高算法的运行效率。

但是本模型的目标函数非常复杂，所以必然会带来收敛速度慢的问题，影响算法的执行效率。因此我们定义适应度函数时转而考虑计划可用资本水平 Q 与目标函数的关系问题，我们发现两者的差越大代表生产费用越少，决策者越满意，所以定义适应度函数为

$$f(x) = \text{Fit}(F(x, I, B, d, t)) = \begin{cases} Q - F(x, I, B, d, t), & F(x, I, B, d, t) < Q \\ 0, & \text{其他} \end{cases}$$

(4-18)

因此适应度函数在评价基因时就表述为决策者越满意，适应度越高。

由于问题规模过大，经过多代遗传后基因间产生的近亲繁殖问题会制约收敛空间，这将导致无法对某些重点区域进行搜索，表明单纯改进适应度函数还不够。

我们的问题是打破进化形成的局部收敛限制，扩大最佳个体适应度与其他个体适应度之间的差异程度就可以增加进化方向，所以必须是对个体适应度进行适当的尺度变换，通过尺度变换实现差异的扩大化，因此借用指数尺度变换，则

$$F_k = \text{Fit}(x) = e^{-af(x)}$$

(4-19)

式中，a 决定了强制选择，对于指数函数 a 越小，适应度高的个体的新适应度就与其他个体的新适应度相差越大，从而增加了选择该个体的差异性。

改进 SFA 算法流程如下。

(1) 染色体构造。采用浮点数编码形式随机生成染色体，每一个染色体用一个浮点向量表示，其位串形式为 Chrom = $[x_{i, \zeta, t}]$（i 为订单号，ζ 为工艺路线号，t 为计划周期号），染色体长度为订单数量。

(2) 初始种群。依据订单的技术标准筛选等效工艺路线，各基因位对应的订单随机选择相应工艺路线形成基因个体，检查约束条件，通过约束条件的筛选生成合法的染色体种群。

(3) 适应度函数。依据对评价函数的变换形成适应度函数。

(4) 选择算子 P。本文采用正规几何排序进行选择。

$$P[\text{gene}_i] = p (1 - q)^{r-1}$$

(4-20)

式中，gene_i 表示第 i 个基因个体，q 为选择最优个体的概率，r 为基因个体排序序号，序号约小越好，$p = q/(1 - (1 - q)^T)$。

（5）染色体交叉算子。对给定的交叉概率 p_c ，说明种群中有 $p_c \times$ psize 个染色体要进行交叉操作（郑莉等，1999；陈相东，2004）。随机选择断裂位，取 $c \in (0, 1)$ ，在 x_1, x_2 之间进行交叉操作，产生的两个后代为 $y_1 = cx_1 + (1 - c)x_2$ ，$y_{21} = (1 - c)x_1 + cx_2$ 。

（6）染色体变异算子。因为基因编码是浮点数形式，故采用扰动式变异（陈国良等，1996）。对给定的变异概率 p_m ，说明种群中有 $p_m \times$ psize 个染色体要进行变异操作，取 $r \in (0, 1)$ ，在 R^n 中随机选择变异方向 d ，如果 $V + M \times d$ 是不可行的，那么再置 M 为 $0 \sim M$ 的随机数，直到其可行为止。其中 M 是初始化过程定义的一个足够大的数，如果在预先给定的迭代次数之内没有找到可行解，则置 $M = 0$ 。无论 M 为何值，总用 $V = V + M \times d$ 代替 V 。

改进遗传算法提高了算法运行效率，将改进遗传算法应用于基于模糊模拟技术的模糊机会约束模型的求解，求解过程设计如下。

（1）初始化种群规模 n_{psize} 、遗传代数 n_{gen} 、交叉概率 p_c 、变异概率 p_m 等任务参数和遗传算法参数。

（2）各任务沿匹配的工艺路线模拟提料，计算各分厂在各种产品上的物料需求总量，进行各分厂产能平衡。

a. 初始产生 n_{psize} 个染色体，即各任务第一次模拟投放任务量的集合，计算每种任务投放情况下各分厂在各种产品上的物料需求总量；用模糊模拟技术检验染色体的可行性，即约束是否满足。

b. 交叉和变异操作，用模糊模拟技术检验子染色体的可行性。

c. 评价所有染色体，即计算染色体计划基因形成的生产费用值。

d. 对目标值实施尺度变换形成适应度函数，计算每个染色体的适应度。

（3）通过正规几何排序选择染色体。

（4）重复 a ~ d 直至达到预定停止规则。

（5）选择最好的若干个染色体作为最优解输出。

利用基于改进 SFA 算法的随机模拟法解此模糊机会约束规划问题，就得到基于分厂产能的粗能力平衡最优解集。

粗能力平衡实现了计划的可排产，经过分厂产能认可后的计划都是达到了投产可能的计划，汇总到计划管理部门（如制造部）从而形成总厂作业计划，企业月计划的制订没有考虑具体工艺约束，只是在工艺路线允许范围内对分厂产能、库存以及生产费用的综合权衡过程，所以生成唯一解是不负责任的，这里取一组基因作为结果集。

4.2 基于关键工序的分厂计划线性规划模型

基于各分厂产能约束得出其总厂生产作业计划后，下一步任务是合理安排计划在各工序上的时间衔接，在保证交货量的同时满足交货期的要求，实质是工艺路线在各分厂内的自身工序能力平衡以及协作平衡，对上述多个总厂月计划进行工序平衡并粗排生产进度，以确认各分厂能够在时间上达到计划要求的物料供应标准，保证交货期，最终择优形成各分厂的月计划（作业计划）。

4.2.1 分厂计划线性规划问题描述

对于某种产品的生产，制造系统各工序生产能力的紧张程度是不一样的，有的工序生产能力比较富裕，有的工序比较紧张，存在着能力缺口。编制主生产计划的实质就是安排那些生产能力比较紧张的工序的生产，使之能合理地使用有限的资源（生产能力也是一种资源），尽可能做到准时生产，而其他生产能力比较富裕的工序其生产计划可以随之而定。我们称生产能力最紧张的工序为关键工序。

关键工序法的实质就是从众多工序中选择并确定关键工序，然后通过只引入关键工序所对应的能力约束，大幅度减小问题的规模，从而得到生产计划，这样得到的生产计划与考虑所有工序生产能力约束所得到的生产计划是完全相同的（Bard，1983）。

分厂计划管理就是立足关键工序能力对可行计划进行生产顺序粗排，保证交货量允许条件下进一步对指导计划作出选择，实现交货期的承诺，是一个线性规划决策问题。

同时，除考虑关键工序外，关键工序所处的不同生产阶段也是一个必须考虑的问题，需要特别加以关注。我们依据不同生产阶段对整个生产网络的制约程度将生产阶段区分为关键生产阶段和一般生产阶段分别对待。

关键生产阶段是制约整个生产网络或生产流程的生产阶段，如某特钢集团某生产基地的初轧分厂负责给企业大多数下游分厂开坯供料，成为整个生产网络的瓶颈，必须首先进行工序平衡才能保证生产网络的正常运作；又如受到辊期制约的生产阶段，因为在规格上要求组批生产，也必须优先平衡该工序，才能保证生产流程上的其他工序适应辊期计划的要求；还有冶炼工序需要依据物理化学变化合炉冶炼，同样要求其他工序顺应合炉批次要求。

因此，工序平衡要求首先进行整个生产网络瓶颈生产阶段的关键工序平衡，继而进行这个阶段的非关键工序平衡，然后是如受到辊期、合炉等条件制约的关键生产阶段的各工序平衡，最后进行一般生产阶段所有工序的协调平衡。

这些制约因素将以规则的形式体现在计划的编制中，以静态调度的形式规范算法模型的排产。

4.2.2 基于提前/拖期惩罚的分厂生产计划模型

在企业能力、库存、费用条件得到满足后，下一步将是优选满足时序约束的总厂作业计划形成指导分厂生产的作业计划。此时主要考虑生产时序成本，包括订单的拖期影响企业信誉带来的惩罚，以及订单超期导致库存费用增加的惩罚；兼顾钢铁生产工艺约束的工序之间缓冲问题，如连铸和热轧工序之间的最大等待时间，我们称之为最大等待时间，热轧与冷轧之间最小等待时间称为最小缓冲时间。

此层计划的目标是在满足设备能力约束和前后工序之间的缓冲时间条件下，实现所有订单的拖期/提前惩罚最小，从而优选总厂作业计划，并完成工序时序粗排，形成分厂作业计划。

模型工作的前提假设：①面向订单排产；②每道工序中的关键设备在计划期加工能力参数已知；③因为基于工艺路线生产，所以产品在各个工序上的加工时间一定；④订单及提料已分割，每个订单只对应一种产品的生产；⑤相邻工序的生产能力不存在木桶效应，能力相匹配；⑥基于所有关键工序的排序；⑦如果单位订单 i 在工序 n 的完成时间为 q，则认为其加工过程都在该阶段内。

建立数学模型，符号定义见表4-3。

利用上述符号，借助王凌（2003）的 CTP 能力匹配模型，建立分厂层计划算法模型，模型的任务就是向各个关键工序落实特定作业并设定作业顺序。

表4-3　线性规划参数表

参数	参数说明	单位
i	产品号 $i=1, 2, \cdots, I$	—
t	计划期	月
ζ	工艺路线号	—
ζ_k	工艺路线 ζ 的第 k 分厂	—
I	计划期内的订单总数	—

参数	参数说明	单位
n	工序号 $n = 1, 2, \cdots, N$	—
N	计划期 t 内本生产阶段工艺路线制约的工序总数	—
$h_{i,k,n}$	计划期 t 内产品 i 在 k 分厂工序 n 上的单位加工时间	标准工时
$b_{k,n}$	k 分厂工序 $n-1$ 与 n 之间的最小缓冲时间	标准工时
$g_{k,n}$	k 分厂为工序 $n-1$ 与 n 之间的最大等待时间	标准工时
D_i	产品 i 的交货期	标准工时
$T_{k,n}$	为 k 分厂在工序 n 上的工序能力 (一定时期内的最大可用工时) 本模型中认为 $T_{k,n} < T_{k,n-1}$	标准工时
α	提前惩罚系数	—
β	拖期惩罚系数, $\alpha < \beta$	—
$x_{i,k,n,t}$	计划期 t 内产品 i 在 k 分厂工序 n 上的生产量	标准工时
$s_{i,k,n,t}$	符号函数, 计划期 t 内产品 i 是否落实在 k 分厂工序 n 上	标准工时
$SS_{i,k,n,t}$	计划期 t 内为产品 i 在 k 分厂工序 n 上的最早完工时间	标准工时
$SE_{i,k,n,t}$	计划期 t 内产品 i 在 k 分厂工序 n 上的最晚完工时间	标准工时
$p_{i,k,n,t}$	计划期 t 内产品 i 在 k 分厂工序 n 上的加工时间	标准工时

$$F(s_{i,k,n,t}) = \min \sum_{t=1}^{T} \Big[\sum_{i=1}^{I} \beta x_{i,k,N,t} \max(0, \sum_{q=SS_{i,k,N,t}}^{SE_{i,k,N,t}} qs_{i,k,N,t} - D_i) +$$

$$\sum_{i=1}^{I} \alpha x_{i,k,N,t} \max(0, D_i - \sum_{q=SS_{i,k,N,t}}^{SE_{i,k,N,t}} qs_{i,k,N,t}) \Big] \qquad (4\text{-}21)$$

$$\text{s. t.} \qquad \sum_{q=SS_{i,k,n,t}}^{SE_{i,k,n,t}} s_{i,k,n,t} = 1 \qquad (4\text{-}22)$$

$$\sum_{t=1}^{T} \sum_{i=1}^{I} x_{i,k,n,t} s_{i,k,n,t} h_{i,k,n} = \sum_{t=1}^{T} \sum_{i=1}^{I} s_{i,k,n,t} p_{i,k,n,t} \leqslant T_{k,n} \qquad (4\text{-}23)$$

$$\Big(\sum_{q=SS_{i,k,n}}^{SE_{i,k,n}} qs_{i,k,n} - p_{i,k,n} + 1 \Big) - \sum_{q=SS_{i,k,n-1}}^{SE_{i,k,n-1}} qs_{i,k,(n-1)} \geqslant b_{k,n} \qquad (4\text{-}24)$$

$$\Big(\sum_{q=SS_{i,k,n}}^{SE_{i,k,n}} qs_{i,k,n} - p_{i,k,n} + 1 \Big) - \sum_{q=SS_{i,k,n-1}}^{SE_{i,k,n-1}} qs_{i,k,(n-1)} \leqslant g_{k,n} \qquad (4\text{-}25)$$

$$i = 1, 2, \cdots, I; n = 1, 2, \cdots, N$$

式中, 任务 i 在工序 n 的完成时间为 q 时, $S_{i,k,n,t} = 1$; 其他, $S_{i,k,n,t} = 0$。

其他模型中采用的所有时间参数都是时间段表述，即使交货期也是经合同交货期规定日期与计划下达日期相减形成的时间段，统一用工时描述，即需要多少工时。

模型中的公式说明见表4-4。

表4-4　线性规划公式说明

公式序号与符号	公式表述
(4-21)	目标函数，最小化所有的订单提前/拖期惩罚值
(4-22)	每个订单的每一工序必须且仅能在一个时间段完成
(4-23)	约束，设备在计划期内的负荷不能超过设备最大加工能力
(4-24)	保证工序间的缓冲约束，后继工序必须在前序工序完成后经历一定的缓冲后方可开工
(4-25)	保证工序间的缓冲约束，后继工序与前序工序之间不能超过一定的时间间隔
$\max(0, \sum\limits_{t=\mathrm{SS}_{i,k,N,t}}^{\mathrm{SE}_{i,k,N,t}} qs_{i,k,N,q} - D_i)$	对于任一任务在计划期 t 内其经历的最后工序完成时间与交货期的差值，即拖期，即使是跨月下计划，计划也是连续生产，这是钢铁设备特性决定的，因为切换加工的产品往往带来额外设备准备时间的损失

同时，借用此模型的支持我们可以很容易地得到上一节提到的本分厂在产品 i 上的耗用工时 $\mathrm{PT}_{i,k,t}$：

$$\mathrm{PT}_{i,k,t} = \sum_{n=1}^{N} s_{i,k,n,q,t} p_{i,k,n,t}$$

$$+ \sum_{n=2}^{N} \Big[\Big(\sum_{q=\mathrm{SS}_{i,k,n,t}}^{\mathrm{SE}_{i,k,n,t}} qs_{i,k,n,q,t} - p_{i,k,n,t} + 1 \Big) - \sum_{q=\mathrm{SS}_{i,k,n-1,t}}^{\mathrm{SE}_{i,k,n-1,t}} qs_{i,k,(n-1),q,t} \Big] \quad (4\text{-}26)$$

需要强调的是这是一个统计量，由公式可以看出并非单纯依据工序最早和最晚完工时间取得，而是依据订单 i 在工序 n 的完成时间 q 落在工序最早和最晚完工时间之间的概率统计 q 的和，更具有实用性。

有了分厂 i 上的耗用工时，就可以计算订单 i 沿工艺路线 ζ 经历各分厂的总生产周期，记为 $\sum\limits_{k=1}^{\zeta_k} s_{i,\zeta} \mathrm{PT}_{i,k,t}$，为物料需求计划的制定提供依据，很容易估算任务的开工日期和完工日期以及原材料的提供时间。

经过以上两级、两阶段调度后，我们就得到了一个"可排产"有序计划—作业计划，作业计划进一步经过排序调度就形成具有执行价值的日生产计划。

4.2.3 基于调度规则的分厂计划模型粒子群算法

通过研究，我们发现模型中的约束函数式（4-22）和式（4-23）在实际应用中约束较松，对于约束式（4-24）和式（4-25），虽然应用在不同的情况下，各订单各工序都有自己的最早、最晚完成时间区间 $[SS_{i, \xi_k, n}, SE_{i, \xi_k, n}]$，但是同一订单不同工序的完成时间区间很可能重叠。由于约束式（4-24）或式（4-25）的限制，某合同的一个工序完成时间确定后，其前序工序和（或）后序工序的完成时间区间会改变，甚至当某合同某工序的完成时间确定得不合理时，会导致前序工序和（或）后序工序的完成时间无法安排，导致不可行解的产生。所以，对于约束式（4-24）或式（4-25），在初始解的生成和算法迭代过程中采用淘汰不可行解的办法处理。因为任务集中任务 i 在相应工序 n 上的完成时间 $q_{i, n}$ 是一个统计量，所以随机生成，同时为保证可行度取正态分布随机数 $r \sim N((SS_{i, \xi_k, n} + (SE_{i, \xi_k, n} - SS_{i, \xi_k, n})/2), (SE_{i, \xi_k, n} - SS_{i, \xi_k, n})/2)$，$q_{i, n}$ 取在 $[SS_{i, \xi_k, n}, SE_{i, \xi_k, n}]$ 区间内最接近 r 的整数。

1. 基于调度规则的最小时间窗生成 PSO 初始种群算法

粒子群算法寻优效率与计划规模大小有直接关系。计划规模过大时花费的运算时间会影响计划制定的时效性，所以此时需要根据实际作业需求牺牲次要目标和简化问题规模，提高算法运行效率。

简化问题规模的调度规则如下。

规则 1：沿工艺路线倒排产品加工工序。

规则 2：参与排序的工序优先占用该设备上的两道加工工序之间的加工空闲时间，实施半主动调度。

规则 3：交货期相同，优先安排最短总加工时间的。

规则 4：总加工时间相同，优先安排首道工序处理时间最短的。

规则 5：交货期早的优先安排。

规则 6：优先级高的优先安排。

规则 7：当存在多个等效设备的时候，优先安排到优先级别高的设备负荷匹配，并行机处理规则。

规则 8：特殊生产阶段的特殊工序优先安排，同等阶段的特殊工序随机安排。如某特钢集团 A 基地精轧分厂的 650 轧机和 WF5-40 轧机之间轧制节奏的配合，防止中间坯在 650 轧机输出辊道停留引起严重温降，要求所有工序必须围绕这个设备的辊期安排生产。

时间窗概念在调度问题中一般指一段连续的时间。这里的时间窗定义为：关键工序调度问题的调度结果中连续的空闲时间。对于工艺路线确定的调度问题，所有关键设备的加工工序及其加工时间是确定的，因此调度过程就成为减少并减小时间窗的组合优化过程，调度结果中时间窗越少和越小，则完工时间就越小。以最小化完工时间为目标，调度结果的时间窗越小且越少，则调度结果的质量就越高。

采用基于工序的字符串编码方法，定义订单编号为 01，02，$\cdots$，n，每个订单的工序编号为 01，02，$\cdots$，k，关键设备编号为 01，02，$\cdots$，m，则每个基因由 n，k 和 m 按顺序组成，如基因 010101 表示订单 01 的工序 01 在关键设备 01 上完成。

采用一个调度规则生成多个个体最小时间窗规则，然后生成初始种群个体的 C 语言算法为

```
begin
    i =0; //i 为基因在个体中的序号
    PSᵢ初始化;Sᵢ初始化;Oᵢ初始化;Mᵢ初始化;
    do while(i < P){//P 为种群规模
        Boolean lbBest = false; int tmp Index = -1;
        Float MinValue =MAXNUM;
        产生随机数 r ; //0≤r < PARTNUM
        for(int j= r; j < PARTNUM; j++){
            根据 j 和 Sᵢ生成基因 Gene;
            if(Mᵢ[Gene.machine] > =Oᵢ[j]){
                lbBest = true; break; }
            else{ //不产生时间窗,退出循环
                if(Oᵢ[j] - Mᵢ[Gene.machine] <MinValue){
                    MinValue =Oᵢ[j] - Mᵢ[Gene.machine] ;
                    tmp Index = j; }
        }//搜索最小时间窗
        }//end for
        if(lbBest = = false){//继续搜索最小时间窗
            for(int j =0; j < r; j ++){
                根据 j 和 Sᵢ生成基因 Gene;
                if(Mᵢ[ Gene.machine] > =Oᵢ[j]){
```

```
            lbBest =true ; bteak; }
        else{ //不产生时间窗,退出循环
          if(Oᵢ[j] – Mᵢ[Gene.machine] <MinValue){
            MinValue =Oᵢ[j] – Mᵢ[Gene.machine] ;
            tmp Inde x = j; }
          } //继续搜索最小时间窗
      } // end for
    } // end if
    if(lbBest = = false)据 tmp Index 和 Sᵢ生成 Gene;
    将 Gene 加入集合 PSᵢ;
    更新集合 Sᵢ,Oᵢ和 Mᵢ; i = i +1;
  } // end do while
end
```

以上算法中,在基因排序的每一步,若符合优先规则的基因有多个,可随机选择一个,PS_i为包含 i 个已调度工序的基因集合,当 i 达到编码长度时一个个体生成。S_i为在步骤 i 中可调度的工序集合,其长度为订单数量。S_0所有元素的值为订单第一道工序的倒排。O_i为在步骤 i 中所有订单的已调度工序的完工时间集合,其长度为订单数量。O_i元素的初始值都为零。M_i为在步骤 i 中所有等效关键设备已调度工序的时间集合,其长度为订单数量。M_i元素的初始值都为零。

算法在从可调度工序集合 S_i 中选择工序时,优先选择其等效关键设备的可用时间大于或等于其紧前工序完工时间的关键工序,这样排序后不会产生时间窗。采用随机数作为可调度工序集合 S_i 遍历起点的方法,使得多次运行时,选择不同订单的符合最小时间窗规则的第一个可调度工序,与完全遍历然后选择的方法相比,提高了运行效率。

2. PSO 算法流程

本文 PSO 算法采用标准流程,其位置为微粒对应的加工总时间,速度为微粒中具体基因位对应的迭代代数时,相应工序在其相应等效设备集中替换的等效设备加工时间。

步骤 1:初始化微粒群。设定位移因子 $c_1 = c_2 = 2$,$g = 1$,最大迭代次数 $iter_{max} = 20$(采用投入生产的所有工艺路线中所含工序的最大数量),惯性因子 $\omega_{max} = 0.95$,$\omega_{min} = 0.3$,将当前迭代次数置为 t,采用最小时间窗规则算法取 M 个颗粒,组成初始种群 $X(t)$;在速度取值区间内,随机产生各粒子初始速度 v_1,v_2,$\cdots$,v_M,随机数取值区间为 1 至工艺路线上的工序数目之间,从而获取相应工序上的可用时间。

步骤 2：选取目标函数作为适应度函数，计算目标函数值，包括粒子经历过的最好位置和种群经历过的最好位置，初始化每个微粒最好解为当前解，评价种群 $X(t)$。

令 pbest_i^k 表示第 i 个粒子进化 k 代所经历的最好位置，gbest^k 表示整个种群进化 k 代所经历的最好位置，如果 $k=0$，$\text{pbest}_i^0 = X_i^0$，否则 pbest_i^k 可由式（4-27）来计算，gbest^k 可由式（4-28）来计算。检查结束条件是否满足，满足则结束，否则继续。

$$\text{pbest}_i^k = \begin{cases} \text{pbest}_i^{k-1}, & (X_i^k) > f(\text{pbest}_i^{k-1}) \\ X_i^k, & \text{其他} \end{cases} \tag{4-27}$$

$$\text{gbest}^k = \min(\text{pbest}_i^k), \quad i = 1, 2, \cdots, M \tag{4-28}$$

步骤 3：式（4-1）和式（4-2）规定了粒子速度和位置的更新规则，这里的位置是订单依据工艺路线规定的工序投入排产过程中形成的阶段性加工时间，如果超出交货期范围，则再次更新位置与速度，产生新种群 $X(t+1)$。

步骤 4：检查计划代数，若满足结束条件则退出；否则 $t=t+1$，转至步骤 2。

第5章 基于规则的多阶段制造资源优化配置模型

5.1 基于组批规则的订单归并优化模型

5.1.1 订单归并优化问题描述

在激烈的市场竞争环境下，钢铁企业所获取的客户订单呈现出多品种、小批量、个性化特点，企业不仅要满足客户在钢号、标准、形状、规格等方面的常规要求，还必须考虑客户对化学成分、物理性能、紧急交货期等方面的特殊要求或协议要求，这些因素导致了炼钢阶段如何编制炉次计划管理难题的出现。炼钢—连铸是钢铁全生产过程中的瓶颈工序（Lee et al., 1996），通过采用订单归并冶炼的方式制定科学合理的炼钢炉次计划是保证连铸不断浇、降低材料成本、提高电弧炉和连铸机等大型冶金设备利用率的重要前提和关键保证。编制炼钢炉次计划，需要根据炼钢工艺的要求和组成同一炉次订单的特征限制，对计划时段内相近钢号或标准的订单进行组批归并。

炼钢炉次计划编制问题是钢铁生产过程计划调度研究方面的热点问题。近年来，国内外学者对该问题进行了大量的研究。唐立新等（1996）和 Harjunkoski 等（2001）学者考虑了连铸坯钢级、宽度、厚度、固定重量和交货期等因素，建立了最优炉次计划的混合整数规划模型。黄可为等（2006）建立了以余材最小为优化目标同时考虑替代钢级优劣的数学模型，并采用动态规划算法对问题进行求解。宁树实等（2007）以最小化所有炉次中连铸坯钢级差异、连铸坯宽度差异和总剩余炉容量为目标，建立了炉次计划编制的多目标优化模型。李铁克等（2007）综合考虑组炉余材和热轧工序对连铸坯浇铸的时间要求，将钢铁订单组炉问题归结为一个带时间约束的优化问题，并建立了该类组炉问题的数学优化模型。

目前文献研究的模型主要集中于炼钢炉次计划中的订单组批问题，通常是以钢级作为编制炉次计划的主要约束，这种方式适合于品种较少、批量较大的普钢生产情况，而对于具有多品种、小批量、不同钢种或标准同炉冶炼特点的特钢生产则不合适。如在特钢生产中，必要时可以将不同钢号相同标准（如 GCr15 与 KBGCr15）、相同钢号不同标准（如钢号为 GCr15SiMn，标准为 GB/T18254-2002 与 FX78-95）等的订单进行归并合炉。本文根据各标准对合金成分范围要求的不同，综合考虑订单的产品结构属性、作业过程特征和客户交货要求等多约束条件，将不同钢号或不同标准合金元素要求的订单进行组批排序。

炉次是炼钢阶段的最小生产单位，一炉是指从在电弧炉或转炉内冶炼开始，到浇铸/模铸为止的一个生产过程。炉次计划的编制就是在满足一定的生产约束条件下，将计划交货时段内所需生产的连铸坯进行合炉冶炼，形成一定的生产批量，从而实现成本指标的优化。在制定冶炼的炉次计划时，由于订单所需求的产品在钢号、产品标准、交货期等多方面存在着差异，为了充分发挥设备的生产效率、实现规模经济、有效降低生产能耗，需按照一定的规则约束，将订单进行组批合炉冶炼。订单组批必须符合以下主要规则。①满足交货期约束：为了满足订单准时交货的要求、提高客户满意度，同时减少订单提前/拖期生产造成的库存或违约成本最小，需要将交货期尽可能接近的订单并入同炉冶炼。②满足元素成分约束：允许合炉冶炼的订单，必须是钢号、标准相同或相近，即产品合金元素成分范围有交集，否则无法进行后续的炉料投料。③满足炉容量约束：一炉的容量称为炉容，生产时炉次应尽量满，当某个订单的合同量不满一炉时，仍然按照一炉的量进行生产，这时就会出现没有用户合同对应的生产量，即余材。因此，从降低能耗和库存管理成本的角度考虑，在满足炼钢生产工艺的前提下，每炉次内订单的累计生产量应尽可能地达到或接近最大炉容量，以降低余材量的产生。

5.1.2 订单归并优化模型

1. 订单按成分编码

在冶炼生产过程中，电炉或转炉出钢倒出钢水后其炉内会残留一部分钢水。继续冶炼紧后炉次时，如果某些元素成分范围上限值小于紧前炉次内该元素成分范围下限值，或两者差值较小，添加合金料时极易造成紧后炉次内该合金元素成分值的偏离，导致产品性能发生变化。企业一般采用洗炉的方法来解决此类问题，但这又造成了成本的上升和时间的浪费。为了解决由于上述原因造成的紧后炉次内合金元素成分偏离的问题，本文提出了一种将订单按照各合金元素成分范围进行分类的精细化编码方法，以此来指导订单的归并组炉。

设某计划时段内需要组织生产的订单数量为 m，炼钢过程主要控制的元素成分种类为 n。将每种元素按其成分范围赋予一个 $0 \sim 9$ 的整数值，则每个订单的成分编码可以表示为长度 n 的整数 $code_i$（$i=1, 2, \cdots, m$）。例如，轴承钢冶炼时需要重点控制碳、铬、锰、硅、磷等 5 种元素的含量，对钢号为 GCr15SiMn、标准为 GB/T3279-1989 的轴承钢订单进行编码，其编码 14840 中的第一位整数 1 对应的是碳元素目标成分范围（$0.95\% \sim 1.05\%$）的编码值，其余位上编码值依次类推。

订单编码的赋值过程如下。首先选定某一合金元素，将预排产订单依据该元素成分范围下限值由小到大进行排序。以 0.15% 为跨度单位，如果不同订单间该元素的成分范围上下限之间有交集，且中值的差异值处于 $0 \sim 0.15\%$，则将这些订单的该元素编码位赋相同的编码值；如果中值的差异值大于 0.15%，则按照差异值对 0.1% 求模（若有余数则加 1）对该元素编码位进行赋值。依照以上方法对各订单的其他合金元素进行赋值操作。

令 $Co_{ip} = \mathrm{substr}(code_i, p, 1)$ 表示第 i 个订单的第 p 位值，则两个订单编码的差值公式为 $code_i - code_j = \sum_{p=1}^{n} (Co_{ip} - Co_{jp})$。组织生产时，前后炉次的订单编码值应尽量遵循由小到大的顺序。

2. 模型的建立

订单归并优化模型中的参数和变量描述如下。

每炉产品生产的最小单位为连铸坯，设一块连铸坯的重量为 w。每个炉次有容量限制，炉次尽量满，未满部分用余材（无客户订单对应的连铸坯）填充。则炉容量为 Q 吨的电炉可以生产 g 块连铸坯，定义其上界为 $g = [Q/w]$。

设订单 i（$i=1, 2, \cdots, m$）的订货量为 q_i，则每个订单所需生产的连铸坯数为 $[q_i/w]$。

d_i 为订单 i 的交货期；$T_{K\min} / T_{K\max}$ 为第 k 炉次中订单交货期的最小值/最大值；所有连铸坯组批到不同的炉次（$1, \cdots, t, \cdots, k, \cdots, K$），$t, k$ 表示不同的炉号，K 为炉次数；C_1 为前续炉次订单编码值大于后续炉次订单编码值的惩罚系数；C_2 为每一单位余材量的惩罚系数；C_3 为订单提前惩罚系数；C_4 为订单拖期惩罚系数。

决策变量 $l_{ik} = \begin{cases} s, & \text{订单 } i \text{ 的 } s \text{ 块连铸坯进入第 } k \text{ 炉号} \\ 0, & \text{订单 } i \text{ 未进入第 } k \text{ 炉号} \end{cases}$

基于上述参数和变量，订单归并优化模型建立为

$$\min f = \sum_{k=1}^{K} \sum_{t=1}^{k-1} C_1 \times (\text{code}_t - \text{code}_k) + \sum_{k=1}^{K} \max\left\{ C_2 \times \left(g - \sum_{i=1}^{m} l_{ik} \right), \ 0 \right\}$$

$$+ l_{ik} \times w \times \min\left\{ \sum_{i=1}^{m} C_3 \times (d_i - T_{K\min}), \ \sum_{i=1}^{m} C_4 \times (T_{K\max} - d_i) \right\} \qquad (5\text{-}1)$$

$$\text{s. t.} \quad l_{ik} \times l_{jk} \neq 0, \ \text{Co}_{kp} = \left\lceil \frac{(\text{Co}_{ip} + \text{Co}_{jp})}{2} \right\rceil, \ \text{code}_k = [\text{Co}_{k1}, \cdots, \text{Co}_{kp} \cdots, \text{Co}_{kn}]$$
$$(5\text{-}2)$$

$$|\text{Co}_{ip} - \text{Co}_{jp}| \leqslant 1, \quad p = 1, 2, \cdots, n \qquad (5\text{-}3)$$

$$\sum_{k=1}^{K} l_{ik} \geqslant \lceil q_i / w \rceil, \quad i = 1, 2, \cdots, m \qquad (5\text{-}4)$$

$$0 \leqslant \sum_{i=1}^{m} l_{ik} \leqslant g, \quad k = 1, 2, \cdots, K \qquad (5\text{-}5)$$

$$s \in Z \qquad (5\text{-}6)$$

其中，式（5-1）为产生的连铸坯余材量及每一炉中提前或拖后生产的订单量的惩罚之和最小的目标函数，同时尽量保证前后炉次按照其订单编码值由小到大的顺序进行生产；式（5-2）表示若两个订单并入同一炉次，该炉次内各元素成分所对应编码值的计算式；式（5-3）表示并入同一炉次内的订单其各合金元素的成分差值在规定的范围内；式（5-4）表示各炉次内的某一订单的连铸坯数之和大于等于该订单所需生产的连铸坯数；式（5-5）表示每一炉次计划不得超过该炉对应的最大连铸坯数；式（5-6）表示保证 s 为正整数（Z 为正整数集合）。

5.1.3 归并优化求解策略

微粒群算法（particle swarm optimization，PSO），于 1995 年由 Eberhart 和 Kennedy 提出，是模拟自然界生物群体行为优化方法的一种。微粒群算法模拟鸟类的觅食行为，群体中的每只鸟都表征问题的一个优化解，并规定名称为"微粒"，问题的最优解则即各个"微粒"要寻找的食物。每个微粒都有一个相应的位置和速度，及其由目标优化函数所得出的适应值。

设 d 维空间有一组微粒，第 i 个微粒的位置和速度可分别表示为 $X_i = [x_{i1},$

x_{i2}，…，x_{id}] 和 $V_i = [v_{i1}, v_{i2}, \cdots, v_{id}]$，通过求解各微粒的目标函数适应值，确定 t 时刻每个微粒所经过的最佳位置 P_i 及群体最佳位置 P_g。对第 t 代的第 i 个微粒，其位置和速度的更新公式为

$$v_{ij}(t+1) = \omega v_{ij}(t) + c_1 r_1 [p_{ij} - x_{ij}(t)] + c_2 r_2 [p_{gj} - x_{ij}(t)] \qquad (5\text{-}7)$$

$$x_{ij}(t+1) = x_{ij}(t) + v_{ij}(t+1) \qquad (5\text{-}8)$$

式中，ω 为惯性权因子；c_1 和 c_2 为学习因子；r_1 和 r_2 为 0 ~ 1 均匀分布的随机数。标准微粒群算法流程的流程图如图 5-1 所示。

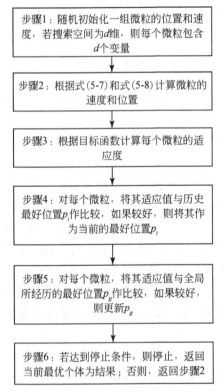

图 5-1　标准微粒群算法流程

　　PSO 算法不含交叉与变异运算，它具有计算简单、需调整参数少、全局收敛快等优点，近年来被广泛应用于复杂优化问题求解的研究中（杨维和李歧强，2004）。

　　本文 PSO 算法采用基于升序排列（ranked-order-value，ROV）来构造订单的排序，ROV 规则具体描述见表 5-1。对于一个微粒的位置矢量，首先将取值最小的分量位置赋予 ROV 值 1，其次将取值次小的分量位置赋予 ROV 值 2，以此类

推，直到每个位置上都被赋予了一个唯一的 ROV 值，由此而得出一个订单排序。

表5-1　ROV 规则

分量位置	1	2	3	4	5	6
位置分量值	0.06	2.99	1.86	3.73	1.87	0.67
ROV 值	1	5	3	6	4	2

本文结合组批规则和微粒群算法进行模型求解。根据"订单-连铸坯-炉次"的逆序转换映射，对微粒进行编码设计，如图 5-2 所示。其中， ▬ 代表一块连铸坯。

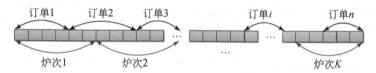

图 5-2　订单组批规则中微粒的编码形式

为了保持订单的完整性，避免其在组批过程中被拆分的过于零散，首先将订单进行预处理。其方法为寻找订货量 $q_i \geq Q$ 的订单，将该订单划分为能够整炉生产的 $P_A = \lfloor q_i / Q \rfloor \cdot Q$ 和未满一炉的 $P_B = q_i - \lfloor q_i / Q \rfloor \cdot Q$ 两部分，订单 q_i 中的 P_A 部分对应分配给单独的一个或多个炉次号，放入集合 Ψ 中；将订单 q_i 中的 P_B 部分与 $q_i < V_U$ 的订单放入集合 Ω 中进入后续组批过程。组批过程中，将已完成组批的订单放入一个禁忌表中，以避免订单被重复选定。

订单组批规则启发子算法流程如下。

步骤1：选定排序后的第一个订单，按照由前及后的顺序，判断下一个订单与该订单是否钢号和标准相容。如果相容，转步骤2；否则，转步骤4。

步骤2：将这两个订单组到一炉，按照式（5-3）计算该炉次订单的每位编码值，以此来判断后续的订单是否可以组入该炉次，转步骤3。

步骤3：判断炉内连铸坯总和 n 与 g 的关系。若 $n<g$，将这两个订单标记为一个订单，返回步骤1继续组批；若 $n=g$，表明炉次已满，将这两个订单放入禁忌表中，返回步骤1；若 $n>g$，将第二个订单的 $n-g$ 个连铸坯作为下一个订单，返回步骤1。

步骤4：该订单单独组为一炉，计算该炉次的余材量，并将订单放入禁忌表中。返回步骤1。

基于订单组批规则的微粒群算法流程如图 5-3 所示。

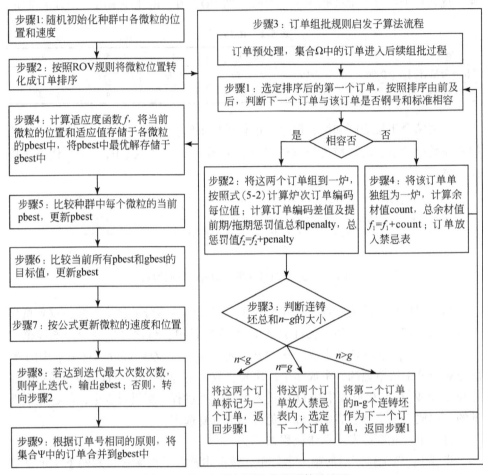

图5-3　基于组批规则的微粒群算法流程

5.1.4　订单归并优化模型应用案例

现以东北某特钢集团企业为例，对上述订单归并模型和炉料结构优化模型进行数据验证。该企业的订单产品主要包括轴承钢、弹簧钢、不锈钢、特种合金、汽车用钢等，每一钢类中又涵盖多个钢号、多类标准、多种形状规格的精品钢材产品。

选取该企业2011年5月份中某一交货时间窗内的21个订单为例，这些订单共涵盖了6类不同钢号、7类不同标准的产品。根据本文所提出的订单按成分编码原则对上述订单进行了编码。各订单的钢号、标准、对应的订单编码及订货量等详细信息见表5-2。

表 5-2　待组批订单的详细信息

序号	订单号	钢号	标准	订单编码	订货量
1	0515001	GCr15SiMn	GB/T3279-1989	14840	176
2	0515002	GCr15	Q/LD25-2004	14310	120
3	0515003	SAE52100	FC38-95	14310	17
4	0515004	GCr15	Q/LD25-2004	14310	58
5	0515005	GCr15	Q/LD25-2004	14310	16
6	0515006	SUJ2	QJ/DG13.27-2003	14410	82
7	0515007	GCr15	Q/LD25-2004	14310	75
8	0515008	GCr9SiMn	Q/DG.J20-2000	11840	32
9	0515009	GCr15SiMn	FX78-95	14840	72
10	0515010	SAE52100	FC38-95	14310	32
11	0515011	GCr15	Q/LD25-2004	14310	28
12	0515012	WCr12	FX188-97	13420	25
13	0515013	GCr15SiMn	FX78-95	14840	100
14	0515014	SUJ2	QJ/DG13.27-2003	14410	20
15	0515015	GCr15	Q/LD25-2004	14310	65
16	0515016	SUJ2	QJ/DG13.27-2003	14410	35
17	0515017	GCr15	Q/LD25-2004	14310	120
18	0515018	WCr12	FX188-97	13420	50
19	0515019	SAE52100	Q/LD25-2004	14310	24
20	0515020	GCr15	Q/LD25-2004	14310	42
21	0515021	GCr15SiMn	GB/T3279-1989	14840	40

　　钢铁产品冶金规范中的钢号及标准（国外标准、国家标准或企业标准）明确了产品化学成分元素的含量范围要求，企业需要根据订单规定的钢号和标准进行产品生产。上述订单产品中涉及的钢号、标准所对应的化学成分元素含量要求见表5-3。

表 5-3　各钢号及标准对应的主要成分信息

钢号	标准	C	Cr	Mn	Si	P
GCr9SiMn	Q/DG. J20-2000	1.00 ~ 1.10	0.90 ~ 1.20	0.90 ~ 1.20	0.40 ~ 0.70	0 ~ 0.020
WCr12	FX188-97	1.00 ~ 1.10	1.35 ~ 1.50	0.35 ~ 0.55	0.25 ~ 0.45	0 ~ 0.020
GCr15	Q/LD25-2004	0.95 ~ 1.05	1.30 ~ 1.65	0.20 ~ 0.40	0.15 ~ 0.35	0 ~ 0.027
SAE52100	FC38-95	0.98 ~ 1.10	1.40 ~ 1.60	0.25 ~ 0.45	0.20 ~ 0.35	0 ~ 0.020
SAE52100	Q/LD25-2004	0.95 ~ 1.05	1.30 ~ 1.65	0.20 ~ 0.40	0.15 ~ 0.35	0 ~ 0.020
SUJ2	QJ/DG13.27-2003	0.95 ~ 1.10	1.30 ~ 1.60	0.30 ~ 0.50	0.15 ~ 0.35	0 ~ 0.025
GCr15SiMn	GB/T3279-1989	0.95 ~ 1.05	1.40 ~ 1.65	0.95 ~ 1.25	0.45 ~ 0.75	0 ~ 0.025
GCr15SiMn	FX78-95	0.95 ~ 1.05	1.40 ~ 1.65	0.95 ~ 1.20	0.45 ~ 0.65	0 ~ 0.025

炼钢分厂将对上述订单在"40t 电炉+40tLF 炉"生产线进行排产，在满足最大炉容量限制条件下，每个炉次能够生产的连铸坯数量 g 为 6。取惩罚系数 C_3 为 5，C_4 为 10。基于订单归并规划模型，运用图 5-3 中的订单归并优化策略进行求解，计算得到各订单对应的炉次（炉号）、每炉包含连铸坯数及炼钢余材量，其优化结果见表 5-4。

表 5-4　炼钢阶段的订单归并优化结果

炉号	订单号	钢号	标准	订单编码	每炉连铸坯数	余材量
1	0515008	GCr9SiMn	Q/DG. J20-2000	11840	5	1
2 ~ 4	0515002	GCr15	Q/LD25-2004	14310	6	
5	0515004	GCr15	Q/LD25-2004	14310	3	
	0515003	SAE52100	FC38-95	14310	3	
6	0515004	GCr15	Q/LD25-2004	14310	6	
7	0515005	GCr15	Q/LD25-2004	14310	3	
	0515014	SUJ2	QJ/DG13.27-2003	14410	3	
8 ~ 9	0515007	GCr15	Q/LD25-2004	14310	6	
10	0515015	GCr15	Q/LD25-2004	14310	4	2
11	0515015	GCr15	Q/LD25-2004	14310	6	
12 ~ 14	0515017	GCr15	Q/LD25-2004	14310	6	
15	0515019	SAE52100	Q/LD25-2004	14310	4	2
16	0515020	GCr15	Q/LD25-2004	14310	6	
17	0515020	GCr15	Q/LD25-2004	14310	1	
	0515011	GCr15	Q/LD25-2004	14310	5	

续表

炉号	订单号	钢号	标准	订单编码	每炉连铸坯数	余材量
18 ~ 19	0515006	SUJ2	QJ/DG13. 27-2003	14410	6	
20	0515006	SUJ2	QJ/DG13. 27-2003	14410	1	
	0515010	SAE52100	FC38-95	14310	5	
21	0515016	SUJ2	QJ/DG13. 27-2003	14410	6	
22	0515012	WCr12	FX188-97	13420	4	
	0515018	WCr12	FX188-97	13420	2	
23	0515018	WCr12	FX188-97	13420	6	
24 ~ 27	0515001	GCr15SiMn	GB/T3279-1989	14840	6	
28	0515001	GCr15SiMn	GB/T3279-1989	14840	3	
	0515013	GCr15SiMn	FX78-95	14840	3	
29 ~ 30	0515013	GCr15SiMn	FX78-95	14840	6	
31	0515009	GCr15SiMn	FX78-95	14840	6	
32	0515009	GCr15SiMn	FX78-95	14840	5	1
33	0515021	GCr15SiMn	GB/T3279-1989	14840	6	

由计算结果可知,上述订单共组成了 33 个炉次,对应形成 198 块连铸坯,其中有 4 个炉次产生了余材,共计 6 块连铸坯,其余材率为 3%。如果按传统的相同钢级/相同标准的订单组批方式,需要冶炼 34 炉钢,共生产 204 块连铸坯,将产生 12 块余材,余材率为 5.88%。采用本文订单归并优化方法减少了余材的产生,降低了在制品库存成本和生产过程能耗。同时,组入同一炉次内订单的化学成分范围具有较大的交集,这便于后续进行炉料投放时对铁合金原料配比的优化和对钢水质量标准的控制。

5.2 基于配方规则的炉料结构优化模型

5.2.1 炉料结构优化问题描述

炉次计划制定后,就要进入钢铁冶炼过程,首先将炼钢原料(生铁、废钢等)熔化为钢水,钢水转移到 LF 精炼炉,然后在精炼炉内添加铁合金对钢水中的铬、锰、镍等元素含量进行调整,再经过 VD/ VOD 或 AD/ AOD 等精炼炉进一步调节钢水的化学成分，使其达到钢号的冶炼标准。钢铁企业原材料和合金种类较繁多、合金成分也含有多元化和复合化特征。一种合金原料含有多种合金元素，如硅锰合金（规格：FeMn64Si16）含有铁、锰、硅、铬等多种元素，同时，含有一种合金元素的合金原料也有很多种，如含有铬元素的合金料有低碳铬铁（规格：FeCr55C0.25、FeCr55C50）、高碳铬铁（规格：FeCr55C10）、CrNiMo（规格：17-3）等。各种合金材料的价格不一，但都很昂贵，传统的配方/配比控制过程中，操作人员通常根据经验进行合金投料，计算结果误差较大，成分偏离较多，易造成材料成本的浪费。因此，出现了很多有关优化合金炉料投入量、最大程度地降低冶炼成本的配比优化软件的研究（于淑田等，1995）。

宝钢最早引进国外合金控制模型来解决合金炉料优化过程控制问题。但由于合金控制模型存在着诸多限制，使得模型在企业中的应用并不理想，如不能随着合金材料价格的变化而动态调整优化结果，不能计算出最小合金成本的炉料结构等。针对以上问题，宝钢在原先转炉合金配方优化模型的基础上，广泛吸取操作工及冶炼专家的实际经验，并引进成分预报模型，开发了通用性、实用性、可移植性及算法都比较先进的最小合金成本控制系统。在该优化模型中，炉料结构优化问题被归结为线性规划问题，并采用了成熟的单纯形法进行求解。除此之外，合金材料的投放对原钢水重量、质量的影响以及合金元素收得率的计算，也在模型中进行了深入探讨，解决了合金元素最小单位影响精度及整包投料的问题。

龚伟等分析了转炉脱氧以及合金化的过程，建立了以配料成本最小的线性规划模型，采用了单纯形法进行求解，并利用参考炉次法计算了元素收得率，实现了钢水的窄成分控制（龚伟等，2002）；黄可为和杜斌给出了在各限制条件下，投入成本最小的合金投入量及合金组合线性规划模型，并分析了合金元素收得率的确定、合金的投入对钢水重量、温度的影响，并投入到宝钢转炉运行中，取得了一定的经济效益（黄可为和杜斌，2003）；张广军等针对人工调整钢液成分计算公式的限制，分别建立了装炉配料量计算公式、炉中钢液量估算公式、元素回收率确定计算公式、合金化计算公式以及超规格元素成分调整计算公式，对于品种多、金属料繁杂的钢铁配料的精确化计算提供了依据（张广军等，2004）。

以上转炉合金最小成本优化模型大多是线性规划问题，采用单纯形法便可以进行求解，从系统仿真以及企业实际应用效果来看，模型以及算法都是可行、有效的。大多数情形下，这些模型能够有效解决企业的合金投入控制优化问题，能够得到一个严格约束下的炉料配比结构。但在某些情况下，某些合金元素成分能够保持在一定范围内即可满足质量要求，对它在钢水中的含量要求并不严格，因此，需要在炉料投入成本与合金元素目标成分之间寻找一个最优组合点，而普通的线性规划和单纯形法则在解决这类问题方面有些困难，还有待进一步改进。

因此，需要进行基于配方规则的炉料结构优化设计，一方面是为了保证合金元素达到目标成分要求，另一方面是为了控制合金投入成本。为了保证产品的综合性能投料时应遵循金属平衡和成分趋近的规则，精确控制钢种目标成分要求量，使目标成分偏差最小，但由于昂贵的铁合金材料价格，因此炉料投放时需要在合金成分偏离程度和投炉材料成本最低之间做出平衡。

5.2.2 炉料结构优化模型

由上述可知，炉料结构优化的目的一方面是为了保证合金元素达到目标成分要求，使成分偏离偏差最小，另一方面是为了控制合金投入成本。

炉料结构优化模型中的参数和变量描述如下：

i：需要优化的合金元素种类，共 n 种（即 $i=1$, 2, $\cdots$, m）；

UP_i / LO_i：每一炉次内合金元素 i 的成分范围上限值/下限值，其值可通过该炉内不同标准之间合金元素 i 成分范围的交集获得。如该炉内要生产两个不同标准的产品，GB/T3279-1989 和 FX78-95，要优化的合金元素硅的含量分别为 0.45 ~ 0.75 和 0.45 ~ 0.65，则通过成分范围交集可得 LO_i 值为 0.45，UP_i 值为 0.65；

p_j 为第 j 种合金原材料的价格（元/t）；

x_j 为第 j 种合金原材料的加入量（t）。

则投入的合金原料成本的计算表达式为

$$Z = \sum_{j=1}^{m} p_j \times x_j \tag{5-9}$$

炉料结构优化的约束条件主要是合金的目标成分约束，考虑到电炉/转炉工序转移来的钢水中已经含有部分目标化学成分元素，合金原料的加入会导致钢水成分和总量的变化，根据物料平衡原理得到钢水合金元素 i 的含量 ML_i（张广军等，2004）。

$$ML_i = \sum_{j=1}^{m} C_{ij}(1 - B_i)x_j + C_{i,0}W_m / \left[\sum_{j=1}^{m} x_j \times \left(1 - \sum_{i=1}^{n} C_{ij}B_i\right) \right] + W \tag{5-10}$$

式中，C_{ij} 为第 j 种原料中合金元素 i 的含量；$C_{i,0}$ 为精炼前，合金元素 i 在转移来的钢水中的原始含量；W_m 为上工序转移来的钢水重量；B_i 为元素 i 的烧损率；分母中式 $x_j \times \left(1 - \sum_{i=1}^{n} C_{ij}B_i\right)$ 表示在考虑合金元素烧损之后，第 j 种原材料的最终质量。

为了方便对钢水化学成分的控制，企业在实际合金配比过程中并非要求合金元素成分含量越高越好，而是根据长期积累下的炉料配方经验，将钢水目标成分一般控制在标准所要求成分范围的中限 $ML_{中限}$ 附近（刘晓冰等，2009）。

综上，得到精炼电炉的配料优化模型为

$$\min Z = \sum_{j=1}^{m} p_j \times x_j \tag{5-11}$$

$$\min Z' = \sum_{i=1}^{n} |ML_i - ML_{中限i}|/ML_{中限i} \tag{5-12}$$

$$\text{s. t.} \quad q_j \geqslant x_j \tag{5-13}$$

$$\sum_{j=1}^{m} x_j + W_m \leqslant Q \tag{5-14}$$

$$LO_i \leqslant ML_i \leqslant UP_i \tag{5-15}$$

式中，q_j 为第 j 种原材料的存货量（单位为 t），其用量受到存货量的限制，每种合金料的最大使用量以物资供应部门提供的动态数值为准。Q 是精炼电炉的容量。式 (5-11) 表示每一炉内投入的合金材料成本最低；式 (5-12) 表示合金元素的成分与目标成分的偏差最小；式 (5-13) 表示原料的存货量应该大于需求量；式 (5-14) 表示合金材料的投入量加上前一工序转移来的钢水重量应该小于炉容量；式 (5-15) 表示该炉次内合金元素的成分范围限制。

5.2.3 炉料结构优化求解

由于合金成分偏差控制的目标函数式 (5-9) 含有非线性项，且炉料结构优化模型求解属于多目标问题，所以采用传统的精确算法不能对其进行求解，而使用标准微粒群算法求解结果亦不理想且效率较低。本文基于一种动态邻域多目标优化思想（Hu and Eberhart，2002）设计了求解炉料结构优化问题的微粒群算法，该算法首先随机选定某一粒子，以该粒子为中心粒子，计算该粒子的第一个目标函数适应值，根据适应值空间的距离来确定当前粒子的邻域，然后在邻域内进行第二个目标函数的寻优。

在动态邻域结构定义方面，采用邻域拓扑结构中的一种轮形结构，如图 5-4 所示。即在执行邻域内进行搜索时，只有中心粒子能够与该邻域中的所有粒子交换信息，而其他粒子之间彼此不能相互交换信息，这样就提高了粒子之间的信息传播速度，能更好地提高算法的效率（孔丽丹等，2008）。

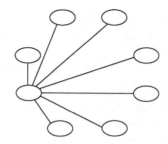

图 5-4　粒子邻域的轮形结构示意图

对每个粒子 i 来说，用变量 $dist(i)$ 来标记微粒中每个粒子到中心粒子的距离，max_dist 表示各粒子到中心粒子之间距离的最大值，如果 $dist(i)/max\_dist$ 小于标志项，则该粒子被选为中心粒子的邻域粒子。

在算法的初始阶段，每个个体的邻域为其自身，随着进化代数的逐渐增加，其邻域范围也在不断地扩大变化，为了保证算法的邻域范围能增大至整个种群，定义标志项 frac 为一个基于当前迭代次数的函数来实现这个控制，$frac = (3 \times iter + 0.6 \times maxiter)/maxiter$。其中，iter 表示当前的迭代次数，maxiter 表示最大迭代次数。设迭代次数 gen = 200，种群规模 $n = 50$。动态邻域构造的具体流程如下。

在动态邻域 PSO 算法中，首先根据初始化的微粒的位置和速度，计算出个体历史最优 p_{best} 和局部最优 l_{best}。当新的解支配当前最优解，即当两者满足关系式（5-16）时，更新个体历史最优解 p_{best}。

$$Z \leqslant p_{best}，Z' \leqslant l_{best}，且 Z < p_{best} 或 Z' < l_{best} 中至少有一个成立 \quad (5-16)$$

式中，Z 为第一个目标函数适应值，Z' 为第二个目标函数适应值。

然后根据个体历史最优解和局部最优解更新粒子的速度和位置，公式如下。

$$v_{ij}(t+1) = \omega v_{ij}(t) + c_1 r_1 (p_{ij} - x_{ij}(t)) + c_2 r_2 (l_{bj} - x_{ij}(t)) \quad (5-17)$$

$$x_{ij}(t+1) = x_{ij}(t) + v_{ij}(t+1) \quad (5-18)$$

综上所述，基于动态邻域搜索的 PSO 算法的流程如图 5-5 所示。

5.2.4　炉料结构优化模型应用案例

以 5.1.4 节中订单归并优化结果中的 33#炉次（钢号：GCr15SiMn，标准：GB/T3279-1989，对应订单号：0515021）为例，进行炉料结构的优化验证。33#炉次钢水的目标化学成分元素控制范围见表 5-3 中第 7 行。在 LF 精炼阶段需要投入的铁合金原料主要有高碳铬铁、硅铁、高碳锰铁、硅锰合金等，各原料对应

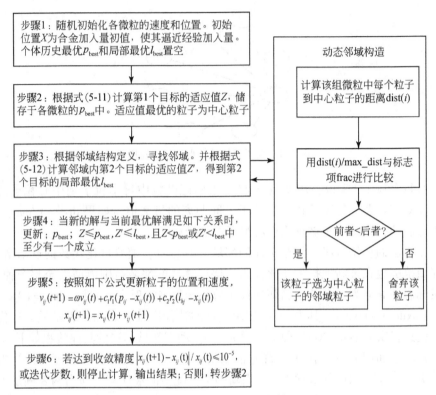

图 5-5 基于动态领域的微粒群算法流程

的元素品位、烧损率和价格等信息见表 5-5。

表 5-5 GCr15SiMn 所用原料的合金成分、烧损率和价格

原料种类	C/%	Cr/%	Mn/%	Si/%	P/%	S/%	价格/(元/t)
高碳铬铁	10	55	—	3	0.05	0.03	8000
硅铁	0.1	0.3	0.4	75	0.02	0.04	7200
高碳锰铁	7	—	76	1.2	0.2	0.015	8300
硅锰合金	1.8	—	65	17	0.25	0.05	7700
烧损率	—	9	10	4	—	—	

根据冶金规范中对该钢号/标准的合金元素成分上下限要求，可计算得出成分目标值，见表 5-6。冶炼过程中 P、S 为有害元素，钢中 P 和 S 的含量过高会引起钢的性能发生变化，P 会引起钢的"冷脆"，S 会造成钢的"热脆"性，

因此要把这两种有害元素控制在一定范围内。而在钢水进入到精炼炉之前，一般就采用吹氧等手段调整有害元素的成分，将其控制在规定范围内。因此，本例中炉料结构优化主要针对 Cr、Mn 和 Si 3 种元素进行。根据炉料结构优化模型，采用图 5-5 设计的动态邻域 PSO 算法完成优化计算，得到炉料结构优化结果，见表 5-6。

表 5-6　炉料结构优化结果

配比结构	高碳铬铁/t	硅铁/t	高碳锰铁/t	硅锰合金/t	成本/元	
经验值	1.00	0.17	0.13	0.64	15231	
优化值	0.98	0.14	0.08	0.66	14594	
合金成分	C/%	Cr/%	Mn/%	Si/%	P/%	S/%
目标值	1.00	1.525	1.1	0.6	0.013	0.01
经验值	0.99	1.555	1.16	0.64	0.005	0.002
优化值	1.00	1.524	1.1	0.59	0.005	0.002

从表 5-6 可以看出，采用本文的炉料结构优化方法所得的投料比例，与经验方法相比不仅降低了钢水材料成本约 4.2%（计 637 元），而且 Cr、Mn 和 Si 3 种元素含量与目标成分的偏差值之和由 14.1% 降低到 1.8%。显然，该方法在降低冶炼阶段合金投入成本的同时，还使钢水元素成分更趋近于目标成分要求，提高了对产品质量控制的精度。本文提出的优化模型和算法能够满足冶炼生产的实际需要，为炼钢原料配方及合金投料量精确控制提供帮助。

|第6章| 复杂工况下协调排产与作业调度模型

6.1　并行流水生产线协调排产模型

在混合流程制造行业的生产实际中，通常存在有多工序平行的流水加工过程，其流水式的生产线能够完成相同或相近的物料加工功能，流水线各个工序（阶段）设置有并行的生产设备。这种并行流水线兼有流水车间（flow shop）和并行机（parallel machine）两类制造环境的生产组织特点，并行流水生产线订单排产问题是一类复杂的生产调度优化问题。

目前，流水车间和并行机调度问题已经得到广泛研究，取得了许多有价值的研究结果。王晶等（2010）针对工序间等待时间受限的工况环境，以最大完工时间最小为目标函数，建立了有限等待时间流水线的调度排产模型，提出了一种加入动态禁忌策略的变邻域搜索算法；Fondrevelle 等（2006）提出建立了具有等待时间上下限的可置换流水线排产模型，并设计了该模型的分支定界求解方法；Chen（2004）研究了并行机环境的资源调度分配问题，建立了以工件总加权完工时间最小和总加权滞后工件数量最小为目标的排产模型，给出了基于列生成法的分支定界算法；刘等（2000）提出了解决同型并行机环境下最小化工件最大完工时间调度排产问题的组合规则启发式遗传算法；Jenabi 等（2007）针对含有不相关并行机的柔性流水生产线的经济批量调度问题，分别设计了混合遗传算法（hybrid genetic algorithm，HGA）和模拟退火算法（simulateal annealing，SA）两种元启发式算法。已有文献较少有涉及分层协调排产方面的研究，而深入企业调研发现，集团化制造企业的订单排产多采用这种分层调度决策的方式进行。

针对并行流水生产线的订单协调排产问题，通过研究钢铁集团企业订单生产组织的两层决策模式：企业决策层集中排产、统筹规划；生产执行层细化调度、反馈信息。本文提出建立面向订单生产型集团企业的并行生产线协调排产模型，将二层规划理论应用于企业决策层与生产执行层的相互协调中，综合考虑最小化集团单位产出毛利润和最小化生产线订单工序成本的两层优化目标，给出基于特征属性映射的订单归并预处理方法，并设计求解并行生产线协调排产二层规划模型的遗传算法。

6.1.1　并行流水线协调排产问题描述

为了快速地响应市场需求的变化，钢铁集团企业将传统的大批量生产模式转变为多品种、小批量的订单生产型组织模式，但由于现代的钢铁集团企业通常拥有制造能力平行的多个生产基地（制造实体单位），各生产基地又拥有工艺流程相近的多条生产线，这使其排产计划的编制问题变得更加复杂和困难。为了避免企业内部各生产基地之间的相互竞争，集团企业采用"对外集中销售、对内集中排产"的运作管理方式，由集团销售部门集中负责客户订单管理和排产计划编制工作。就订单排产业务而言，集团和生产基地都希望各条生产线分配的订单量尽可能均衡，以充分发挥生产线设备的利用率，但在细化的排产优化目标上二者尚存在着细微的差异：集团注重强调企业全局的单位产量毛利额最大化，而生产基地则更加关注生产线如何以最小的工序生产成本完成集团派发的各项生产任务。

传统的订单排产模式采用的是串行排产模式，如图 6-1 中左侧 A 部分所示。首先，由集团根据各基地的生产能力和材料情况，编制完成集团级粗平衡排产计划，并下发至各个生产基地；然后，生产基地根据集团的排产计划要求，结合本基地实际的产线能力和材料情况，编制基地级的生产线细平衡排产计划；当生产基地发现有订单排产冲突时，将冲突信息反馈至集团申请调整，由集团重新平衡和修订初始的排产计划并再次下发。显然，串行排产模式的流程结构决定了排产计算非常复杂，需要通过逐级能力平衡和反复迭代计算才能获得最佳的订单配置结果。针对上述问题，本文提出基于二层规划理论的集团企业多产线并行协调排产模式：集团作为上层机构首先制定出集团级排产计划（demand），下层的各个生产基地需要在遵循上层排产计划的原则下，结合自身的优化目标进行生产线的排产计划决策，各生产基地可并行地向上层反馈信息（feedback），并围绕共同的上层排产计划目标进行协调，实现多生产线订单排产的冲突消解。并行协调排产模式如图 6-1 中右侧 B 部分所示。

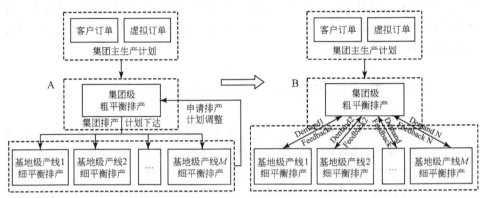

图 6-1　改变传统的多生产线串行排产模式为并行协调排产模式

6.1.2　并行产线协调排产模型及求解算法

若某钢铁集团企业采用面向订单生产模式，集团拥有分布于不同区域、归属于不同生产基地的 M 条生产线，所有生产线都能够生产该集团产品规范内的多类订单产品。假设订单被安排在某一条生产线开工后，不再离开该生产线直至产品完成。将该集团的多生产线并行排产问题映射为二层规划问题：上层为集团决策层，下层由 M 条结构相似的并行生产线组成，每条生产线包含 I 道生产工序，每道工序有多台等效加工设备；下层多产线的订单排产利用上层下发的集团级排产计划信息，下层做出的产线最优排产决策信息反馈至上层，上层再结合反馈信息协调制定出符合集团全局利益的最优排产计划。

1. 模型的建立

多产线协调排产的二层规划模型的模型变量及决策变量定义如下。

1）模型变量

$w_{(m,\,i)}^{(k,\,O)}$ 为生产线 m 中第 i 道工序上产品 k 的订单量；$w_{(m,\,i)}^{(k,\,P)}$ 为生产线 m 中第 i 道工序上产品 k 的计划量；$E_{(m,\,i)}$ 为生产线 m 中第 i 道工序上的等效设备数量；$T_{(m,\,i)}^{(j)}$ 为计划期内生产线 m 第 i 道工序设备 j 可用能力机时；$\lambda_{(m,\,i)}^{(j,\,k)}$ 为生产线 m 第 i 道工序设备 j 生产产品 k 成材率倒数；$K_{(m,\,i)}^{\text{OUT}}$ 为生产线 m 第 i 道工序上产成品的品种数；$K_{(m,\,i)}^{\text{WIP}}$ 为生产线 m 第 i 道工序的中间在制品的种类数；$\tau_{(m,\,i)}^{(j,\,k)}$ 为生产线 m 第 i 道工序生产产品 k 的定额工时；$r_{(m,\,i)}^{(k)}$ 为生产线 m 第 i 道工序生产的产品 k 单位价格；$c_{(m,\,i)}^{(k)}$ 为生产线 m 第 i 道工序产品 k 的单位生产成本。

2）决策变量

$x_{(m,i)}^{(j,k)}$ 为生产线 m 第 i 道工序设备 j 生产产品 k 的订单量。

由上述定义，订单被安排在生产线 m 第 i 道工序产生的工序总生产成本 $C_i^{(m)}$ 可表示为

$$C_i^{(m)} = \sum_{E_{(m, i)}} \sum_{K_{(m, i)}^{\mathrm{OUT}} + K_{(m, i)}^{\mathrm{WIP}}} c_{(m, i)}^{(k)} \times \lambda_{(m, i)}^{(j, k)} \times x_{(m, i)}^{(j, k)} \tag{6-1}$$

集团各生产线排产的产成品和中间工序在制品量总和 $W_{(M, I)}^{(K, O+P)}$，即集团总产出量为

$$W_{(M, I)}^{(K, O+P)} = \sum_{M, I} \sum_{E_{(m, i)}} \sum_{K_{(m, i)}^{\mathrm{OUT}} + K_{(m, i)}^{\mathrm{WIP}}} \lambda_{(m, i)}^{(j, k)} \times x_{(m, i)}^{(j, k)} \tag{6-2}$$

计划当期内集团完成单位产量的毛利润，即吨钢毛利 R 可表示为

$$R(x_{(m, i)}^{(j, k)}, C_i^{(m)}) = (\sum_{M, I} \sum_{E_{(m, i)}} \sum_{K_{(m, i)}^{\mathrm{OUT}}} r_{(m, i)}^{(k)} \times \lambda_{(m, i)}^{(j, k)} \times x_{(m, i)}^{(j, k)} - \sum_{M, I} C_i^{(m)}) / W_{(M, I)}^{(K, O+P)}$$
$$\tag{6-3}$$

根据第 2 部分问题描述分析，建立基于二层规划的并行生产线协调排产模型

$$\mathrm{Upper}：\max R(x_{(m, i)}^{(j, k)}, C_i^{(m)}) \tag{6-4}$$

$$\mathrm{s. t.} \quad \sum_{M, I} \sum_{K_{(m, i)}^{\mathrm{OUT}}} w_{(m, i)}^{(k, O)} \leqslant \sum_{M, I} \sum_{E_{(m, i)}} \sum_{K_{(m, i)}^{\mathrm{OUT}}} \lambda_{(m, i)}^{(j, k)} \times x_{(m, i)}^{(j, k)}$$

$$\leqslant \sum_{M, I} \sum_{K_{(m, i)}^{\mathrm{OUT}}} w_{(m, i)}^{(k, P)} \tag{6-5}$$

$$\mathrm{Lower}：\min C_i^{(m)} \tag{6-6}$$

$$\mathrm{s. t.} \quad \sum_{I} \sum_{K_{(m, i)}^{\mathrm{OUT}}} w_{(m, i)}^{(k, O)} \leqslant \sum_{I} \sum_{E_{(m, i)}} \lambda_{(m, i)}^{(j, k)} \times x_{(m, i)}^{(j, k)} \leqslant \sum_{I} \sum_{K_{(m, i)}^{\mathrm{OUT}}} w_{(m, i)}^{(k, P)} \tag{6-7}$$

$$\lambda_{(m, i+1)}^{(j, k'')} \times x_{(m, i+1)}^{(j, k'')} \leqslant \lambda_{(m, i)}^{(j, k)} \times x_{(m, i)}^{(j, k)} \leqslant \lambda_{(m, i-1)}^{(j, k')} \times x_{(m, i-1)}^{(j, k')} \tag{6-8}$$

$$\sum_{K_{(m, i)}^{\mathrm{OUT}} + K_{(m, i)}^{\mathrm{WIP}}} \tau_{(m, i)}^{(j, k)} \times \lambda_{(m, i)}^{(j, k)} \times x_{(m, i)}^{(j, k)} \leqslant T_{(m, i)}^{(j)} \tag{6-9}$$

$$x_{(m, i)}^{(j, k)} \geqslant 0, \ k, \ k', \ k'' = 1, \ 2, \ \cdots, \ E_{(m, i)} \tag{6-10}$$

协调排产模型中，式（6-4）和式（6-6）分别为上、下层的规划目标；式（6-5）表示集团全局总排产量不应超过主生产计划量（包含了客户订单量和虚拟订单量），也不能低于已签订的客户订单量；式（6-7）与式（6-5）类似，表示对各生产基地并行生产线排产量的上下限约束；式（6-8）为生产工艺过程的金属材料平衡（投入产出平衡）约束，即在考虑生产线各道工序材料率的前提下，保证生产线前后工序间的生产物流平衡；式（6-9）为订单排产时的生产能力约束，即安排在各生产线工序设备上的生产任务的工时总量不能超过计划期内生产设备可用工时数的上限；式（6-10）为决策变量非负数约束和相关模型变量的取值

约束。

2. 模型的求解

客户的订单表现为多品种、小批量状态，但订单的生产组织需要形成合适的批量，经过订单的组合分配后形成生产计划指导生产，将原材料一步步地加工转化成客户需要的产品。针对钢铁订单生产组织特点，在求解上述排产模型前，首先需要处理订单的归并问题。

1）订单归并处理

钢铁产品的特征属性是决定产品品种及其加工工艺路线等相关参数的重要依据，订单的归并过程紧紧围绕产品的需求特征、工艺特征和生产组织特征进行。客户订单的需求特征属性一般包括钢种、质量标准、形状规格、机械性能、交货状态、冶炼方法等；从产品的配置过程来看，传统的基于产品代码的订单归并方式，难以克服含特殊要求的订单无法匹配产品代码、连续性尺寸（长度、宽度、厚度等）无法一一编码等问题，本文采用基于特征属性的产品规范映射方式进行订单归并操作，即将订单需求特征属性经产品规范对照映射后，获取材料定额、机时定额、工艺路线等工艺及生产组织特征属性，并按工艺路线归并订单。

订单归并处理过程如图 6-2 所示。以订单产品 BC-12Cr17 为例，该订单为铁素体不锈钢棒材产品，直径为 12cm，定尺长度为 6m。将订单按照基于特征属性的产品规范进行转换映射，形成产品加工工艺路线：电炉冶炼→钢包精炼炉（ladle furnace，LF）精炼→氩氧精炼炉（argon oxygen decarburization furnace，AOD）（或真空吹氧脱碳炉）炉精炼→模铸（或连铸）→均热炉（组批）加热→开坯轧制→分批退火→组批轧材→离线固溶→酸洗精整，并且根据钢号、标准、工序成材率等工艺信息确定每道工序的材料定额，以及各加工工序的机时定额。以工艺路线为生产组织的主要依据，结合产品的过程质量管控要求，将相似订单（钢号、标准、形状、规格等特征属性相近）进行聚类划分，完成对多订单的成组归并（薄洪光等，2010）。

2）遗传求解算法

结合多产线协调排产的二层规划模型特点，设计求解思路：输入初始状态可行解 $x_{(m,i)}^{(j,k)}$，计算 Lower 层 $C_i^{(m)}$ 的最小值反馈至 Upper 层，Upper 层利用 $C_i^{(m)}$ 反馈信息优化 $\max R(x_{(m,i)}^{(j,k)}, C_i^{(m)})$ 目标，再将新解 $x_{(m,i)}^{(j,k)}$ 下传至 Lower 层，依此循环迭代寻优。模型求解算法采用遗传算法（刘树安等，1999；杜文和黄崇超，2005），算法的相关操作定义如下。

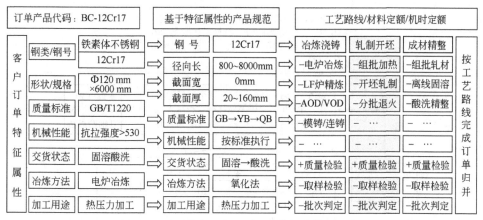

图6-2　基于特征属性映射的订单归并处理过程

（1）染色体编码设计：采用浮点型向量表示其长度，且与上层给定的可行解向量 $x_{(m,i)}^{(j,k)}$ 相同，即为 $\mathrm{Crm}=\{x_{(m,i)[1]}^{(j,k)},\ \cdots,\ x_{(m,i)[2]}^{(j,k)},\ \cdots,\ x_{(m,i)[W]}^{(j,k)}\}$。

（2）种群初始化操作：随机产生一组染色体个体（种群规模为 W），根据约束条件（6-5），以满足该条件的个体构建初始种群。

（3）Lower 层信息反馈：Lower 层以 Upper 层初始化的染色体 $x_{(m,i)}^{(j,k)}$ 为参数，求解 $C_i^{(m)}$ 问题的最小值，并将该值反馈至 Upper 层的目标函数 $\max R(x_{(m,i)}^{(j,k)}, C_i^{(m)})$ 中。

（4）适应度评价函数：以 Upper 层的目标函数 $\max R(x_{(m,i)}^{(j,k)}, C_i^{(m)})$ 作为适应度评价函数。

（5）算法的选择操作：采用正规几何排序法，$P[$选择个体 $i]=\rho\times(1-\eta)^{r-1}$，其中 η 为最优个体的选择概率，r 为个体适应度评价排序，$\rho=\eta/(1-(1-\eta)^W)$。

（6）算法的交叉操作：采用算术交叉中的凸交叉方式，以概率 p 选取染色体进行交叉操作（杜文和黄崇超，2005）。

（7）算法的变异操作：随机选择染色体个体 $x_{(m,i)}^{(j,k)}$，令其等于非均匀分布随机数：当 $\mathrm{ra}\geqslant\mathrm{rS}$ 时，$x_{(m,i)}^{(j,k)}=x_{(m,i)}^{(j,k)}+(\theta^x-x_{(m,i)}^{(j,k)})\times f(g)$；当 $\mathrm{rb}<\mathrm{rS}$ 时，$x_{(m,i)}^{(j,k)}=x_{(m,i)}^{(j,k)}+(x_{(m,i)}^{(j,k)}-\theta_x)\times f(g)$。$\mathrm{ra}$、$\mathrm{rb}$、$\mathrm{rS}$ 为（0，1）间均匀分布随机数，θ^x 和 θ_x 分别为 $x_{(m,i)}^{(j,k)}$ 的上下界，$f(g)=(r_b\times(1-g/G))^\omega$，$g$、$G$ 为当前和最大代数，ω 为加速因子（刘树安等，1999）。

求解并行生产线协调排产二层规划模型的遗传算法流程如图6-3所示。

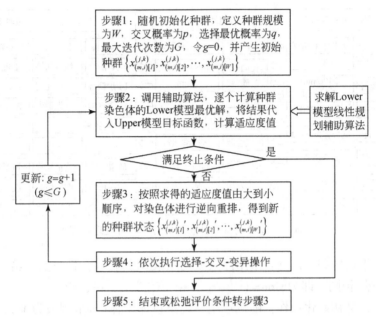

图 6-3　求解并行生产线协调排产二层规划模型的遗传算法流程

6.1.3　企业数据应用验证

特殊钢生产企业属于钢铁行业的高端业态，以生产经营高质量档次、高附加值钢材产品为主营业务，其生产组织采取面向订单的生产模式。本部分以东北某特钢集团企业为例进行模型及算法的应用验证研究，该集团企业拥有 3 条并行的炼钢—连铸—热轧一体化生产线（归属于不同的生产基地）。现对 2011 年 7 月接收到的一组客户订单进行排产，订单主要包括轴承钢、不锈钢和合金钢 3 大钢类，30 余个规格品种的圆钢和盘圆钢材产品。首先，采用基于特征属性的产品规范映射方式对订单进行归并预处理，形成集团待排产的订单列表，经必要的规范化整理后，得到待排产订单列表数据见表 6-1。

表 6-1　待排产的订单产品信息

产品	轴承钢圆钢 Φ50~200mm	轴承钢盘圆 Φ5.5~40mm	不锈钢圆钢 Φ40~180mm	不锈钢盘圆 Φ10~30mm	合金钢圆钢 Φ10~60mm	合金钢盘圆 Φ1.0~18mm
订单量	30.3	26.9	16.6	11.9	12.3	10.8
计划量	31.1	28.1	18.1	12.5	13.2	12.9

续表

产品	轴承钢圆钢 Φ50~200mm	轴承钢盘圆 Φ5.5~40mm	不锈钢圆钢 Φ40~180mm	不锈钢盘圆 Φ10~30mm	合金钢圆钢 Φ10~60mm	合金钢盘圆 Φ1.0~18mm
单价	0.49	0.51	0.53	0.55	0.57	0.63
工艺路线	$P_0^{(1)} \rightarrow P_1^{(1)}$	$P_0^{(1)} \rightarrow P_1^{(1)} \rightarrow P_2^{(1)}$	$P_0^{(2)} \rightarrow P_1^{(2)}$	$P_0^{(2)} \rightarrow P_1^{(2)} \rightarrow P_2^{(2)}$	$P_0^{(3)} \rightarrow P_1^{(3)} \rightarrow P_2^{(3)}$	$P_0^{(3)} \rightarrow P_1^{(3)} \rightarrow P_2^{(3)} \rightarrow P_3^{(3)}$
备选路线	$P_0^{(3)} \rightarrow P_1^{(3)}$	$P_0^{(3)} \rightarrow P_1^{(3)} \rightarrow P_2^{(3)}$	$P_0^{(1)} \rightarrow P_1^{(1)}$	$P_0^{(1)} \rightarrow P_1^{(1)} \rightarrow P_2^{(1)}$	$P_0^{(1)} \rightarrow P_1^{(1)} \rightarrow P_2^{(1)}$	—
备选路线	$P_0^{(2)} \rightarrow P_1^{(2)}$	$P_0^{(2)} \rightarrow P_1^{(2)} \rightarrow P_2^{(2)}$	$P_0^{(3)} \rightarrow P_1^{(3)}$	$P_0^{(3)} \rightarrow P_1^{(3)} \rightarrow P_2^{(3)}$	$P_0^{(2)} \rightarrow P_1^{(2)} \rightarrow P_2^{(2)}$	—

在表 6-1 中，轴承钢圆钢的首选工艺路线为炼钢模铸 $P_0^{(1)} \rightarrow$ 初轧成材 $P_1^{(1)}$（$P_0^{(1)}$ 上标表示生产线编码，下标为工序编码），轴承钢盘圆的首选工艺路线为炼钢模铸 $P_0^{(1)} \rightarrow$ 初轧开坯 $P_1^{(1)} \rightarrow$ 棒线材连轧 $P_2^{(1)}$，不锈钢圆钢的首选工艺路线为炼钢模铸 $P_0^{(2)} \rightarrow$ 初轧成材 $P_1^{(2)}$，不锈钢盘圆的首选工艺路线为炼钢模铸 $P_0^{(2)} \rightarrow$ 初轧开坯 $P_1^{(2)} \rightarrow$ 棒线材连轧 $P_2^{(2)}$，合金钢圆钢的首选工艺路线为炼钢模铸 $P_0^{(3)} \rightarrow$ 初轧开坯 $P_1^{(3)} \rightarrow$ 棒线材连轧 $P_2^{(3)}$，合金钢盘圆的首选工艺路线为炼钢模铸 $P_0^{(3)} \rightarrow$ 初轧开坯 $P_1^{(3)} \rightarrow$ 棒线材连轧 $P_2^{(3)} \rightarrow$ 拉拔成材 $P_3^{(3)}$，备选工艺路线见表 6-1 最后两行所示。其他工艺参数、成本及定额信息见表 6-2。

表6-2　订单产品的加工工艺、成本及定额信息

加工工艺路线	$P_0^{(1)} \rightarrow P_1^{(1)} \rightarrow P_2^{(1)}$	$P_0^{(2)} \rightarrow P_1^{(2)} \rightarrow P_2^{(2)}$	$P_0^{(3)} \rightarrow P_1^{(3)} \rightarrow P_2^{(3)} \rightarrow P_3^{(3)}$
工序平均成材系数	0.77→0.81→0.93	0.73→0.79→0.90	0.75→0.84→0.92→0.96
单位产量生产成本	0.29→0.03→0.04	0.31→0.04→0.05	0.31→0.03→0.04→0.02
工序设备可用机时	55.1→34.7→15.3	54.6→27.2→12.9	58.5→33.4→11.2→18.3
单位作业额定机时	1.15→0.86→0.77	1.17→0.73→0.68	1.21→0.81→0.75→0.66

注：表中机时为等效设备机时

运用上述模型和算法对该并行流水生产线的订单排产问题进行计算求解，设定算法的种群规模 $W=30$，最优个体的选择概率 $\eta=0.07$，交叉操作概率 $p_c=0.96$，最大迭代次数 $G=300$。并行流水生产线的订单排产计算结果见表 6-3。

表 6-3 并行生产线的订单排产结果

并行生产线	Φ750 初轧+连轧线		Φ650 初轧+连轧线		Φ850 初轧+连轧线		
	$P_0^{(1)} \to P_1^{(1)} \to P_2^{(1)}$		$P_0^{(2)} \to P_1^{(2)} \to P_2^{(2)}$		$P_0^{(3)} \to P_1^{(3)} \to P_2^{(3)} \to P_3^{(3)}$		
产成品量	18.62	18.69	16.17	18.28	12.11	14.13	10.80
中间工序在制品量	47.80	20.10	46.18	20.31	47.26	27.59	11.25
产成品合计	37.31		34.45		37.04		
中间工序在制品合计	67.90	66.49			86.10		
吨钢生产成本	0.39	0.46	0.43	0.53	0.40	0.47	0.51
订单吨钢毛利	（总销售收入−总生产成本）/总订单排产量 = （57.72−49.53）/108.8 = 0.075						

由表 6-3 的订单排产结果可见，并行协调排产模型根据加工工艺路线、工序成材率、额定作业机时等基础数据信息，精确地给出了各生产线的工序排产量，很好地实现了集团订单在 Φ750、Φ650 和 Φ850 三条初轧—连轧生产线上的均衡分配；该模型方法克服了传统的人工经验排产方法难以兼顾集团订单毛利最大化和生产线工序成本最小化两方面目标的难题，表 6-3 中订单优化排产的结果显示，该组订单的吨钢毛利约为 0.075，订单的毛利率约为 14.19%，基地生产线的吨钢生产成本也控制在了较低的水平，满足了集团成本内控指标的要求。

本文的并行水线协调排产模型与笔者之前提出的钢铁集团企业集成化生产计划管理模型相比（刘晓冰等，2008），该模型避免了基于 MRP 分解方式的逐层能力平衡和反复迭代计算问题，排产运算效率提高了 30% 以上，订单排产结果的毛利率指标均值也提高了约 2%。基于二层规划理论的协调排产模型在多目标处理策略方面，既克服了固定权重系数对决策者经验和偏好的强依赖问题，也解决了随机权重系数所获得的最优解未必实际可行的问题。

6.2 基于约束理论的作业调度模型

6.2.1 作业调度规则表达与 DBR 调度问题

1. 作业调度规则的三元组表述方法

Graham 等于 1979 年提出了三元组方法，指出生产调度的制约因素由三个域 $\alpha/\beta/\gamma$ 组成，每个域描述了制约的一个方面。α 表示处理机的数量、类型和环境。钢铁生产工艺稳定，所以只需要考虑设备资源的可用性即可。γ 表示调度要优化的目标。它虽然可以是加工周期、最大拖期等及其组合。但是基于前文建立的数学模型，钢铁生产的调度目标在这里定位为最小加工周期。β 表示任务的性质、加工要求等各种约束。

钢铁生产受制于具体工艺，因此约束规则多样化。这些约束主要分为产品的优先级约束、工序连续性约束和设备的使用要求约束。

1）产品的优先级要求约束

生产过程中，设备的特点、生产工艺的要求都构成对生产任务排序的实际需求。

2）工序连续性要求约束

工序的连续性要求分别针对流程与离散两种情况。流程的连续性要求表现为要满足流程特点，具有代表性的是从炼钢到浇铸的这段过程中，时间连续，这就需要将这段时间虚拟成一个单元统一调度，并采用先进先出规则；对于离散性要求，如退火和磨光等工艺，因为没有特殊工艺约束，所以采用最短加工时间优先规则获得最短总完工时间。因此，生产调度模型需要根据任务所在不同工序特点动态选用合适的调度规则。

3）设备使用要求约束

炼钢生产必须依据化学成分相合要求，以及根据炉温条件合理安排冶炼顺序，避免频繁更换钢种可能造成的损失和成本增加；轧钢生产受制于轧机加工规模，需要依据辊期计划合理安排产品的加工顺序，将相同规格的产品进行集中轧制，避免轧机调辊对生产流程造成的影响。

2. DBR 调度技术研究

DBR 是一种基于 TOC 理论的生产计划技术，这个计划最大化瓶颈能力，用时间缓冲来建立排程，一定程度考虑物料和资源可用的准时交货计划。

TOC 的计划与控制是通过 DBR 系统实现的，由鼓—缓冲器—绳子协作完成。DBR 理论贯穿整个计划过程，其中依据分厂产能对关键生产阶段的优先排产、依据关键工序能力进行的排产都体现了这一思想。

1）"鼓（drum）"与企业生产物流瓶颈

瓶颈工序制约整个生产网络的生产流动，所以运行 TOC 的开端需要从识别生产系统的真正瓶颈开始。这些瓶颈制约着企业生产能力的释放，并且控制着企业同步生产的节奏。所以在计划和控制工作中，瓶颈资源构成了企业生产的"鼓"，系统对瓶颈资源的利用则形成"鼓点"，决定整个生产网络的生产有效性。钢铁生产的瓶颈主要体现在关键生产阶段的产品产能、关键生产阶段的关键工序与一般工序以及一般生产阶段的关键工序平衡上，需要按照既定规则处理。

2）"缓冲器（buffer）"与缓冲库存

流经瓶颈的物流达到最优是我们解决瓶颈问题的目标，此时需要为了避免可能出现的生产的随机波动，设置"缓冲器"用以解决瓶颈等待任务的情况。一般按有限能力，使用排产方法对关键资源排序，关键资源包括关键生产阶段和关键工序。即优先依据关键生产阶段的分厂产能进行粗粒度排产，再优先依据关键工序的能力进行中粒度排产。所谓的缓冲器可以解释为库存缓冲和时间缓冲，其中库存缓冲即安全库存，它的存在保证了非瓶颈工序出现意外时瓶颈工序的正常进行。时间缓冲则要求瓶颈所需的物料需要一个提前提交的时间，从而避免瓶颈工序和非瓶颈工序在生产批量上的差异造成的对生产的延误。

所以缓冲器包括两方面的设置，一是计划量的批量扩大，百分百依据分厂产能的排产，受到进一步工序能力的制约时完成90%即视为完成生产任务；二是适应钢铁生产规模化带来的坯料积压问题。在物流链上设置缓冲库存，在瓶颈工序前设置前库安全库存，这些都配合实现准时制生产计划管理，虽然可能产生库存成本，影响企业效益，但是可以提高整个生产网络的运作效率。

3）"绳子（rope）"与物流能力平衡

物料只有流动起来才能带来效益，所以有了缓冲器提高了瓶颈资源有效利用的成功率，有了鼓的节奏盘活了整个生产网络，但是仍然缺少一个敲击鼓形成鼓点的敲鼓手，只有具备了这个鼓点的领导才能真正发挥出缓冲器与鼓的作用。特别是对瓶颈资源的详细作业计划的制订，没有瓶颈发出的指令，就不能进行生产。

通过"绳子"系统的控制，使得提料计划成为在工艺路线上相关分厂生产拉动的"绳子"，同样的，人机耦合也可以成为对系统不确定性反应的"绳子"。

6.2.2 基于规则的 DBR 作业调度模型研究

1. 基于规则的 DBR 作业调度模型

所谓调度问题是指在满足任务的先后关系、资源能力以及预定的完成时间等约束的条件下对生产任务的排序，按次序给它们分配资源和时间，并且使得执行时间最短或生产费用最低以及拖期时间最短等目标达到最优（姜波和卜佳俊，2003）。

钢铁企业基于规则的分型 DBR 调度模型如图 6-4 所示。模型建立的意义在于形成的作业计划进一步依据现实设备能力和物料供应情况排程，形成具有操作价值的执行计划，指导生产的有序进行。同时，钢铁企业由于生产周期长，在计划期中出现生产不可测的变动的可能性很大，所以钢铁生产计划必须根据生产车间的实际情况进行实时调度，而且需要强调人的参与，即人机耦合，以处置如物料配合不畅、突发事件等不确定因素的产生所带来的问题。

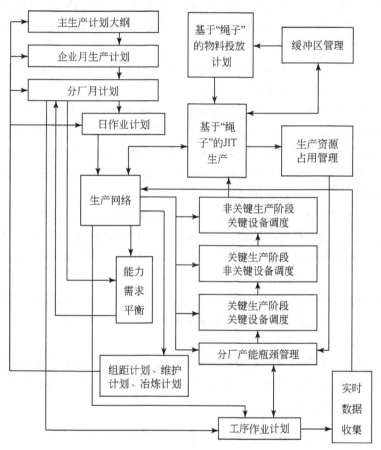

图 6-4　DBR 作业调度模型

由于余料库存问题已经在作业计划形成的过程中被排除掉，所以细粒度作业调度模型只需要研究任务的加工顺序，即订单所要求的产品在所有设备上的生产顺序，是典型的开环调度问题。

任何生产扰动因素，从生产调度角度考虑，都可以归入基于规则的 DBR 调度模型的 $\alpha/\beta/\gamma$ 调度问题域加以考虑，它的每个域描述了生产调度需要考虑的一个方面。实际生产当中调度优化目标不作调整，只 α、β 域可能出现变动。

α 表示处理机的数量、类型和环境。为了适应钢铁生产特点，降低问题规模，作业调度只需要考虑设备资源制约的情况。变动主要表现为生产设备的故障，检修，旧设备的报废和新设备的添加等。

β 表示任务的性质、加工要求等各种约束。变动主要包括任务优先级别的调整，任务的添加，任务的作废、挂起，任务的变更，任务的延迟，轧制辊期的调整，冶炼顺序的调整，以及根据实际生产情况对任务加工路线 BOP（bill of process）的更改等。

基于规则的 DBR 调度模型针对生产中的各种扰动，通过区分扰动所属类型，采取相应的措施及时对扰动做出反应。

（1）对于处理机，也就是设备扰动，调度需要依据具体情况分别处理。①若等效设备中部分具体设备发生了变动，则只是这个设备停工成为占用类型的负荷，其他等效设备仍然能够担负起此类任务，所以此时只需要进行设备负荷能力的相应调整。②若整个某类等效设备发生变动，则代表整个设备具有的能力被占用，所以只能当做设备占用处理。

（2）对于任务优先级的变动，由于任务作用于工艺路线，所以影响任务生产的所有阶段，因此调度时的调整将引起每个生产阶段的任务序列的相应调整。

（3）修改物料需求计划的情况：生产任务的添加、变更以及作废、挂起和延迟等。

（4）当轧制辊期和冶炼顺序发生变化时，因为生产计划到达此部分阶段时必须适应新的工艺约束，所以要求依据轧制辊期和冶炼顺序修改调度规则，以及相应的生产阶段的生产要求。

（5）对于工艺路线临时调整带来的变化，因为只影响变更部分的生产，其他部分并不发生变动，所以只需要及时沟通变更部分的情况，形成临时工艺路线记录相应生产数据即可。

2. 基于规则的 DBR 作业调度算法流程

东北某特钢集团公司所有成材和加工分厂需要的坯料统一在初轧分厂开坯，由此我们结合调度模型要求，选取初轧生产、炼钢生产作为关键生产阶段，其他分厂的生产作为一般生产阶段，构建企业生产调度系统。

调度系统从计划管理系统获取当前的物料需求计划，通过提料落实形成作业计划，从中获取任务，依据其匹配的加工路线和工序加工设备等信息进行生产任务优先级排序，然后进入初轧阶段，依据轧机工艺约束实现局部动态优化调度。进入炼钢生产阶段同样实行物理、化学变化制约下的任务局部优化调度，再实现初轧与冶炼两个局部优化的协调统一，最后协调任务优先级计划实现所有阶段之间的相互的协调调度，获得当前所有任务在全流程各设备上的动态优化调度结果，算法流程如图 6-5 所示。

对于在作业调度中，由于任务顺序调整可能引起的瓶颈问题，本文相应给出一个基于工序的启发式调整算法，用于处理瓶颈工序的调度。这对于关键生产阶段之间的关键工序平衡以及一般工序调度同样适用。算法思想是每一次循环去掉负荷与能力不平衡差额最接近者，以利于保证目标最优。

基于工序的启发式调整算法流程如下。

步骤 1：初始化任务集和设备集。

步骤 2：统计所有任务在各设备上的总负荷工时，计算负荷率，确定瓶颈工序集。

步骤 3：降序确定具有最大负荷的关键设备。

（1）提取最大设备负荷率所在设备 m。

（2）if 设备负荷率≤1（表示所有关键设备欠负荷）转步骤 7。

步骤 4：确定最接近超出设备 m 能力差额的产品类进入调整任务集（平衡能力）。

步骤 5：如果步骤 3（1）调整任务集非空且只有唯一任务，则转步骤 6；否则步骤 3（2）降序依次选择次高设备负荷率所在设备 m_k，直至确定出最接近超出设备 m_k 能力差额的产品类进入调整任务集。

如果调整任务集存在多个此类任务，任选其中某一任务保留，转步骤 3(1)。

步骤 6：任务集中剔除调整的任务，转步骤 2。

步骤 7：负荷统计结束，输出任务集。

6.2.3 集成作业调度模型研究

现实的生产环境远比理论上的融合复杂得多，在上述研究的基础上我们构建了适合于钢铁企业的集成调度系统模型，采用三层计划方案，两层调度策略（图 6-6）。

该集成化调度模型以算法模型形成企业主生产计划，企业级生产计划和分厂级作业计划将客户需求"推"到各生产分厂，以物料需求计划拉动物流，控制实际生产的有序进行，实施静态调度约束解决全局粗粒度层次的一般性计划需求制约，实施动态作业调度适应不同生产阶段之间特殊工艺约束的物流平衡，实现了系统的有机整合。

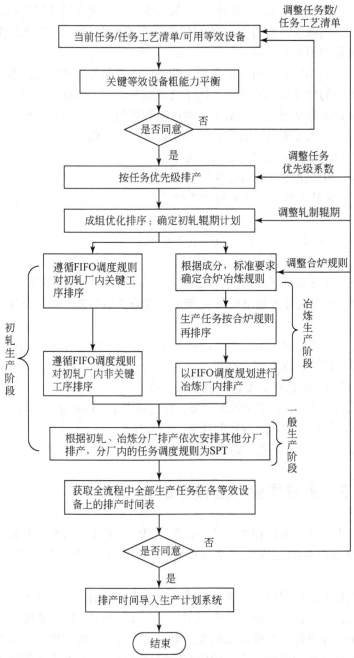

图 6-5 基于规则的 DBR 动态作业调度算法流程

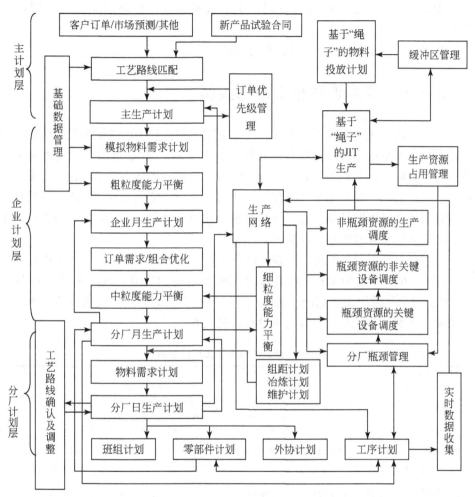

图 6-6　集成 MGCPS 调度系统模型

　　本模型主要解决从粗放到细化管理递阶延伸的钢铁生产调度问题,在计划编制过程中按以下步骤发挥作用。

　　步骤 1:订单匹配工艺路线后,参照订单优先级排除库存,依据粗粒度计划模型平衡产能实现可承诺量计划,形成可行性企业级计划。

　　步骤 2:依据中粒度计划模型对企业级计划进行关键工序平衡工时配合,择优形成作业计划。

　　步骤 3:形成物料需求计划,任务延伸到各级分厂,依据特殊生产阶段规则制约的细粒度 DBR 调度,调整作业级计划,形成执行月计划。

步骤4：依据分厂月执行计划，立足来料情况，形成日生产计划以投入生产。

步骤5：现场控制，信息反馈与计划调整。

6.2.4 作业调度模型应用实例

本文采用作业调度模型在东北某特钢集团公司抚顺生产基地的实际应用作为研究实例。该企业与所有钢铁企业一样具有工序多、连续/离散生产流程混杂的生产特点；面向订单生产，订单表现为钢材的品种、规格需求多样化但是生产批量小；生产过程中受到冶炼物理化学变化约束，需要按成分合炉冶炼；以及在轧制阶段服从轧机组距计划，需要按规格组批轧制。整个生产流程工艺路线复杂多变，还要兼顾车间级瓶颈工序的产能约束等。

该生产基地下属精轧分厂轧制车间的生产计划制定如下，该车间生产存在瓶颈工序——650轧机和WF5-40轧机之间轧制节奏的配合，需要防止中间坯在650轧机输出辊道停留引起严重温降。所以生产任务的排序以及物料的组织需要围绕此工序展开，经系统运算后部分结果见表6-4。

表6-4 部分瓶颈工序生产计划信息

原料信息		订单信息		计划信息				说明
冶炼炉号	钢号	标准	合同生产号	计划时间	坯料数量/支	料重量/t	规格	
2010X13654-B	KBGCr16	Q/LD23-2004	2010065214	08-22 05:55	11	16.220	Φ80	—
2010103865-5	GCr16	Q/LD23-2004	2010060529	08-22 05:58	05	6.133	Φ80	
2010103854-A	GCr16	Q/LD23-2004	2010063286	08-22 06:00	07	10.850	Φ80	同成分合炉
2010103854-A	GCr16	Q/LD23-2004	2010065088	08-22 06:03	04	5.780	Φ80	
2010030118	430FR1	Q/D12025-05	2010061965	08-22 07:07	13	15.250	Φ80	—

原料信息		订单信息		计划信息				说明
冶炼炉号	钢号	标准	合同生产号	计划时间	坯料数量/支	料重量/t	规格	
2010031189	410	Q/LD19-2004	2010021704	08-22 07:10	04	7.825	Φ80	合批生产
2010032543-C3	410	Q/LD19-2004	2010021704	08-22 07:15	04	4.255	Φ80	
2010032493-C5	4Cr15	QJ/D02.15-01	2010033870	08-22 08:18	06	4.980	Φ60	同规格组批
2010032440-C1	4Cr15	QJ/D02.15-01	2010033870	08-22 08:52	05	10.250	Φ60	
2010035061-C3	T410	QJ/L02.42-03	2010064335	08-22 09:05	04	11.640	Φ60	
2010035061-C3	T410	QJ/L02.42-03	2010064335	08-22 09:16	03	8.183	Φ60	
2010101056-B	GCr13	GB/T1825402	2010080731	08-22 09:33	05	9.600	Φ160	合批生产
2010101053	GCr13	GB/T1825402	2010080731	08-22 09:51	07	5.655	Φ160	
2010101106	GCr13	GB/T1825402	2010080731	08-22 09:57	13	14.325	Φ160	

依据制造工艺路线，按照 MRPII 思想进行同规格组批和同成分合炉并倒排生产计划；针对棒线材轧制辊期（如线材辊期 Φ12）的约束，将缓冲库存中的钢种为 430FR1，标准为 Q/D12025-05，炉号为 2005032350 的冷坯编入批量轧制计划以满足合同交货期的要求。

基于 TOC 的作业调度优化实施为该特钢集团生产精细化和透明化管理提供了重要的手段，加快了对客户的响应速度，降低了企业生产成本。2010 年和 2009 年同期相比实现了缩短交货周期 20%，对重要用户实现了由按月交货向按旬交货的转变，在制品库存下降了 8.6%，内部生产制造周期也缩短了 10% 以上，有效地提高了客户满意度和企业的经济效益。

第7章 | 基于资源属性关联的
生产扰动识别方法

7.1 复杂生产过程实时信息监控

生产过程实时信息可以简单地概括为影响生产过程中计划执行和调度实施所有的现场数据。实时信息包括静态信息和动态信息。静态信息主要是指产品配置和产品计划过程中所指定的信息，一般具有产品同类性，即同一种的产品具有相同的信息安排，如产品的工序过程质量要求、生产工艺路线和生产计划等，这些信息需要在生产计划制定之前进行设置，为生产计划、生产过程提供数据支持，且在生产过程中保持不变，一般位于生产计划层面。动态信息是指生产过程中和生产现场紧密联系的具有产品、工序、订单等差异性的数据，如物料的过程监测数据，即使是同一种产品也会有所不同；如工序的加工时间，一般来说是一个区间值，其大小会随着具体的生产环境的变动而变动。现在的生产计划数据都是建立在对数据进行定量化处理的基础上的，在进行初始的计划、调度时，均采用的是静态数据的方式，物料处理时间、设备产能状态等均为理想状态，与生产过程脱节，因此需要建立一种能够实现全过程生产数据获取的机制，将实时生产过程信息反馈给计划和调度系统。

生产系统现有的信息组织方式是由 xBOM 形式的，实现了产品全生命周期的数据管理，完成了从订单到工艺到生产过程的产品配置全过程。在计划与调度中利用 xBOM 预设数据进行处理，需要建立一种动态机制，能够通过产能状态和 xBOM 产品配置数据实现生产过程的动态更新。

7.1.1 动态工况下的生产过程监控模型

企业现有的生产系统是通过 xBOM 的形式对生产周期数据进行处理的。

xBOM 包括工艺 BOM、设计 BOM 和质量 BOM 等过程数据，实现了对产品全生命周期各阶段的工艺、质量等过程要求，为生产计划提供了完整的数据支持，它包含生产系统静态配置数据集合，可以获取生产系统的正常状态的实时数据，但是由于 xBOM 中的信息是静态的，为了实现对生产过程中扰动的检测，还需要系统动态实时数据的支持。系统动态实时信息监控模型如图 7-1 所示。

生产系统不仅需要工艺状态等静态数据，还需要实时的物料到达、设备状态、质量状态和辅料消耗等实时的动态生产数据。生产系统需要从合同管理中获取订单变动信息，从计划管理中获取计划排产变化信息，从物料管理中获取物料的过程跟踪信息，从质量管理中获取产品的生产质量过程信息，从成本管理中获取成本设置变化信息，从现场生产设备中获取生产指令下达、设备状态检测、原辅料实时消耗等过程信息。

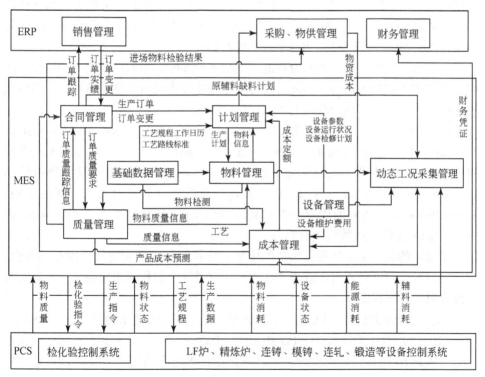

图 7-1　动态实时信息监控模型

7.1.2　生产过程实时信息监控数据结构

生产系统是一个将物料根据订单要求，通过机器设备转化为产品的系统，同时在生产过程中控制产品质量，而其他的人员、能源等通过对设备的操作而发挥的作用。因此对生产系统的监控主要体现在对设备（machine）、物料（material）、订单（order）和质量（quality）的监控上。因此生产系统监控模型设为{Machine，Material，Order}。

（1）对设备监控数据结构：Machine =（MachineID，MachineState，Machine-Tools，JobEntryTime，JobExitTime）。式中，MachineID 是指设备的唯一标识；MachineState 是指设备的状态，作为一个生产系统中的设备，其状态有正在加工、空闲和故障等；MachineTools 指设备的工装，即设备实时的加工能力，如连轧设备上轧辊的孔径设置；JobEntryTime 是指一个工件的进入这个设备的时间；JobExitTime 是指一个工件退出这个设备的时间。

对设备的监控主要是指对设备的产能状态的实时获取和产能能力的监控。同时，由于工序依附于设备，因此通过对设备的监控实现对工序的监控，主要体现在工件的加工时间信息的获取上。

（2）对物料监控数据结构：Material =（MaterialID，MaterialProcessQuality，MaterialStock，MaterialQuantity，MaterialProcessEntry）。式中，MaterialID 是指物料编号，在特钢生产中是指炉号+批次号；MaterialProcessQuality 是指物料的品位，主要是指原料的成分含量，用来表达原料的成分含量对加工时间的影响；MaterialStock 是指物料的库存情况；MaterialQuantity 是指物料的重量；Material-ProcessEntry 是指物料的到达时间。

对物料的监控主要体现在物料的质量、物料的使用量和物料的库存等方面。物料的过程监控可以通过跟踪表来实现，现有系统中的物料跟踪系统，能够实时完成物料的过程跟踪。

（3）对订单的监控可以通过订单 BOM 进行，订单监控的数据结构：Order =（OrderID，SteelID，CriteriaID，IronMethods，Purpose，ReleaseState，Specification）。式中，OrderID 是指订单的编码；SteelID 是指订单的产品钢号；CriteriaID 是对应钢号要求的检验标准；IronMethods 是指钢号的冶炼方法；Purpose 是指钢号的加工用途；ReleaseState 是指钢号的交货状态；Specification 是指对应钢号产品的规格。

对订单的监控主要是通过实时检测订单的变化情况，完成对工序任务的分配。

7.2 基于信息熵的生产扰动识别技术

7.2.1 信息熵相关理论简述

熵起源于热力学，是对分子运动的不确定性的测度，后来香农将熵理论用于描述信息的不确定性。信息熵是指系统的不确定性，与系统状态的发生概率有关，设系统有 N 个状态，每个状态的发生概率为 P_i（$i<1<N$），则系统的信息熵 $H = \sum_{i=1}^{N} P_i \log_2 P_i$。自从信息熵的理论提出后，熵理论开始用于其他学科领域，如生命科学、管理学和社会学等，信息熵理论在管理中广泛用于确定系统的复杂度或者系统的不确定性。如谢平等将信息熵的理论用于设备的故障检测中，通过分析设备多种检测信号的熵值变化确定设备的故障（谢平等，2004）。张玉华等将信息熵用于生产系统的柔性评价，提出了管理熵的概念，将生产系统柔性看作结构柔性、功能柔性和信息柔性的三维组合，通过对三维信息的分层分解，确定每一维的信息熵，通过对三维的综合，确定系统柔性熵（张玉华等，2007）。张志峰将熵理论应用到离散制造企业的生产系统运行、生产物流结构、生产物流运行和生产系统的复杂性等方面（张志峰，2008），为生产系统的状态改善提供了理论方法。

7.2.2 基于生产偏离度信息熵的扰动识别

何非在文献中提出了采用复杂度衡量系统的动态不确定性的方法，并根据系统实际复杂度与理想状态下的复杂度的偏差率确定系统的计划执行稳定性（何非，2010）。基于此种方法，根据特钢生产实际，采用工序复杂度和产品复杂度的概念衡量生产系统扰动。

根据信息熵的概念，要计算一个工序的复杂度，必须指出工序的状态和状态的发生概率。但是对于一个生产系统来说，系统的生产过程一般无"概率/状态"定义，但是我们可以将经过工序的批次物料执行状态看做是一系列的工序状态，其执行时间作为概率的度量。对于生产过程，炉次批次物料依次进入一个工序，如图 7-2 所示。

因此一段时间内的工序计划复杂度可以由进入工序的批次提前/延迟状态指标进行衡量。

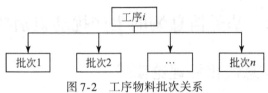

图 7-2 工序物料批次关系

即设工序的物料批次 x_i，其状态为提前/延迟生产的发生概率为 p_i，则其信息熵为

$$H = - \sum p_i \log_2 p_i \qquad (7\text{-}1)$$

以其信息熵作为工序计划复杂度，然后根据工序理想状态下的复杂度和实时动态复杂度计算工序的实时偏离度。工序计划偏离度定义为工序实际执行复杂度与计划执行复杂度的差值比率，即设工序实际执行复杂度为 $H(D)$，计划执行复杂度为 $H(S)$，则计划执行偏离度为

$$A = \frac{H(D) - H(S)}{H(S)} \qquad (7\text{-}2)$$

工序计划复杂度是指工序计划生产时间与实际调度生产时间下的各批次提前/延迟时间的不确定性度量。因此可以定义关于各复杂度的主要概念如下。

首先，确定工序的静态计划复杂度。静态计划复杂度是指生产过程完全按照生产计划进行，生产过程中不出现意外事件干扰。静态计划复杂度表示为 $H(S) = - \sum_i^n p_s \log p_s$，其中 p_s 为一个炉次/批次任务发生概率，简单起见，概率使用状态持续时间占总时间的比值来确定，即 $p_s = \dfrac{T_s}{T}$，其中 T_s 为事件 S 发生的时间，T 为所有事件的总时间。

其次，定义工序中的几个关键复杂度。根据实际生产运作过程，生产过程可以划分为计划中的任务和计划外任务，计划外任务包括：紧急订单、生产延迟、生产提前等，因此可以定义工序实际过程执行复杂度为

$$\begin{aligned}
H(C) &= - P_C \log P_C - P_S \log P_S \\
&= - \frac{T_C}{T} \log \frac{T_C}{T} - \frac{T_S}{T} \log \frac{T_S}{T}
\end{aligned} \qquad (7\text{-}3)$$

式中，T_C 表示任务额定执行时间；T_S 表示计划外任务预测时间；$T = T_C + T_S$。

对于一个调度计划

$$\min \text{Obj} = f(x, \ \varepsilon)$$

$$\begin{cases} h(x) \geqslant 0 \\ g(x, \varepsilon) \geqslant 0 \end{cases} \tag{7-4}$$

其总时间可以划分为两类，一类是工序理想状态下的计划执行时间 x；另一类是额外事件的松弛缓冲时间 ε，因此根据工序实际执行复杂度，可以定义以下几种执行复杂度。

（1）最小生产执行复杂度。最小生产执行复杂度是指在生产过程中，计划外任务只发生一次，或者系统只发生了一个任务的计划外延迟，即系统共发生了 n 次计划任务和一次计划外的扰动，这种情况下系统的复杂度最低。

最小生产执行复杂度为

$$H(C_{\min}) = - \sum_{i=1}^{n} p_i \log p_i - p_l \log p_l \tag{7-5}$$

（2）最大生产执行复杂度。根据信息论研究结果，将松弛缓冲时间平均划分到所有的额外事件上时，系统的复杂性最大。用系统中所有的不确定性事件和任务的延迟时间均等划分松弛缓冲时间，即 $T_{\text{avg}} = \dfrac{T}{N_p + N_u}$，式中 T 为计划时间和松弛缓冲时间之和，$N_p + N_u$ 为计划任务的延迟数和额外事件数的总和。

最大生产执行复杂度为

$$H(C_{\max}) = - \sum_{i}^{N} p_i \log p_i$$

$$= - \sum_{a}^{N_p} p_a \log p_a - (N_p + N_u) p_b \log p_b \tag{7-6}$$

式中，N_p 为计划事件数，N_u 为额外事件数，$N = 2 \times N_p + N_u$ 为总事件数。

（3）平稳生产执行复杂度。平稳生产执行复杂度是指计划松弛缓冲时间按照理想加工状态下的时间比例，分配给各炉次/批次任务的提前/延迟状态，即

$$T_{i\_C} = T_{PC} \times \frac{T_{i\_P}}{T_P} \tag{7-7}$$

式中，T_{i_C} 为第 i 个炉次/批次任务的提前/延迟时间；T_{PC} 为计划松弛缓冲时间；T_{i_P} 为第 i 个炉次/批次任务的额定加工时间；T_P 为计划松弛缓冲时间和额定加工时间的总和。

则平稳生产执行复杂度为

$$H(C_{\text{std}}) = - \sum_{i}^{N} p_i \log p_i$$

$$= - \sum_{a}^{N_P} p_a \log p_a - \sum_{b}^{N_P} p_b \log p_b \tag{7-8}$$

式中，$N = 2 \times N_P$ 为总任务数；p_a 为炉次／批次任务额定时间在总时间中所占比例，$p_a = \dfrac{T_{a\_p}}{T_{PC} + T_P}$；$p_b$ 为炉次／批次任务提前／延迟时间在总时间中所占比例，$p_b = \dfrac{T_{b\_C}}{T_{PC} + T_P}$。

根据工序的实际执行复杂度和静态计划复杂度可以定义工序的实时偏离度。

工序的实时偏离度：

$$A = \frac{H(D) - H(S)}{H(S)} \tag{7-9}$$

$$H(D) = - P_D \log P_D - P_S \log P_S$$

$$= - \frac{T_D}{T} \log \frac{T_D}{T} - \frac{T_S}{T} \log \frac{T_S}{T} \tag{7-10}$$

式中，$H(D)$ 为工序的执行复杂度，T_D 为工序的额外任务。

最小生产执行复杂度、最大生产执行复杂度和平稳生产执行复杂度得出最小生产实时偏离度、最大生产实时偏离度和平稳生产实时偏离度。计算公式如下。

最小实时偏离度：

$$A_{\min} = \frac{H(C_{\min}) - H(S)}{H(S)}$$

$$= \frac{- \sum\limits_{i=1}^{n} p_i \log p_i - p_l \log p_l - \sum\limits_{i}^{n} p_s \log p_s}{- \sum\limits_{i}^{n} p_s \log p_s} \tag{7-11}$$

最大实时偏离度：

$$A_{\max} = \frac{H(C_{\max}) - H(S)}{H(S)}$$

$$= \frac{- \sum\limits_{a}^{N_p} p_a \log p_a - (N_p + N_u) p_b \log p_b - \sum\limits_{i}^{n} p_s \log p_s}{- \sum\limits_{i}^{n} p_s \log p_s} \tag{7-12}$$

平稳偏离度：

$$A_{\text{std}} = \frac{H(C_{\text{std}}) - H(S)}{H(S)}$$

$$= \frac{- \sum_{a}^{N_P} p_a \log p_a - \sum_{b}^{N_P} p_b \log p_b - \sum_{i}^{n} p_s \log p_s}{- \sum_{i}^{n} p_s \log p_s} \quad (7\text{-}13)$$

这样根据生产偏离度就可以判断扰动程度。

（1）若 $0 < A < A_{\min}$ ，则工序处于计划执行状态。

（2）若 $A_{\min} < A < A_{\text{std}}$ 则工序处于计划受控状态。

（3）若 $A_{\text{std}} < A < A_{\max}$ 则工序处于计划偏离状态，表示工序已有生产过程已经偏离了调度计划。

（4）若 $A > A_{\max}$ 则工序处于计划失效状态，表示工序的已有调度计划已经完全失效，对工序生产已经没有指导作用。

根据工序计划复杂度和工序执行偏离度的概念可以定义炉次生产过程控制复杂度和炉次生产过程偏离度，即在工艺路线的层次上，根据炉次跟踪结果定义产品级的复杂度和偏离度。炉次生产过程偏离度可以反映生产完成期与交货期的偏离程度，这在现实中是非常有价值的。现行的生产方式为 JIT 方式，订单对产品的交货期有明显的要求，提前生产会增加生产成本，拖期生产会受到拖期交货惩罚，因此需要对产品的生产过程进行监测，保证交货期敏感订单的交货期约束。需要说明的是，在生产中不是所有的产品都需要进行监测，如有些产品生产是为了弥补订单不足的、面向库存的，有些产品是属于交货期不敏感的，这些产品不需要对其生产过程进行监测，以减少系统处理的复杂性。对产品的生产过程进行跟踪，实时监控生产过程与计划过程的偏离度，有助于减少偏离交货期的程度，增加企业的收益。

7.3 动态调度环境下生产扰动识别模型

根据工序偏离度和产品偏离度，提出生产的动态扰动处理模型，如图 7-3 所示。

生产过程中隐性扰动是实时发生的，但一般是基于时间累加性质的，即需要经过一定时间内的影响累积才能显示出来，同时，产品隐性扰动的原因也是多种多样的，我们不能实时发现、监测隐性扰动的变动，因此我们通过当前过程中的时间累积效应判断隐性扰动的影响。显性扰动是指诸如紧急订单等对系统具有明显影响，同时发生具有偶然性的扰动。显性扰动是可以监测的，因此在显性扰动发生后可以对显性扰动的影响进行评估，但是显性扰动的影响时间是一个未来值，需要对其进行预测，如紧急订单可以通过 xBOM 的分解将其划分到每一个工序级，获取其工序处理的额定时间，这样就可以对整个工序的复杂度和偏离度进行估算。根据设定的工序偏离度阈值 σ，判定是否有扰动发生。

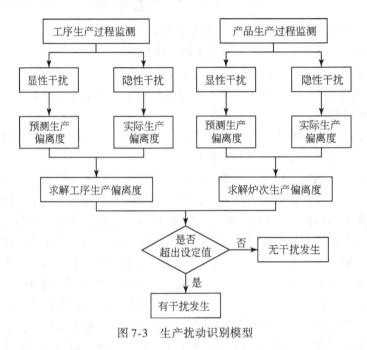

图 7-3　生产扰动识别模型

7.4　生产扰动识别模型中关键数据获取

7.4.1　基于调度状态监测的三阈值数据获取

在计算生产偏离度的过程中，静态生产偏离度可以根据调度计划数据直接计算得到，动态生产偏离度可以根据实际监测数据获得，因此模型的关键问题在于识别阈值的测定。根据原模型，在扰动识别模型中主要的数据有计划松弛预测时间和批次物料状态。

计划松弛预测时间可以看作在动态调度时，为了应对生产扰动过程中的扰动，所设定的扰动缓冲时间，使一些小的扰动发生时，生产系统可以按照原来的调度计划执行，是一种实现系统柔性、鲁棒性和稳定性的策略缓冲时间。计划松弛预测时间主要包括两个方面，一是对额定生产时间进行模糊处理的松弛时间，二是预测的生产过程中产能状态扰动恢复时间。一般在调度算法中，这两个值都是可以直接获取的，如一个鲁棒调度模型，在生成一个预调度模型后，在工序 i 前面插入 $p_i T_i$ 的松弛时间，其中 p_i 是预测的工序 i 发生扰动的概率，T_i 是预测的工序 i 的发生扰动的持续时间，因此周期内预测松弛时间为 $\sum p_i T_i$。

对于工序偏离度监控来说，我们将批次物料的状态分为提前加工状态、延迟加工状态和正常加工状态。正常加工状态是指计划加工状态，提前加工状态是指加工时间比计划加工时间提前的状态，延迟加工状态是指加工时间比计划加工时间延迟的状态。

这样根据生产偏离度模型，就可以计算最小执行偏离度、最大执行偏离度和平稳执行偏离度，以平稳生产偏离度作为识别阈值。

7.4.2 基于平稳调度水平的单阈值数据获取

设静态调度计划中，其调度复杂性为 $H(S)$，在进行动态调度后实现的复杂度为 $H(D)$，可表示为

$$A_L = \frac{H(D) - H(S)}{H(S)} \tag{7-14}$$

式中，A_L 称为平稳调度水平，代表了在当前运行工况下，系统能够实现的稳定状态调度水平，设 α 为调度水平缓冲系数，所设定的识别阈值 $A_Y = (1 + \alpha)A_L$。

因此问题的关键在于获取系统的稳定调度水平。生产过程中设备故障、紧急插单和设备维修等非正常状态产生的生产偏离度较大，不能代表系统平均生产偏离度，因此我们以正常状态下实现的生产偏离度作为 $H(D)$。$H(D)$ 的获取流程如下。

（1）离线数据处理。在离线数据中，不仅包括新产品试产和验车料轧制等非常态的生产计划执行数据，还含有由于突发事件（如生产设备故障、工人操作失误、设备非计划维护等）导致的非计划状态数据，因此我们需要对这些数据进行清理。定义工序物料批次集合 x_i，工序物料 i 对应的开始时间为 T_{0i}，结束时间为 T_i，工序物料 i 计划开始时间为 TJ_{0i}，计划结束时间为 TJ_i，工序物料 i 的额定处理时间为 E_i。查找异常生产数据，并对其进行清理，主要流程为：①将离线数据以日为单位，依次装入列表 list，其中 list 结构为 {物料批次号，物料开始时间，物料结束时间，list. next，list. prev}。②获取物料批次 i 对应的生产号 N_i，若为验车料、新产品试制等则删除，转步骤③。③将 list[i] 的数据更新为最后一条数据。即 List[i-1]. next=list[end]，list[i+1]. prev=list[end]，list[end].

next=list[i+1]，list[end].prev=list[i−1]。④计算物料批次 i 的批次连接时间偏差，即批次 i 的物料计划开始时间与批次 $i−1$ 的计划结束之间的差值和批次 i 的物料实际执行时间与物料 $i−1$ 实际结束时间差值之间的偏差 D_i，若 $|D_i|>k\times E_i$，则转步骤③。⑤若 i 到达末尾，则执行步骤⑥，否则转步骤②。⑥结束。

（2）运用公式（7-9），计算偏离度 Al(i)。由于生产系统是实时更新的，其执行效率和平稳偏离度水平应该是逐步提高的，一般来说，较远时间的生产偏离度水平应该较高，最近的应该较低，因此在选取数据时，应选取近期生产数据，一般以最近一月的数据为准。

（3）偏离度清洗。删除历史数据中偏离度较大的数据。虽然经过了第（1）步的数据清洗，主要的偏离较大的数据已经删除，但是对于偶然的操作性的偏离仍然没有进行较好地处理，因此需要对偏离度进行进一步的处理，处理步骤为：①计算算术平均偏离度 AP 和 Al(i) 与 AP 的标准差 C(i)=$|$Al(i)−AP$|$，并删除偏离度小于平均值的数据。②设定可忍受标准差偏离阈值 Δ，若 C(i)>Δ，则删除偏离度 i。③对剩余偏离度值执行步骤①，直到不能进行下一步的处理时。

（4）选定偏离度。对剩余的数据计算偏离度，以算术平均值作为 AL=AP。

7.5 生产扰动识别算法流程

在生产过程中，通过实时获取生产过程时间，计算生产偏离度。生产偏离度的计算时机有三种处理方法：一是基于滚动时间；二是基于事件驱动；三是两者混合的方法。基于滚动时间方法是指设定一个滚动时间周期，每到这个设定的时间周期就计算本次重调度内的生产偏离度。基于事件驱动的方法是指记录生产系统的关键事件，当指定的关键事件发生后，就对系统做生产偏离度计算。基于滚动时间周期的方法容易遗漏掉关键事件，造成系统偏离度过大，影响扰动处理效率。基于事件驱动方法实时处理每种关键事件扰动，可能由于处理过于频繁给系统造成负担。基于二者结合的方法，继承了二者的优点，是一种有效的检测方式，因此本文采用混合监测方法，具体如图7-4所示。

按照设定的时间周期 T，在设定的时间周期内如果发生了预定义的关键事件就计算生产偏离度，如果没有发生，则在周期末计算工序偏离度。在图7-4中的时刻 T_1，发生关键事件——设备故障，导致物料等待，因此在 T_1 时刻启动生产偏离度计算，否则在周期末时刻 T 启动重调度。关键事件是指显性生产扰动，如机器故障和紧急订单等，这样既可以很好地减轻系统的负担，又不会造成生产偏离度过大。

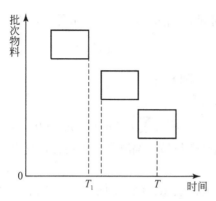

图 7-4　扰动识别混合监听策略

工序监控处理流程如下。

（1）监测系统是否发生系统定义的关键事件或者是否到达本周期时间结束，若是，启动工序偏离度测量，记录现在时刻 T，转步骤 2；若否，则继续监测生产过程。

（2）获取本调度周期的开始时间，记为 T_0。

（3）按照时间顺序，从 T_0 时刻开始检索物料批次，记第一批物料为 w_1，第 i 批物料为 w_i。

（4）从第一批物料开始获取其开始时间和结束时间，第 i 批物料的开始时间为 t_{0i}，结束时间为 t_{1i}。

（5）获取批次物料 i 的计划执行开始时间和结束时间，t_{j0i} 和 t_{j1i}。

（6）计算物料批次 i 的提前/延迟时间。

$$\mathrm{ts}_i = \begin{cases} t_{\mathrm{j}0i} - t_{0i} & \text{if } t_{1i} - t_{\mathrm{j}1i} < 0 \text{ and } t_{\mathrm{j}0i} - t_{0i} > 0 \\ t_{1i} - t_{\mathrm{j}1i} & \text{if } t_{\mathrm{j}0i} - t_{0i} < 0 \text{ and } t_{1i} - t_{\mathrm{j}1i} > 0 \\ (t_{\mathrm{j}0i} - t_{0i}) + (t_{1i} - t_{\mathrm{j}1i}) & \text{if } t_{\mathrm{j}0i} - t_{0i} < 0 \text{ and } t_{1i} - t_{\mathrm{j}1i} > 0 \end{cases} \quad (7\text{-}15)$$

设提前/延迟时间不为 0 的批次物料数位 n 个，即

$$n = \sum \{1 \mid \mathrm{ts}_i \neq 0\}$$

（7）若是有关键事件引发的识别启动，则预测关键事件持续时间，记为 t_g。

（8）判断在当前时刻 T 的时候，工序上是否还有在执行加工的物料，若无则按照上面处理，若还有在加工的物料，只计算其等待时间。

（9）计算每个事件的概率，物料 w_i 共有 3 个事件，正常加工时间、提前/延迟加工时间和等待时间，对于关键事件引发，过程总时间为 $T_总 = T - T_0 + t_g$，对于

周期末引发，过程总时间为 $T_{总}=T-T_0$。每个事件的概率。

$$p_k = \frac{t}{T_{总}} \tag{7-16}$$

式中，$k=i+n$；t 为 t_i，ts_i 和 tw_i；

（10）计算生产偏离度。

$$H = \sum p_k \log_2 p_k, \quad p_k \neq 0 \tag{7-17}$$

（11）比较生产偏离度与最小偏离度、平稳偏离度和最大偏离度的值，判断系统状态和级别。

（12）若系统处于失控状态，则启动扰动分类识别，判断系统扰动类别。

7.6 应用实例

（1）生产偏离度的计算。

工序调度计划见表7-1。

从表中可以看出松弛时间为26分钟。

系统中的各个状态及其值为

加工状态（单位：分钟）：51 45 48 40 41 42 40 38

缓冲时间（单位：分钟）：5 5 2 5 4 3 2

则系统的静态生产复杂度为 $H(S) = 2.99$bit。

表7-1 调度计划表

物料批次	1	2	3	4	5	6	7	8
开始时间	6：34	7：30	8：20	9：10	9：55	10：40	11：25	12：07
结束时间	7：25	8：15	9：08	9：50	10：36	11：22	12：05	12：45

系统的实际执行状态见表7-2。

表7-2 实际执行状态

物料批次	1	2	3	4	5	6
开始时间	6：24	7：30	8：16	9：10	10：00	11：00
结束时间	7：15	8：15	9：08	9：55	10：41	11：42

则系统的动态复杂度为 $H(D) = 3.35$bit。执行偏离度为 $A(D) = (3.35 - 2.99)/2.99 = 0.12$；

系统的最小偏离度为 $A_{\min} = (3.4 - 2.99)/2.99 = 0.137$。说明系统处于稳定状态。

（2）平稳调度水平的计算。

钢号 GCr15 的炼钢阶段的主要工艺路线为：EAF—LF—AOD。

主要状态划分为：加工状态、提前状态、延迟状态、加工超时状态和加工缩短时间状态等，经计算 18 条计划产品生产偏离度主要值见表 7-3。

表 7-3　生产偏离度值

项目	值 1	值 2	值 3	值 4	值 5	值 6	值 7	值 8	值 9	值 10	值 11	值 12	值 13	值 14	值 15	值 16	值 17	值 18
生产偏离度	0.4	0.2	0.5	0.0	0.4	0.3	0.0	0.6	0.2	0.3	0.2	0.2	0.5	0.2	0.2	0.1	0.1	0.1
加工状态编码	702	111	027	138	513	326	128	217	047	634	006	746	178	435	288	633	902	360

从以上数据可以得出，平稳调度水平为 0.5。

第8章 基于故障树的扰动分类技术

8.1 生产扰动分类流程

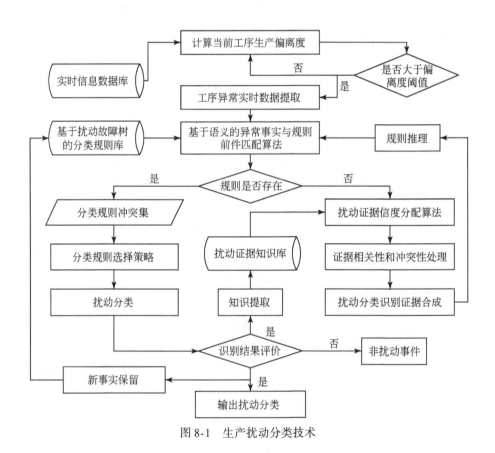

图 8-1　生产扰动分类技术

生产扰动主要来源于时间处理的模糊性、物料的质量特性、设备的可用性变动和订单的变动。时间处理的模糊性和物料的质量特性均与具体的生产过程有关，需要经过复杂的计算才能确认。设备的可用性变动包括一些不确定性数据的处理，如设备工装能力与物料具有密切关系，因此需要根据具体的生产过程进行处理。但是订单的变动不是由生产系统决定的，而是由外部环境决定的，因此对生产订单扰动识别最简单的方式是对订单的来源进行检测。在特钢企业，生产过程是通过 xBOM 进行组织的，因此我们通过订单 BOM 实现对订单的检验，通过对生产过程数据进行处理识别物料、设备和质量等问题。

系统检测到生产扰动后，需要对生产扰动进行分析。我们采用基于故障树的规则推理方法进行生产扰动的识别，基本框架如图 8-1 所示。

生产扰动分类识别技术的关键技术主要有以下几方面。

（1）生产偏离度计算方法。

（2）模式匹配方法。将异常信息与规则匹配，检索推理规则，我们采用 Rete 算法（Rete 算法是一种基于空间冗余的快速模式匹配算法）进行模式匹配。

（3）冲突规则的消解技术。进行模式匹配后，获得分类规则冲突集，如何对分类规则进行排序和选用是规则推理技术的关键。

（4）基于证据理论的扰动信度分配算法。对于未设定的规则和初始规则的获取我们采用证据理论，如何分配信度是证据理论实施的前提，我们采用基于粗糙集的方法进行基本概率分配。

（5）证据合成规则。对多源证据进行合成，获得证据的信度。

（6）识别结果评价与事实保留。对分类识别结果和证据推理结果进行评价，作为更新规则库和扰动证据库的依据。

8.2　生产扰动故障树的构建

8.2.1　故障树相关理论概述

生产系统扰动种类繁多，产生扰动的原因各异。同一种扰动可能有多种原因，同一种原因也可能对应不止一种扰动，因此我们需要对扰动的来龙去脉进行详细分析，明确扰动产生的原因，分析扰动对系统的影响程度，处理扰动对系统造成的不稳定。故障树是一种使用逻辑关系处理各种事件因果关系的树形结构（吴虎胜和吕建新，2009），它使用简单的逻辑符号，从顶到底逐层分析事件发生的各种因素，明晰事件之间的层次关系，是一种进行扰动分析的有效工具

（刘世欣，2007）。

故障树模型对设备运行过程中的故障模式进行分析和归因，找出可能导致设备故障产生的因素，以实现设备故障的快速发现。故障树模型具有以下特点（戴钎和王力生，2005；王华，2006）。

（1）故障树模型是一种树状图结构，顶节点表示最不可能发生事件，中间节点表示故障模式，终节点表示故障原因或解决方法。

（2）故障树模型具有显著的层次关系。

（3）故障树模型具有明晰的因果关系，下层事件为上层事件发生的原因。

（4）故障树模型使用最不可能发生故障作为顶事件，然后层层分解，将系统最小故障作为底事件，即故障的原因。

（5）故障树模型是一种不确定性模型，事件与其原因之间没有明确的函数关系，是一种不确定模型。

Visio 中故障树模型的主要逻辑符号见表 8-1。

表 8-1　故障树模型主要逻辑符号

符号	含义
⌂	与门：表示两个事件同时发生
△	或门：表示至少一个事件发生
⬡	禁止门：事件不发生
⌂	优先与门：发生故障后的优先原因事件
△	异或门：不同时发生
○	基本事件：即底事件，不可分解事件
◇	未开展事件：还可以继续分解的事件，但是未继续分解
▭	中间事件
⌂	开关事件
⬭	条件事件
△	转移：转移事件

8.2.2　生产扰动形成因素分析

生产扰动是对生产过程中所有与计划不一致的事件的统称。在生产系统中，生产扰动事件是实时发生的，存在着各种随机不确定的扰动因素。从生产系统的角度来看，特钢生产是物料在计划的指导下，按照一定顺序消耗一定的资源，并通过设备转化成输出产品的过程，因此特钢生产系统可以看做一个物料、计划（订单）、产品、设备等组成的系统，如图 8-2 所示。

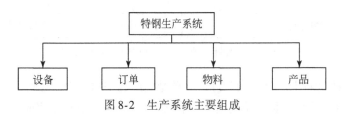

图 8-2　生产系统主要组成

物料系统是对生产原料和中间在制品的统称，物料是生产系统的主要输入和生产的先决条件。物料系统的主要功能包括物料的库存、物料的发出、物料的接收、物料跟踪和物料质量等。物料库存的扰动主要是指物料不足和非计划库存等；物料的发出和接收可以看做是物料的到达时间及运输时间问题，都可归结为物料的可用性问题；物料跟踪主要是指物料的工艺路线问题等；因此物料的故障模式可以划分为物料过程质量、物料处理过程、物料处理时间、物料的库存和物料的可用性等。

物料过程质量是指物料在产品生产过程中的工序质量应符合订单或计划的质量要求，包括产品的化学成分要求，如碳、锰、钡等；还包括产品的规格形状要求，如长、宽、高等；以及过程加工方法、交货状态等因素。物料的处理过程主要是指物料需要经过的工艺流程，已达到订单的最低要求。物料处理过程主要包括产品的精炼、轧制、酸洗和锻造等，在特钢生产中有时会出现增加非关键工序处理过程的情况，因此物料的工艺流程也是造成系统扰动的原因之一。

物料的处理时间是指物料在某工序上的加工时间。一般在生产系统中，某产品的物料在工序上的加工时间是额定的，具有明确的规定值。但是实际生产中物料的加工时间是一个模糊值，需要根据环境、物料等多种因素进行调整，因此物料的处理时间也是生产扰动的一个重要来源。

物料的库存是物料可用性的一个体现，是实现生产缓冲的一个重要手段，一般体现在工序上，如板坯的库存量。

物料可用性是指物料的到达工序时间和物料的温度等。在一个生产系统中，物料的到达时间具有时间约束，早到达或者晚到达都会影响物料的使用。物料的温度是物料进行工序加工的显性要求，温度达不到要求，设备就无法对物料进行加工或者加工效率下降，这是生产扰动的重要体现。

因此物料系统的扰动主要体现在库存的不足、加工时间问题、物料的可用性不能满足和物料的过程质量出现问题等方面，如图 8-3 所示。

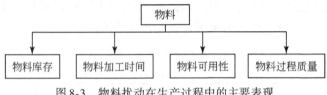

图 8-3　物料扰动在生产过程中的主要表现

订单系统是对生产订单的管理。订单是生产的基本动力，是客户对产品的明确要求。订单系统主要包括订单到达、订单取消、订单变更和订单完成等，因此订单系统的扰动模式主要包括紧急订单的到达、订单取消和订单变更等，如图 8-4 所示。

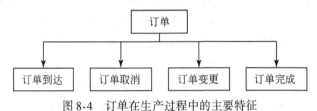

图 8-4　订单在生产过程中的主要特征

设备系统主要有电炉、铸机、轧机、锻造和拔丝等设备。在生产系统中设备系统的扰动模式主要体现在设备的停机、设备的故障、设备的启动时间、设备的能力、设备的工装和设备对物料的加工能力等，如图 8-5 所示。

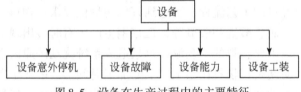

图 8-5　设备在生产过程中的主要特征

计划是生产的依据，计划系统主要安排物料在设备上的开始时间和完成时间，并确定物料的加工顺序。计划主要包括月计划、日计划、坯料计划和提料计划等，其主要功能包括计划的下达、计划的制订、计划的修改和计划的查询等功能，但是计划是依附于物料和订单的，因此扰动一般体现为物料和订单的扰动。

通过以上对生产系统的分析可以总结以下的生产扰动因素，见表8-2～表8-4所示。

表8-2　物料系统生产扰动因素

表现	主要因素
物料库存不足	物料采购延迟；物料提料计划未涉及造成未进行采购；物料品位不足；供应商交货延迟；物料发送错误；物料损耗超出目标；已提物料量超标；其他原因
物料到达时间延迟	物料运输时间过长；由于物料温度降低进行加温造成的时间延迟；物料发出时间延迟；物料交接时间延迟；其他原因
物料到达时间提前	物料运输时间减少；物料发出时间提前；其他原因
物料可用性扰动	物料温度不符合；物料的量不足；物料的量过大；物料品位低；其他原因
物料加工时间延迟	加工量偏大；物料的品位问题；物料质量合格，但是成分原因导致加工时间偏大；其他原因
物料加工时间提前	加工量偏小；物料的品位问题；物料质量合格，但是成分原因导致加工时间偏小；其他原因
物料质量问题	物料的钢号；标准；检验方法；交货状态；加工用途；规格；其他原因

表8-3　订单生产扰动因素

表现	因素
订单到达	—
订单变更	钢号；规格；加工用途；交货状态；检验方法；主辅助标准
订单取消	已经生产订单的取消；生产中订单的取消；未排产订单取消；已排产但未生产订单取消

表8-4　设备系统生产扰动因素

表现	主要因素
设备故障	能源问题；人员问题；设备问题；其他问题
设备加工时间	能源不合格；人员操作不熟练；设备故障问题；设备参数设置问题；环境因素，如温度、适度等；其他原因
设备能力问题	设备参数设置，如流速、风速等；设备工装安装错误；设备工装不足；其他原因

8.2.3　生产扰动故障树构建

故障树的建立现在还没有明确的方式，一般是根据专家经验由专家建立，或者通过分析大量的历史数据，分析系统的运行的机理，明确事件的因果关系。一

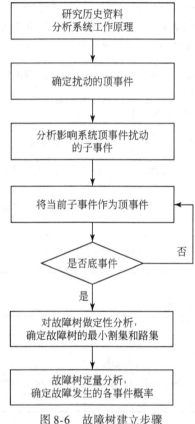

般采用演绎法的方式，先确定顶事件，然后对顶事件进行分解，找出顶事件的子事件，然后再将子事件作为顶事件查找其子事件，这样层层分解系统事件，层层寻因，直到系统不可再分解为止，即找到系统的底事件（姜敏，2010）。生产扰动故障树模型是对生产系统的生产扰动进行分析，确定生产扰动的层级关系，分析生产扰动产生的原因，为动态调度提供支持，步骤如图8-6所示。

扰动故障树建立的关键步骤如下（宋彤等，1995；陈张荣，2010；周妍，2005）。

（1）对扰动事件进行分层分解。

（2）对故障树进行定性分析（陈张荣，2010），对故障树进行定性分析主要是验证故障建立的正确性，通过采用0和1的逻辑加减，获得系统扰动的最小割集和最小路集，最小割集是指系统发生故障的最小事件组合，即最小割集中的事件全部发生后，系统才会出现扰动；最小路集，是指系统不发生故障的最小条件集合，即最小路集中的任何一个事件的发生都会导致系统发生扰动，这种分析方法可以有效地查找漏洞和错误。

图 8-6　故障树建立步骤

（3）故障树的定量分析方法，生产扰动中各因素发生的概率是不一样，需要对各种扰动底事件发生概率进行分配。

8.2.4　生产扰动故障树模型

生产过程数据主要划分为物料类、设备类和订单类，生产扰动也主要体现在

物料、设备和订单方面，因此根据生产过程情况和故障树建立步骤，建立生产扰动故障树模型如图 8-7 所示。

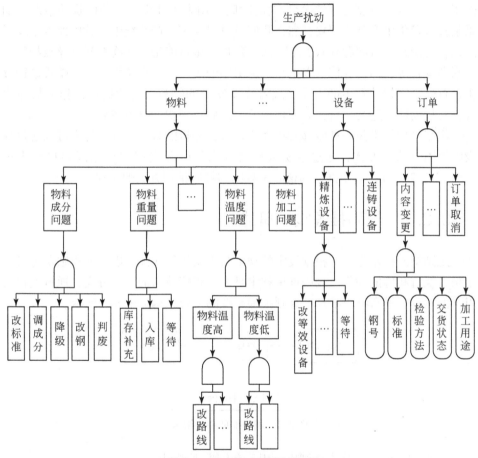

图 8-7　生产扰动故障树模型

8.3　基于规则推理的扰动分类技术

在实际的生产过程中，动态实时信息数据规模庞大，对这些数据进行实时处理是发现生产系统扰动的一个最有效的方法，但是这种方法运算量巨大，并且对于一些并发性扰动，实时数据处理的规模会呈现指数性质的增长，以上两种情况都会极大的增加系统的负担，降低系统的效率，因此需要我们采用一种优化的方式，以减少实时数据的处理量，提高系统的运行效率。

生产扰动最终体现在炉次/批次的计划执行效果上，或者是提前生产、或者是延迟生产、或者是不生产、或者改产延后生产等，最终都可以看作是一种时间作用，因此我们可以通过炉次/批次的时间作用来表征生产系统的扰动情况。如果某批次发生生产延迟现象，那么我们就可以断定生产系统中的某些地方出现了问题，可能是设备问题导致加工时间的延长，也可能是批次物料问题导致物料生产周期延长等，因此我们可以把每一道工序的生产时间现象作为扰动模式进行分析，首先确定扰动发生的工序，或者扰动发生的物料等，然后依次作为故障模式，对扰动原因进行分析，获取扰动源，最后得到扰动分类结果。

规则推理技术是一种能够对扰动原因进行分析的有效工具，规则可以通过预设的原因—结果方式，通过事实数据与规则的匹配实现扰动原因的自动推理（李洁等，2004），规则推理的核心是规则和规则推理方式的实现。

8.3.1　规则推理技术概述

规则推理技术是一种根据设定的规则与事实进行匹配，以获取规则所定义的结果，执行相应的动作。规则推理技术是人工智能技术的一个分支，通过模拟人思维的过程，进行结果推理。规则推理系统的一般结构如图 8-8 所示。

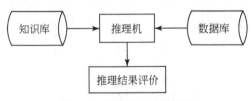

图 8-8　规则推理一般结构

（1）知识库，又称为规则库，用于存储推理规则。

（2）推理机，推理机执行推理过程，推理方法一般有正向推理、反向推理和混合推理等（王记伟，2009）。

（3）数据库，主要用来存储事实数据。

（4）推理结果评价，对推理得到的结果进行评价。

8.3.2　扰动知识表示方法

在获取初始规则后，我们需要一种规则的表示方法，以便对规则进行存储。

常用的规则表示方法有产生式规则表示法和框架式规则表示法等。我们采用产生式规则表示法，产生式规则表示法的语法结构为

If pattern Then action

其中 pattern 部分称为规则的前件或者规则的左端（left-hand-side，LHS），action 部分称为规则的结论或规则右端（right-hand-side，RHS）。

扰动分析的规则表示是一种由现象推出原因的方法，即扰动模式→扰动原因或者是 if 扰动模式 then 扰动原因，因此扰动分析的规则表示方法与产生式规则表示法是一致的。

规则推理有确定性推理和不确定性推理两种方式。确定性推理方式即 if 部分发生，那么 then 的结论一定发生，这种方法适用于规则前后件之间的机理模型清晰、推理过程明显的方式或者是导致结论的原因较简单等，但是扰动分析模型中扰动产生的原因与扰动的表现方式没有明显的线性关系，同时同一扰动的原因也是多种多样的，因此我们采用不确定性推理方式，形式为

If pattern Then action p（action | pattern）

表示在 pattern 发生的情况下，action 发生的概率为 p（action | pattern），这是一个条件概率表示方式。

由上可以看出，扰动分析知识表示方法的关键是确定条件概率 p（action | pattern）。现在对于这方面的研究还较少，一般采用专家经验法，然后在实践中不断对 p（action | pattern）值进行修订，也有少部分采用数据挖掘方法，如粗糙集方法，我们采用专家经验法。

下面我们介绍物料扰动的规则表示方法。

如我们发现系统出现物料成分问题的生产扰动，即 if 物料成分问题 then ①调成分 ws1；置信度：x_1。②改钢 ws2；置信度：x_2。③降级 ws3；置信度：x_3。④判废 ws4；置信度：x_4。

以上置信度满足 $\sum_{i=1}^{4} X_i \leqslant 1$，其中 $1 - \sum_{i=1}^{4} X_i$ 表示不知道应该把 $1 - \sum_{i=1}^{4} X_i$ 分配给谁。

以上表示方法还可以表示为

物料成分问题 $=f($ ws1，ws2，ws3，ws4）with（x_1，x_2，x_3，x_4）。

同理如果出现物料成分问题、物料质量问题、物料温度问题和物料加工时间问题等扰动，规则表示方式同上，这样我们就获取了物料类的生产扰动，即

物料扰动 $=f($ 物料成分问题、物料重量问题、物料温度问题、物料加工时间问题）（置信度1，置信度2，置信度3，置信度4）。

或物料扰动规则库：

if 物料出现扰动

then 物料成分问题、物料重量问题、物料温度问题、物料加工时间问题（置信度1，置信度2，置信度3，置信度4）。

同理我们可以获得整个生产扰动的规则库：

生产扰动=f（物料，订单，设备）（置信度1，置信度2，置信度3）。

8.3.3 基于 Rete 算法的规则推理技术

当生产扰动发生后我们需要检索规则库，进行规则匹配。我们采用 Rete 算法进行模式匹配，获取分类规则冲突集，Rete 算法是一种高效率的模式匹配算法，Rete 算法是一种利用时间冗余和规则结构相似的特性，通过保存中间数据和共享模式来提高模式匹配效率的算法（付一凡，2009）。Rete 算法的设计思想主要是基于在实时的过程中，事实的变化速度要小于规则的变化速度，事实上，在一段时间内规则可以看做是不变的。Rete 算法通过保留过去匹配过程中遗留的数据，检测某个模式激活所需要的剩余事实，如一组模式激活需要5个事实，现在 Rete 网络中已经有3个事实，那么只需要通过检测剩余的2个事实就可以激活本模式，而不需要通过检测5个事实来实现，这样减少了对事实的检索数量，有效地保证了模式的快速匹配。

Rete 算法的核心是创建 Rete 网络。Rete 网络是由节点和连接网络组成，节点主要分为 α 节点和 β 节点，α 节点存储规则的模式，连接网络表示规则前件模式之间连接逻辑（与、并、异或等），β 节点则是由 β 节点和 α 节点经逻辑网络连接而成，表示规则前件的部分。α 节点和 β 节点通过连接网络和所有与自身相关的节点进行连接，Rete 网络建立的算法流程如图8-9所示（王记伟，2009）。

当有新的事实进入规则库时，首先查找对应的 α 节点，将 α 节点中的相应内容改为对应值。顺着与 α 节点对应的连接网络查找与 α 节点连接的 β 节点，根据连接规则，更改 β 节点中的对应值，然后根据与 β 节点连接的连接网络查找对应 β 节点更新相应值，直到查找到规则结果输出节点。如果输出节点中也包含规则模式，则继续进行，直到获得最终的结果。

基于 Rete 网络的模式匹配过程从根据事实检测模式开始。

（1）根据语义关系，将一个事实与 α 节点进行匹配。

（2）更新 α 节点变量集事实数据。

（3）根据连接网络和 α 节点变量集数据更新 β 节点变量集数据，根据 β 节

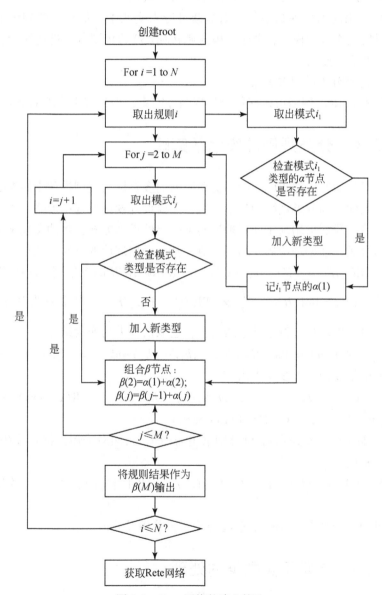

图 8-9 Rete 网络的建立算法

点变量集数据和连接网络继续更新连接的节点数据，这种更新方式称为投影方式，因为它改变的只是一个节点中的部分对应数据。

（4）如果尚未得到结果集，则继续进行事实匹配，如果更新到结果集，则检查结果集是否包含模式，若包含模式则按照（3）的规则继续进行匹配，否则将结果加入冲突规则集。

（5）得到分类结果冲突集。

这样根据 Rete 网络可以获得分类规则冲突集，得到规则推理的结果。

8.3.4　分类规则冲突消解策略

由于对扰动的认识程度问题和扰动原因的多发性，规则推理中匹配的规则不止一条，因此得到分类规则冲突集之后，需要设计规则的选用策略，以得到一个统一的结论。我们采用基于证据理论的不确定性推理方式，将冲突规则作为证据进行证据合成，证据理论的介绍见下节。基于证据理论的不确定性推理模型可以表示为：$\mathrm{CER}(H) = f(H)$，其中 $\mathrm{CER}(H)$ 表示得出 H 的置信度，$f(H)$ 为类概率分配函数，$f(H) = \mathrm{Bel}(H) + \dfrac{|H|}{|D|} \times (\mathrm{Pl}(H) - \mathrm{Bel}(H))$，其中 D 为总得论域。

根据以上可以得出每个结论的信度，选取信度大的作为结论。

对于规则 if pattern then $H = (h_1, \cdots, h_i, \cdots, h_n)$ with $X = (x_1, \cdots, x_i, \cdots, x_n)$，扰动类型 h_i 的信度由如下步骤求出。

（1）$m(H) = m(\{h_1\}, \cdots, \{h_i\}, \cdots, \{h_n\}) = (\mathrm{CER}(\mathrm{pattern}) \times x_1, \cdots,$ $\mathrm{CER}(\mathrm{pattern}) \times x_i, \cdots, \mathrm{CER}(\mathrm{pattern}) \times x_n)$。

（2）如果存在多条规则，则分别求出 $m(\{h_i\})$，然后采用证据合成法则，求出总的 $m(\{h_i\})$。

（3）计算 $\mathrm{Bel}(\{h_i\})$，$\mathrm{Pl}(\{h_i\})$ 及 $f(\{h_i\})$，$\mathrm{Bel}(\{h_i\})$，$\mathrm{Pl}(\{h_i\})$ 的计算方法见后文。

这里的一个难点是 pattern 信度的计算，采用经验值法。

8.3.5　异常事实数据的处理

1. 关联扰动事件的独立化

一个批次从到达工序到离开这个工序总共要经历 6 个步骤：①批次到达工

序；②批次生产准备；③批次开始加工；④批次加工；⑤批次加工完成；⑥批次发出。

从以上可以看出，一个批次的产品在一个工序上的 6 个步骤相互关联、时间上先后连接，如果一个扰动事件发生，会造成其他状态的变化，例如，批次开始加工时间延迟，如果批次加工时间不变，那么批次加工完成时间同样会延迟，这样就会造成一个时间的两次使用。如果同时发生多个扰动事件时，可能会造成扰动时间的叠加，导致误判，例如，批次到达工序时间延迟 t，批次加工时间缩短 t，那么工序的提前加工时间为 0，延迟加工时间也为 0，这样对本批次造成的生产偏离度为 0，在对扰动分类分析进行推理时，此种情况会造成扰动事件的丢失。

2. 基于语义的事实数据与模式映射

模式中存储的是数据的变量，而实时信息数据库中的数据是以数据库表的形式存在的。模式中的变量形式与数据库表中的字段名不一定一致，因此在模式匹配进行模式检索时，需要将事实数据转换为模式变量形式，如图 8-10 所示，本文采用语义匹配的方式，通过在二者之间建立语义共享词汇集的方式实现，即事实数据（$a=1$）→共享词汇集（a,b）→模式变量数据（$b=1$），事实数据变量通过查找共享词汇集，找出与之对应的模式变量。

图 8-10 事实数据与模式变量映射模型

8.3.6 应用实例

现有标准 GB/T18254-2002、牌号 GCr15 的成分要求见表 8-5。

表 8-5 GCr15 成分标准

成分	Ni+Cu	S	Cu	Ni	Cr	Si	Mn
正常含量/%	[0,0.5]	[0,0.02]	[0,0.25]	[0,0.3]	[1.4,1.65]	[0.15,0.35]	[0.25,0.45]
降级含量/%	[0.5,0.55]	[0.02, 0.025]	[0.25,0.27]		[1.65,1.7]	[0.35,0.37]	[0.45,0.48]
					[1.35,1.4]	[0.13,0.15]	[0.22,0.25]

则根据表 8-5 可以生产以下两条规则（未标示置信度）：

Rule1：if Ni+Cu $\in [0, 0.5]$ and S $\in [0, 0.02]$ and Cu $\in [0, 0.25]$ and Ni $\in$ $[0, 0.3]$ and Cr $\in [1.4, 1.65]$ and Si $\in [0.15, 0.35]$ and Mn $\in [0.25, 0.45]$

then 成分正常

Rule2：if Ni+Cu $\in [0.5, 0.55]$ and other element is proper

then 降级使用

则以上两条规则包含模式为

M_1：（Ni+Cu，含量）

M_2：（S，含量）

M_3：（Cu，含量）

M_4：（Ni，含量）

M_5：（Cr，含量）

M_6：（Si，含量）

M_7：（Mn，含量）

其中模式 M_1，M_2，M_3，M_5，M_6，M_7 为 Rule1 和 Rule2 共有，模式 M_4 为 Rule1 独有。

（1）对规则 1 和规则 2 建立 Rete 网络，首先建立 α 网络，如图 8-11 所示。

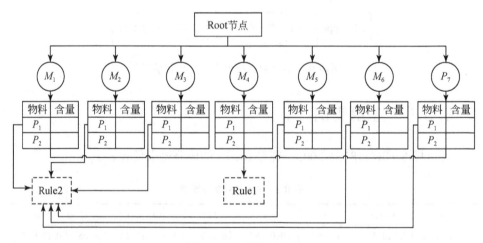

图 8-11　α 网络（M_7）

然后根据规则包含的模式数，建立 β 网络，将模式连接起来，如图 8-12 所示，由于 β 节点过多，故图中省略了部分 β 节点。

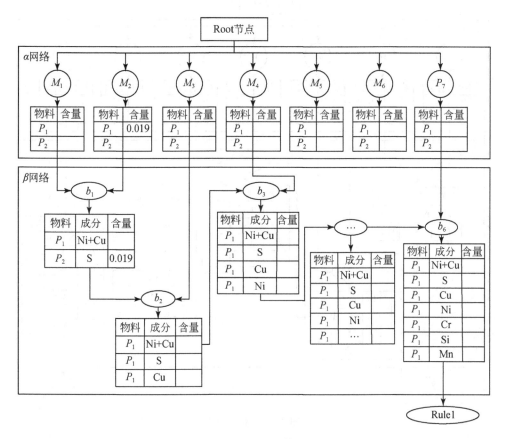

图 8-12 β 网络

综合规则中的 α 网络和 β 网络，得出完全的 Rete 网络，如图 8-13 所示。

（2）现有物料批次 P_1，检测成分 S 为 0.019%，则 M_2 对应的量为 P_1，如图 8-14 所示。计算连接网络规则，在 Rule1 中，S ∈ [0，0.02]，0.019 ∈ [0，0.02]，所以激活 b_1 的右输入，更新 b_1 中的 P_1 对应的 S 数据，如图 8-15 所示。

若 P_1 对应的 Ni+Cu 成分没有激活，则等待新数据输入；若 P_1 对应的 Ni+Cu 成分符合要求，则激活 b_1，激活 b_2 对应的左输入。依次进行，直到对应于 Rule1 的所有节点均被激活。

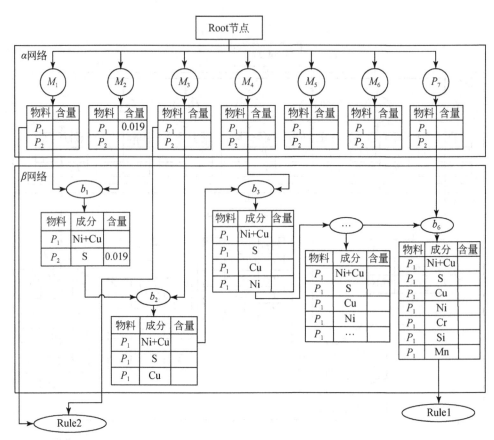

图 8-13 Rete 网络

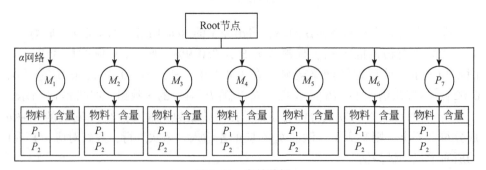

图 8-14 存储数据

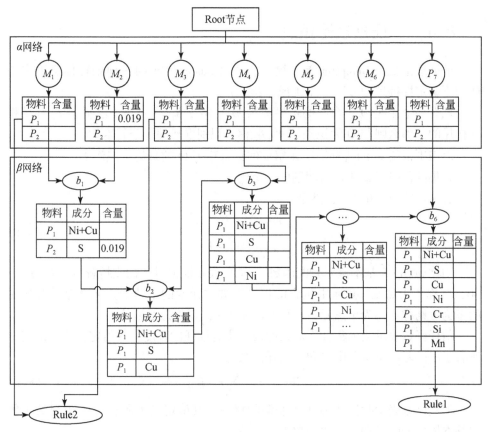

图 8-15 激活 b_1 右输入

8.4 基于证据理论的规则合成技术

基于规则推理技术是一种有效的扰动分类技术，但是由于其具有知识的先验性，使其应用受到限制，它只能对已识别出的知识提供支持，不能对未认识到的或者认识不清晰的知识提供有效的推理。生产扰动实时发生，发生原因复杂多变，随着环境的变化而变化，我们很难对其进行完全的划分，在认识到一种扰动后，很可能另一种扰动就随之产生，因此对其认识是逐步加深的。基于规则的推理方式不能完全满足扰动分类的需要，因此需要通过证据理论作为补充，证据理论推理方式是一种不完备、不确定性的推理方式，只需要有历史数据，就可以自动进行归类，同时规则推理方式中的不确定性推理方式也可以通过证据理论进行优化。

8.4.1　证据理论概述

证据理论是由 Dempster 首先提出，并由 Shafer 完善的一种处理信息不完备性的不确定性推理的方法（王玉成，2011）。

现有一个命题 Θ ，命题的结果集为 $\Theta = \{\delta_1, \delta_2, \cdots, \delta_n\}$ ，并且 δ_i 都是相互排斥的，那么则称 Θ 为识别框架。δ_i 称为识别框架的一个元素。

由识别框架 Θ 的所有子集 A 组成的集合称为 Θ 的幂集，记作 2^Θ 。

幂集的任一子集 A 均为问题的一个解。

若 $m: 2^\Theta \rightarrow [0, 1]$ ，满足

$$m(\varnothing) = 0$$
$$\sum_{A \subseteq \Theta} m(A) = 1 \tag{8-1}$$

则称 $m(A)$ 为基本概率分配函数，$m(A)$ 表示证据对 A 的支持程度，若 $m(A) > 0$ ，则称 A 为焦元，焦元中包含的识别框架中元素的个数为焦元的基，若焦元的基为 1 则称焦元为单焦元，若焦元的基为 k ，则称为 k 焦元。

信任函数表示当前集合下对某假设的集合信任的程度，其值定义为当前集中所有子集的基本概率分配之和。信任函数为

$$\text{Bel}(A) = \sum_{B \subseteq A} m(B) \tag{8-2}$$

似然函数表示我们认为 A 为非假的概率。其值定义为所有与 A 相交的子集的基本概率分配之和。似然函数为

$$\text{Pl}(A) = \sum_{B \cap A \neq \varnothing} m(B) = 1 - \text{Bel}(\overset{\rightharpoonup}{A}) \tag{8-3}$$

似然函数和信任函数分别构成了一个命题的上限和下限。

当命题有多个证据支持时，我们不应该只采用一个命题的证据，应该对所有证据的支持按照某种规则进行合成，证据理论提供了多种非完全冲突证据相互合成的法则。

D_S 合成法则为

$$(m_1 \oplus m_2 \oplus m_3 \cdots \oplus m_n)(A) = \frac{1}{K} \sum_{A_1 \cap A_2 \cdots \cap A_n = A} m_1(A_1) \times m_2(A_2) \times \cdots \times m_n(A_n) \tag{8-4}$$

$$K = \sum_{A_1 \cap A_2 \cdots \cap A_k \neq \varnothing} m_1(A_1) \times m_2(A_2) \times \cdots \times m_k(A_k)$$
$$= 1 - \sum_{A_1 \cap A_2 \cdots \cap A_s = \varnothing} m_1(A_1) \times m_2(A_2) \times \cdots \times m_s(A_s) \tag{8-5}$$

若 $K=0$，表示证据完全冲突，这时不能使用证据理论 D_S 合成法则进行合成。

8.4.2 证据特征提取方法

证据是证据理论推理的基础，证据的来源有人工经验法和自动生成法。自动生成法，常见的有采用粗糙集和神经网络等方式进行属性约简（涂继亮等，2011；宋立军等，2007；赵峰和苏宏升，2009）。梁伟光在其博士论文中提出了一种在多源信息故障诊断中的证据生成算法（梁伟光，2011），我们将其引入到扰动证据的生成中。

设工序加工了 P 个批次物料，共有 Q 类扰动，$P>1$，$Q>1$，则识别框架为 $\Theta = \{\theta_1, \theta_2, \cdots, \theta_Q\}$

令 $S_r = \{s_{r1}, s_{r2}, \cdots, s_{rN}\})$，$r = 1, 2, \cdots P$，表示第 r 个物料在工序上的特征参数，N 表示物料在工序上的特征参数的个数。

建立状态矩阵为

$$X = \begin{bmatrix} X_1 \\ X_2 \\ \vdots \\ X_Q \end{bmatrix} = \begin{bmatrix} x_{11} & x_{12} & \cdots & x_{1N} \\ x_{21} & x_{22} & \cdots & x_{2N} \\ \vdots & \vdots & & \vdots \\ x_{Q1} & x_{Q2} & \cdots & x_{QN} \end{bmatrix}$$

式中，X_i 表示第 i 个批次物料的状态向量；$x_{ij} \geq 0$，表示第 i 个工序的第 j 类特征，$i=1, 2, \cdots, Q$；$j=1, 2, \cdots, N$。

定义 S_r 与 X_i 之间的闵可夫斯基距离为

$$d_{ri} = \left[\sum_{j=1}^{N} \left(\frac{s_{rj} - x_{ij}}{x_{ij}} \right)^p \right]^{\frac{1}{p}}$$

式中 p 为一个设定的常数。

建立距离矩阵为

$$D = \begin{bmatrix} d_{11} & d_{12} & \cdots & d_{1Q} \\ d_{21} & d_{22} & \cdots & d_{2Q} \\ \vdots & \vdots & & \vdots \\ d_{P1} & d_{P2} & \cdots & d_{PQ} \end{bmatrix}$$

令 m_{ri} 与 d_{ri} 反相关，设为 $m_{ri} = K \times \frac{1}{d_{ri}}$，$K$ 为反相关系数。

归一化 m 为

$$\sum_{i=1}^{Q} m_{ri} = 1$$

8.4.3 证据合成算法

D_S 证据合成算法在处理冲突证据时存在问题，从 D_S 证据法则中可以看出，当 $K=0$，合成法则无意义。即使当 K 的值接近 0 时，合成法则的准确性也会大大地降低。Smarandache 和 Dezert 提出了改进的比例冲突重分配组合规则（梁伟光，2011）。

$$m(A) = \begin{cases} 0 & A = \varnothing \\ \sum_{B \cap C = A} m_1(B) m_2(C) + \sum_{\substack{A \cap D = \varnothing \\ D \subseteq \Theta}} \left(\dfrac{m_1(A)^2 m_2(D)}{m_1(A) + m_2(D)} + \dfrac{m_2(A)^2 m_1(D)}{m_2(A) + m_1(D)} \right) & A \subseteq \Theta,\ A \neq \varnothing \end{cases}$$

$$(8\text{-}6)$$

8.4.4 状态数据的提取

根据证据特征提取方法，主要需要两方面的状态数据：一是实时状态数据，二是扰动状态数据。实时扰动状态数据可以根据实时监控信息获取，扰动状态数据需要从扰动证据库提取。在特钢应用中，扰动状态数据按照已发生扰动证据的平均值作为状态值。

8.4.5 应用实例

1. 确定性推理

首先我们采用确定性推理的方法计算一组规则推理过程。

扰动识别框架为 $\Theta = \{$正常，改钢，降级，调成分，判废$\}$，扰动证据特征数据包括物料成分等，见表 8-6，则 $N=9$，$Q=5$。由于特征参数具有两类值表现出同一类的扰动，如果进行识别，需要对识别框架进行扩充，如改钢需要划分为成分高改钢和成分低改钢等，增加了问题复杂度。简单起见，这里我们假定物料的成分偏高，去除成分偏低的情况，这样识别框架不变。现有一监测数据，见表8-7。

表 8-6　特征参数

成分1	成分2	成分3	成分4	成分5	成分6	成分7	成分8	成分9
C	S	Cu	Ni	Cr	Si	Mn	P	Ni+Cu

表 8-7　实例数据值

成分	C	S	Cu	Ni	Cr	Si	Mn	P	Ni+Cu
含量	1.01	0.015	0.17	0.29	1.40	1.34	0.36	0.20	0.46

1）获取基本概率分配函数

建立状态矩阵为

$$X = \begin{bmatrix} X_1 \\ X_2 \\ X_3 \\ X_4 \\ X_5 \end{bmatrix} = \begin{bmatrix} x_{11} & x_{12} & \cdots & x_{19} \\ x_{21} & x_{22} & \cdots & x_{29} \\ x_{31} & x_{32} & \cdots & x_{39} \\ x_{41} & x_{42} & \cdots & x_{49} \\ x_{51} & x_{52} & \cdots & x_{59} \end{bmatrix}$$

式中，X_i 表示扰动类型（正常，改钢，降级，调成分，判废）；x_{ij} 表示第 i 种扰动对应的第 j 中元素的含量（C，S，Cu，Ni，Cr，Si，Mn，P，Ni+Cu）。

$$X = \begin{bmatrix} 正常 \\ 调成分 \\ 改钢 \\ 降级 \\ 判废 \end{bmatrix} = \begin{bmatrix} 1.00 & 0.02 & 0.19 & 0.28 & 1.59 & 0.33 & 0.35 & 0.23 & 0.45 \\ 1.07 & 0.03 & 0.26 & 0.36 & 1.80 & 0.40 & 0.51 & 0.33 & 0.59 \\ 1.13 & 0.11 & 0.30 & 0.40 & 1.91 & 0.53 & 0.56 & 0.39 & 0.74 \\ 1.12 & 0.05 & 0.25 & 0.40 & 1.89 & 0.35 & 0.35 & 0.30 & 0.45 \\ 1.30 & 0.12 & 0.40 & 0.52 & 2.00 & 0.60 & 0.61 & 0.43 & 0.82 \end{bmatrix}$$

计算闵可夫斯基距离，令 $p=2$，则为欧几里得矩阵，得到距离矩阵为

$$D = \begin{bmatrix} 0.0100 & 0.2500 & 0.1053 & 0.0357 & 0.1195 & 3.0606 & 0.0286 & 0.1304 & 0.0222 \\ 0.0561 & 0.5000 & 0.3462 & 0.1944 & 0.2222 & 2.3500 & 0.2941 & 0.3939 & 0.2203 \\ 0.1062 & 0.8636 & 0.4333 & 0.2750 & 0.2670 & 0.5283 & 0.3571 & 0.4872 & 0.3521 \\ 0.0982 & 0.7000 & 0.3200 & 0.0938 & 0.2593 & 2.8286 & 0.0286 & 0.3333 & 0.0222 \\ 0.2231 & 0.8750 & 0.5750 & 0.4423 & 0.3000 & 1.2333 & 0.4098 & 0.5349 & 0.4390 \end{bmatrix}$$

令 $K=9$，计算 M。

$$M = \begin{bmatrix} 900.0000 & 36.0000 & 85.5000 & 252.0000 & 75.3158 & 22.9406 & 315.0000 & 69.0000 & 405.0000 \\ 160.5000 & 18.0000 & 26.0000 & 46.2857 & 40.5000 & 3.8298 & 30.6000 & 22.8462 & 40.8462 \\ 84.7500 & 10.4211 & 20.7692 & 32.7273 & 33.7059 & 5.8889 & 25.2000 & 18.4737 & 25.5600 \\ 91.6364 & 12.8571 & 28.1250 & 96.0000 & 34.7143 & 3.1818 & 315.0000 & 27.0000 & 405.0000 \\ 40.3448 & 10.2857 & 15.6522 & 20.3478 & 30.0000 & 7.2973 & 21.9600 & 16.8261 & 20.5000 \end{bmatrix}$$

归一化 m，按平均距离值：$m' = m / \sum m$，得到 M'。

$$M' = \begin{bmatrix} 0.4204 & 0.0168 & 0.0399 & 0.1177 & 0.0352 & 0.0014 & 0.1471 & 0.03222 & 0.1892 \\ 0.4122 & 0.0462 & 0.0668 & 0.1189 & 0.1040 & 0.0098 & 0.0786 & 0.0587 & 0.1049 \\ 0.3291 & 0.0405 & 0.0807 & 0.1271 & 0.1309 & 0.0229 & 0.0979 & 0.0717 & 0.0993 \\ 0.0904 & 0.0127 & 0.0277 & 0.0947 & 0.0343 & 0.0031 & 0.3108 & 0.0266 & 0.3996 \\ 0.2202 & 0.0561 & 0.0854 & 0.1111 & 0.1637 & 0.0395 & 0.1199 & 0.0918 & 0.1119 \end{bmatrix}$$

则 M' 为基本概率分配函数。

则 $M_1 = [0.4204, 0.4122, 0.3291, 0.0904, 0.2202]$ 则为证据 1，则 $M_k = M'$ 的第 k 列为证据 k。

2）扰动综合诊断

采用改进的比例冲突重分配组合规则进行证据组合。

计算结果为

$m =$ （正常，改钢，降级，调成分，判废）$= [0.7565, 0.7006, 0.6602, 0.5411, 0.5850]$，其中正常的置信度最大，所以认为扰动为正常。

2. 不确定性推理

上述问题为确定性推理，但是在实际中不确定性问题才是应用最广泛的问题。根据确定性推理，我们设证据 k 的信度为 p_{ki}，其中 $k \in [1, 9]$，$i \in [1, 5]$。上述确定性推理改为不确定性推理形式，表示成规则形式为

If element then(｛正常｝,｛改钢｝,｛降级｝,｛调成分｝,｛判废｝)($p_{k1}, p_{k2}, p_{k3}, p_{k4}, p_{k5}$)

$$p = \begin{bmatrix} 0.81 & 0.10 & 0.16 & 0.14 & 0.65 & 0.76 & 0.71 & 0.82 & 0.43 \\ 0.91 & 0.20 & 0.97 & 0.42 & 0.43 & 0.74 & 0.03 & 0.69 & 0.38 \\ 0.12 & 0.54 & 0.95 & 0.91 & 0.84 & 0.39 & 0.27 & 0.31 & 0.76 \\ 0.91 & 0.95 & 0.48 & 0.79 & 0.93 & 0.65 & 0.04 & 0.95 & 0.79 \\ 0.63 & 0.96 & 0.80 & 0.95 & 0.67 & 0.17 & 0.09 & 0.03 & 0.18 \end{bmatrix}$$

对原概率 M' 取折扣 $\alpha = 0.05$，即 $M_Z = M' \times (1 - \alpha)$

1）重新计算概率分配函数

$$M_d = M_Z \times p$$

$$M_d = \begin{bmatrix} 0.3254 & 0.0016 & 0.0060 & 0.0159 & 0.0219 & 0.0010 & 0.0987 & 0.0252 & 0.0789 \\ 0.3547 & 0.0122 & 0.0616 & 0.0476 & 0.0035 & 0.0069 & 0.0027 & 0.0387 & 0.0380 \\ 0.0395 & 0.0210 & 0.0734 & 0.1106 & 0.1056 & 0.0085 & 0.0258 & 0.0216 & 0.0722 \\ 0.0784 & 0.0116 & 0.0128 & 0.0713 & 0.0304 & 0.0019 & 0.0136 & 0.0240 & 0.3019 \\ 0.1323 & 0.0514 & 0.0649 & 0.1013 & 0.1056 & 0.0065 & 0.0111 & 0.0030 & 0.0199 \end{bmatrix}$$

$M_d(\Theta) = [\, 0.0727 \quad 0.9062 \quad 0.7820 \quad 0.6557 \quad 0.7363 \quad 0.9753 \quad 0.8514 \quad 0.8887 \quad 0.4941\,]$

2）进行规则合成

采用比例冲突重分配组合规则进行规则合成：

即 $M_d(\{正常\},\{改钢\},\{降级\},\{调成分\},\{判废\},\{\Theta\}) = (0.2504,$
$0.2514, 0.1278, 0.1644, 0.1716, 0.0344)$。

3）计算确定性

计算 $\mathrm{Bel}(\{正常\}) = M_d(\{正常\})$，依次计算，可得

$\mathrm{Bel}(\{正常\},\{改钢\},\{降级\},\{调成分\},\{判废\},\{\Theta\}) = \{0.2504, 0.2514,$
$0.1278, 0.1644, 0.1716, 0.0344\}$。

计算 $\mathrm{Pl}(\{正常\},\{改钢\},\{降级\},\{调成分\},\{判废\},\{\Theta\}) = 1 - \mathrm{Bel}(\lnot\{正$
$常\},\lnot\{改钢\},\lnot\{降级\},\lnot\{调成分\},\lnot\{判废\},\lnot\{\Theta\}) = (0.2848, 0.2858,$
$0.1622, 0.1988, 0.206, 0.0344)$。

计算确定性：$f(\{正常\},\{改钢\},\{降级\},\{调成分\},\{判废\},\{\Theta\}) =$
$(0.2561, 0.2571, 0.1335, 0.1701, 0.1773, 0.0344)$，由此得到每一种扰动的
确定性。

第9章 基于资源要素协同的生产重调度响应机制

本部分研究从系统扰动度量和稳定性分析出发，基于"资源要素协同"视角，对生产阶段的生产与物流过程重调度问题统筹考量，研究多阶段制造资源要素的协同模式、协调逻辑和响应过程，进而建立基于资源要素协同的生产自适应重调度响应机制。

9.1 生产受扰条件下系统扰动度量和稳定性分析

依据干扰管理理论，受扰后重调度方案 x^i 需要考虑原方案 x^0 的情形，通过分析系统稳定性，使新方案与原方案的偏离度最小化。现拟采取以下几个指标进行衡量。

9.1.1 客户满意度扰动度量

客户满意度即是顾客对订单的交付时间是否达到预期的期望值，主要考虑客户对交货期的敏感度以及订单的重要度因素。

客户的交货期敏感度，可以理解为客户对订单 i 的交付时间有一定的时间窗要求 $[E_i, L_i]$，即最早完工时间 E_i 和最晚完工时间 L_i。基于目标函数最小化方式调整，将客户满意度转化为不满意度函数 u_i 进行表示：若生产过程中的扰动导致订单 i 的完工时间在时间窗 $[E_i, L_i]$ 之内，则不满意度为0；对于订单 i 的完工时间在时间窗 $[E_i, L_i]$ 之外的情况，若提前时间或拖期时间不超过 Δt_i（交货期容忍度），则可以对其进行一定程度的惩罚；若提前时间或拖期时间超过 Δt_i，那么客户不满意度则达到极大。

订单的重要度因素，表示该工件在整个生产加工过程中处于排序位置，用订单权重系数 β_i 加以区分。某项订单越重要，其 β_i 取值则越大。

基于上述交货期敏感度和订单重要度因素的分析，可定义顾客满意度扰动度量函数 u_i 为

$$\min u_i = \begin{cases} 0, & E_i \leq t_i \leq L_i \\ \beta_i \dfrac{E_i - t_i}{L_i - E_i}, & E_i - \Delta t_i \leq t_i \leq E_i \\ \beta_i \dfrac{t_i - L_i}{L_i - E_i}, & L_i \leq t_i \leq L_i + \Delta t_i \\ \infty, & t_i < E_i - \Delta t_i \quad \text{或} \quad t_i > L_i + \Delta t_i \end{cases} \tag{9-1}$$

对于由 n 个工序组成的完整加工过程，采用总和法对客户满意度扰动进行度量。

$$\eta_1^{(U)}(\tau_i^+, \tau_i^-) = \sum_{i=1}^{n} u_i \tag{9-2}$$

9.1.2 生产成本扰动度量

定义受扰前后工件 i（优先级权重系数为 ω_i）的计划完工时间分别为 $\bar{C}_i$ 和 C_i，那么由于工件折扣加权完工时间和的指标增大而导致的成本差异可表示为 $c_i^{(DW\pm)} \times DW(C_i^+, C_i^-) = c_i^{(DW\pm)} \times \max\left\{ \left(\sum_I \omega_i \times (1 - e^{-r \times C_i}) - \sum_I \omega_i \times (1 - e^{-r \times \bar{C}_i}) \right), 0 \right\}$。

定义受扰前后工件 i 在工序 j 上设备替代的费用差异为 $c_{ij}^{(P\pm)}$、材料替代的费用差异为 $c_{ij}^{(M\pm)}$、作业时间的费用差异为 $c_{ij}^{(T\pm)}$，则受扰前后工件的工序成本差异描述函数为 $h_{ij}(c_{ij}^{(P\pm)}, c_{ij}^{(M\pm)}, c_{ij}^{(T\pm)})$。

定义工件 i 提前/拖期完工的惩罚费用为 $\rho_i(\tau_i^+, \tau_i^-)$。

建立受扰状态订单生产过程中的成本扰动度量函数 $\eta_2^{(O)}$，其表达式为

$$\eta_2^{(O)}(\tau_i^+, \tau_i^-) = c_i^{(DW\pm)} \times DW(C_i^+, C_i^-) + \sum_I \sum_J h_{ij}(c_{ij}^{(P\pm)}, c_{ij}^{(M\pm)}, c_{ij}^{(T\pm)})$$
$$+ \sum_I \rho_i(\tau_i^+, \tau_i^-) \tag{9-3}$$

9.1.3 计划偏离扰动度量

调度方案的执行偏差主要包括工件的完工时间安排偏离状态和设备指派偏离状态（表征受扰前后工件的工艺行程一致性）两个方面。

（1）定义完工时间偏离度函数 $\theta_{ij}^{(\mathrm{CT})}$，描述工件 i 在工序 j 上完工时间的提前/拖期情况；定义设备指派偏离度函数 $\theta_{ij}^{(O)}$，描述工件 i 在工序 j 上的机器指派一致性。

（2）定义 $w_{ij}^{8(\mathrm{CT})}$ 和 $w_{ij}^{(O)}$ 分别为完工时间和机器指派的偏离度权重系数（为工件优先级权重系数 ω_i 的函数）。

建立反映调度方案执行状态变化情况的计划偏离扰动度量函数 $\eta_3^{(P)}$，其表达式为

$$\eta_3^{(P)}(\tau_i^+, \tau_i^-) = \sum_I \sum_J w_{ij}^{(\mathrm{CT})} \times \theta_{ij}^{(\mathrm{CT})} / \sum_I \sum_J w_{ij}^{(\mathrm{CT})}$$
$$+ \sum_I \sum_J w_{ij}^{(O)} \times \theta_{ij}^{(O)} / \sum_I \sum_J w_{ij}^{(O)} \tag{9-4}$$

9.1.4　系统综合扰动度量

干扰系统的扰动度量要考虑所有影响因素，将各因素的扰动度量方法整合，包括客户不满意度扰动程度、初始目标函数的扰动程度以及恢复扰动成本等，要使系统的扰动最小就要权衡这几方面的扰动因素。系统扰动即新调度方案与原方案相比的综合偏离程度，采用基于字典序多目标规划方法，把各单项指标作为子目标，通过多目标规划缩小每个子目标与系统目标之间的差距。

$$\min \quad \mathrm{Lex} P_1: \eta_1^{(U)}(\tau_i^+, \tau_i^-) P_2: \eta_2^{(O)}(\tau_i^+, \tau_i^-) P_3: \eta_3^{(P)}(\tau_i^+, \tau_i^-)$$
$$\mathrm{s.\,t.}\ \eta_1^{(U)}(\tau_i^+, \tau_i^-) > \eta_2^{(O)}(\tau_i^+, \tau_i^-) > \eta_3^{(P)}(\tau_i^+, \tau_i^-)$$

9.2　基于资源要素协同的自适应重调度响应机制

根据干扰的产生条件，结合制造资源清单模型和资源工序状态跟踪数据，将当前生产阶段工况进行分解，通过资源要素属性状态关联分析和重调度阈值判断，优化确定重调度启动的决策点，利用批次任务的优选规则来确定重调度的优化集（即实施范围），再通过对重调度环境中多阶段资源要素的协同分析，从预先针对各类干扰所制定的重调度响应策略库中提取相应的响应策略，实施制造资源的预配置，获得可行的调整方案集，建立基于资源要素协同的自适应重调度响应机制。

制造执行过程干扰事件驱动资源重配置方法研究主要包括基于干扰事件判定的制造资源重配置驱动策略、基于扰动数据驱动的制造资源重配置问题建模研究

和基于干扰要素协调的重配置优化方法研究三部分，其结构关系如图9-1所示。

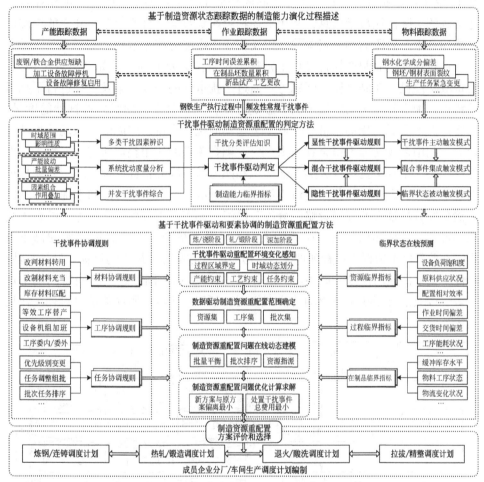

图 9-1 制造执行过程干扰事件驱动资源重配置方法研究方案

9.2.1 基于干扰事件判定的制造资源重配置驱动策略

在钢铁产品的制造执行过程中，制造资源跟踪数据可以反映出制造能力的实际演化过程。为实现对制造执行状态的完整、精确描述，提出基于生产批次的物料工序状态描述方法，将物料批次与生产工序关联，通过定义工序批次状态矢量、合批批次追溯矢量和合批炉次追溯矢量表达工序维的动态信息，结合所对应的属性维和时间维的数据信息，建立物料跟踪模型。该模型跟踪每个工序的详细开工/完工和作业进度信息、工序之间的作业工艺逻辑关系，以及各项作业对产能资源的实际消耗数量信息，利用上述物料跟踪数据结合作业跟踪和产能跟踪信息描述各生产阶段的制造资源状态以及作业工序能力演化过程。

针对钢铁产品制造执行过程中常规干扰事件频发的问题，如紧急订单加入、设备故障停机、在制品质量问题等。通过干扰事件的构成要素及特征进行干扰事件辨识，确定其作用的时域范围和影响性质，进而分析明确对事件扰动的度量，如客户需求变更的扰动度量、作业工艺变动的扰动度量、产能能力波动的扰动度量等。利用多扰动因素组合和因果/平行/耦合关系的作用叠加研究并发性干扰事件的综合。结合干扰事件分类评估知识和能力状态临界指标，提出基于知识推理的干扰事件判定方法，其判定流程如图9-2所示。采用基于特征的干扰事件判定实例分段分层推理的控制策略，分段分层组织储存的干扰事件实例库，综合工艺规则推理、评估知识归纳、作业约束满足以及人机交互方式完成实例的修正过程。在此基础上依据干扰管理理论，考虑原配置方案变动最小的目标，设计显性/隐性干扰事件驱动规则，如主/被动触发方式、扰动范围和触发时间窗的确定规则等，以及混合干扰事件驱动的协调规则和基于干扰事件驱动的消息对列工作机制等。

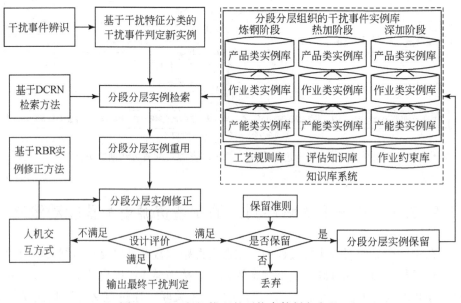

图9-2　基于知识推理的干扰事件判定流程

9.2.2　基于扰动数据驱动的制造资源重配置问题建模

针对钢铁生产过程中制造能力状态的动态演化特点，拟采用基于制造执行状态时间序列数据的机器学习和回归预测技术，将不同生产阶段的制造执行状态通过基于数据的表达方法进行描述。在此基础上结合实时运行数据对生产过程中的制造资源配置情况进行预测，拟采用反映系统动态特征的递归神经网络回归预测方法，包括不同时间尺度下的制造资源利用综合预测、机组设备产能预测、制造能力指标预测等，在中长时间尺度下资源配置环境特征预测方面，将引入统计学理论、知识发现等技术，建立正常/异常情况下资源配置环境数据与配置性能指标之间的关系。

在重配置问题的动态建模环节，首先基于干扰事件的驱动规则结合人工参与的方式，按照炼钢、热加、深加阶段分别确定各受扰生产阶段的资源重配置范围和时域。然后利用上述制造能力状态预测结果，采用模式识别技术对钢铁生产过程制造资源重配置模型的输入变量进行提取和约简，基于干扰管理和数据驱动理论动态建立在线的重配置模型。该在线模型中子目标来自于对配置环境、能力状态等情况的基于数据的预测，如最小化方案变动偏离程度子目标、最小化方案成本偏离程度子目标、最大化机组作业效率子目标等；其模型参数的确定依赖于生产系统实时运行状态数据，如各子目标的权重选择等，在子目标评价变量的数据描述中，通过支持向量机分类、自组织映射等数据挖掘的方法对其进行在线确定。在此基础上研究数据模型（或局部数据模型）与机理模型的动态交互协同技术，二者相互结合、互为补充，实现制造资源的重配置建模，如图 9-3 所示。

9.2.3　基于干扰要素协调的重配置优化方法

针对资源重配置模型的在线优化及其算法设计问题，拟采用基于粗糙集理论和面向对象的方法研究 MTO 钢铁集团企业制造执行过程中干扰要素协调规则/知识的表达方法、特征属性提取、约简和快速推理算法，以及基于资源配置环境变化数据的协调规则/知识获取及综合评价方法。在正确表示干扰要素协调规则/知识的基础上采用计算智能和概率估计的参数在线优化技术对所建立的动态重配置模型进行优化。考虑到在线优化过程对实时性的要求较高，拟在优化计算过程中采用要素协调规则内嵌式启发的并行计算智能方法，以快速获得重配置的优化方案理论值。

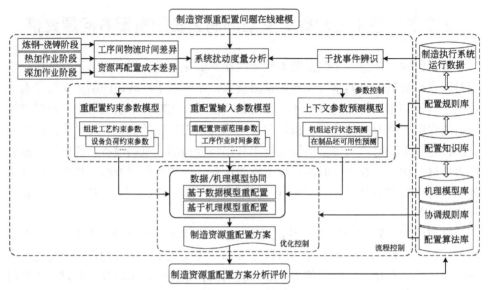

图 9-3　基于扰动数据驱动的制造资源重配置问题建模

　　在新方案预实施和配置指标预评价环节，拟将基于理论计算获得的重配置优化方案以计算机系统仿真的形式完成新方案在各个生产阶段的预实施。进而，基于支持向量机等数据挖掘技术和群体演化算法预测实施后的生产运作各项指标、资源配置等情况，并综合运用 DEA、AHP、模糊综合评判等方法对资源重配置决策结果进行预评价。在最优重配置方案生成环节，针对上述对理论计算方案的预实施和预评价结果，利用从实际的历史重配置决策方案数据中提取的专家知识，运用主元分析技术、特征粗糙推理等方法，对制造资源的重配置方案进行再修正，将决策评价结果反馈到在线建模与求解研究中，以修正模型结构与参数，最终获得能够在实际生产中应用的最优重配置决策方案。决策结果评价研究成果也能够指导制造资源配置决策行为和决策机制的研究。

|第 10 章| 具有外包选择的流水线
干扰管理调度模型与算法

加工流水线调度问题是一类具有很强工程应用背景和重要理论研究价值的典型 NP 完全问题（Michael and Johnson，1979；Pinedo，2012）。目前，国内外学者对加工流水线调度问题的研究主要集中于全局静态调度和周期性滚动调度方面，并已取得了非常丰富的研究成果（Santos et al.，1995；王凌等，2011）。然而，在现实的流水线加工环境中存在着诸多不确定性因素，具体表现为加工过程中随机出现的机器故障、随机到达的高优先级工件任务等各类干扰事件（刘明周等，2009）。随机干扰事件将使事先制定的最优调度方案发生偏离或不再可行，这就需要针对实际工况和扰动性质，及时给出处置干扰事件的重调度方案。

流水线的机器干扰事件可以定性地分为两类：第一类干扰事件发生后，流水线在较短时间内就可以恢复到正常加工状态，即流水线加工能力基本上能够满足订单交付的要求，多数文献研究的是这类情况；第二类干扰事件发生后，流水线将在较长时间内都处于不可用的状态，此时待加工的工件任务量已超出了流水线的加工能力。针对第二类机器干扰事件，在实际生产中可以考虑基于作业外包的策略来解决加工能力不足的问题。Qi（2008；2011）先后研究了单机和两阶段流水线加工环境中的作业外包调度问题，综合考虑外包工件分批运输等多约束条件，提出了以最小化制造期为优化目标的内部生产与作业外包联合调度模型。

具有外包选择的无等待流水线干扰修复问题源于冶金、化工、建材等流程工业系统生产管理的实际需求。如钢铁企业的初轧-连轧生产线，一般是由初轧机组和连轧机组两台关键设备构成的双机成比例无等待流水线加工系统。当出现第二类机器干扰事件时，企业通常会考虑委托其他生产基地同类流水线加工的作业外包途径，来应对由干扰事件引起的加工能力受限问题。在制定干扰修复方案的过程中，一方面要注意保证流水线高效率的成本指标（Pinedo，2012），另一方面还有考虑热连续加工作业链上的工序衔接问题，应尽量保持工件加工时间安排上的一致性，来保证生产加工过程的连续性和均衡性（李铁克等，2010）。以四篇相关文献研究为借鉴，本文进一步探究基于作业外包策略的双机成比例无等待流水线干扰修复问题（Qi et al.，2006；柳毅等，2006；Qi，2011；王建军等，2011）。在 SPT 调度规则最优解特性分析的基础上，兼顾加工系统成本指标的同时尽量降低修复方案中工件时间安排的偏离度，构建以工件完工时间和最小与工件滞后时间和最小为调度目标的干扰修复 0-1 整数规划模型，提出差分进化全局搜索与"插入—交换"邻域搜索机制相结合的求解算法。

10.1　具有外包选择的流水线干扰管理调度描述

由加工机速成比例的两台机器构成无等待流水线加工系统 $\text{NWT}_{\text{in-house}}$，其加工环境为：进入流水线加工的工件必须依次经过机器 M_1 和 M_2；工件在流水线上的每台机器上仅加工一次；同一工件在流水线上必须连续加工完成；流水线上的任意机器在某一时刻只能加工单一工件；若加工工件被中断必须重新进入流水线加工。假设 $\text{NWT}_{\text{in-house}}$ 和由 n 个相同优先级工件组成的待加工工件集合 $J = \{1, 2, \cdots, j, \cdots, n\}$（$n>1$），在 0 时刻均准备就绪。令 $\text{NWT}_{\text{in-house}}$ 两台机器的机速分别为 v_1 和 v_2，工件 j 在机器 i（$i \in \{1, 2\}$）上的开工时间为 s_{ij}、加工时间为 p_{ij}、完工时间为 C_{ij}，工件 j 在 $\text{NWT}_{\text{in-house}}$ 的完工时间为 C_j，可行的调度加工时间表为 π。

初始调度方案：为了最小化 $\text{NWT}_{\text{in-house}}$ 上所有工件的完工时间和 $\sum_{j=1}^{n} C_j$，可以将所有工件按照 SPT 调度规则进行排序，即依据加工时间由小到大的顺序对工件进行编号，并使工件按照从编号 1 到编号 n 的顺序，依次进入流水线进行加工，以保证工件之间没有多余的空闲时间，达到提高流水线加工效率的目标。这样，初始调度问题可描述为：$F_2 | \text{NWT} | f(\pi) = \sum_{j=1}^{n} C_j$，初始调度方案的最优加工时间表为 $\bar{\pi}$（图 10-1 中 A 部分所示），其最优目标评价函数值为 $f(\bar{\pi}) = \sum_{j=1}^{n} \bar{C}_j$。

在初始的最优调度方案下达执行过程中，干扰事件的发生会导致该最优加工时间表 $\bar{\pi}$ 不再最优，甚至是不可行。本文研究主要考虑机器干扰事件，如 $\text{NWT}_{\text{in-house}}$ 机器故障与维修停机、高优先级生产订单占用 $\text{NWT}_{\text{in-house}}$ 等情况，机器干扰事件记作 ΔM。为了降低机器干扰事件对流水线加工系统所造成的影响，需要根据实际生产工况和扰动发生情况对流水线上待加工工件集合的排序进行重新调整，形成兼顾初始调度目标和干扰修复目标的新的最优调度加工时间表，即干扰修复方案。

选择作业外包：如图 10-1 中 B 部分所示，在生产执行过程中的 t_0' 时刻，预

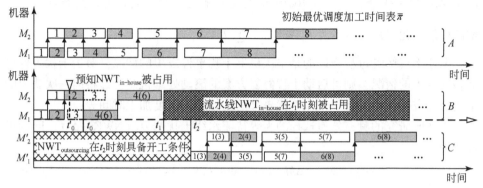

图 10-1　机器扰动工况下基于作业外包策略的干扰修复方案

知由于机器干扰事件 ΔM 的出现，流水线 $\text{NWT}_{\text{in-house}}$ 将在 t_1 时刻被占用。在当前生产工况下，可以选择由机器 M_1' 和 M_2' 构成的相同类型流水线 $\text{NWT}_{\text{outsourcing}}$（机器 M_1' 与 M_1、机器 M_2' 与 M_2 分别为同型机）代为加工，即选择作业外包，记作 out-opt。外包流水线 $\text{NWT}_{\text{outsourcing}}$ 在 t_2 时刻具备开工条件，如图 10-1 中 C 部分所示。这样，在 t_0 时刻进行重置 0 时刻初始化操作，并将待加工工件集合 J'（包括被中断的原编号为 3 的工件）按照 SPT 调度规则重新编号为 $1 \sim n'$。当前生产工况的可用加工时间窗变为 $\text{NWT}_{\text{in-house}}$ 上的 $[t_0, t_1]$ 和 $\text{NWT}_{\text{outsourcing}}$ 上的 $[t_2, \infty]$，那么，待开工的工件也可以划分为安排在 t_1 之前和 t_2 之后加工的两个工件集合。这里，机器干扰事件发生时刻 t_1 须满足：$t_1 > \min \{t_0 + p_{1j} + p_{2j} \mid j \in J'\}$，否则，只需等到 $\text{NWT}_{\text{outsourcing}}$ 具备开工条件，$\text{NWT}_{\text{outsourcing}}$ 按初始最优调度加工时间表 $\bar{\pi}$ 执行加工即可。

干扰修复方案：依据干扰管理思想（Santos et al. 1995），在制定干扰修复方案时，既要考虑新方案 π' 中所有工件完工时间和最小的初始优化目标，又要使新方案 π' 的加工时间表与初始最优调度加工时间表 $\bar{\pi}$ 的偏离度尽量小。所以干扰修复方案以下列两个最小化目标作为修复目标。

（1）初始最优调度目标：所有待加工工件的完工时间和最小化，即 $f_1(\pi') = \sum_{j=1}^{n'} C_j$。

（2）偏离度最小化目标：所有待加工工件的滞后时间和最小化。在初始最优调度方案中，工件 j 将在 $\bar{C}_j$ 时刻完工；由于受到机器干扰事件的影响，在新的修复方案中，工件 j 将在 C_j 时刻完工。令初始最优调度方案中工件 j 的完工时间 $\bar{C}_j$ 为虚拟交付工期，则可将工件加工滞后时间定义为 $T_j = \max\{0, C_j - \bar{C}_j\}$，本文

以 T_j 来衡量干扰修复方案与初始最优调度方案之间的偏离程度，则修复方案的偏离度最小化目标可表示为 $f_{\mathrm{II}}(\pi') = \sum_{j=1}^{n'} T_j$。

上述干扰修复过程描述的是单次机器干扰事件发生的情况，对于干扰事件可能多次发生的情况，则可启动干扰修复方案的滚动处理机制，即将前一次获得的干扰修复方案作为处置下一次干扰事件的初始最优调度加工时间表。

本文所研究的具有外包选择的无等待流水线干扰修复（NWFS±ΔM）问题可描述为

$$F_2 \mid \mathrm{NWT}, \ \Delta M, \ \mathrm{out-opt} \mid f_{\mathrm{I}}(\pi'), \ f_{\mathrm{II}}(\pi') \qquad (10\text{-}1)$$

10.2　具有外包选择的流水线干扰管理调度建模

10.2.1　干扰修复问题的 SPT 建模基础

10.1 节的描述中包含了流水线上的两类加工工况。① 机器 1 的加工速度小于机器 2 的加工速度，即 $v_1 < v_2$。② 机器 1 的加工速度大于或等于机器 2 的加工速度，即 $v_1 \geqslant v_2$。下面针对上述两类加工工况，分析讨论基于 SPT 调度规则的最优解特性。

SPT 最优定理：10.1 节有且仅有一个满足 SPT 调度规则的最优排序解。

证明：对于初始最优调度目标 $f_{\mathrm{I}}(\pi')$，采用反证法进行证明。

假设对于安排在 $\mathrm{NWT}_{\mathrm{outsourcing}}$ 上 t_2 之后加工的工件集合，存在某一满足 $f_{\mathrm{I}}(\pi')$ 最优的调度加工时间表 π^*，在 π^* 中有一对相邻的工件 k 和 j（其中 j 为 k 紧后工件，且满足 $p_{ij} < p_{ik}$），令 C'_{ik} 和 C'_{ij} 分别为邻对交换后工件 k 和 j 在机器 i 上的完工时间。我们要证明邻对交换操作能够使上述工件集合的完工时间和 $\sum C_j$ 减少，这里仅需证明：在不延误工件 k 或 j 的紧后工件在机器 1 上开工时间的前提下，$C'_{2j} + C'_{2k} \leqslant C_{2j} + C_{2k}$ 成立。令在调度加工时间表 π^* 中工件 h 为工件 k 紧前工件、工件 l 为工件 j 紧后工件，令 s_{1l} 和 s'_{1l} 分别为邻对交换前后工件 l 的开工时间。在最优调度 π^* 中，$p_{1h} \leqslant \min\{p_{1j}, p_{1k}\}$，$\max\{p_{2j}, p_{2k}\} \leqslant p_{2l}$。

工况①：$v_1 < v_2$，即调度加工时间表 π^* 中有相邻工件 k 和 j，满足 $p_{1k} > p_{2k}$ 条件。可知 $p_{2h} < p_{1h} \leqslant \min\{p_{1j}, p_{1k}\}$，$\max\{p_{2j}, p_{2k}\} \leqslant p_{2l} < p_{1l}$，所以，邻对交换前后：工件 k 或 j 的开工时间均为 C_{1h}，其紧后工件 l 的开工时间分别为 C_{1j} 和 C'_{1k}。邻对交换前：当 $p_{1j} \leqslant p_{2k}$ 时，如图 10-2 情况 A 所示，$C_{2j} + C_{2k} = (C_{1h} + p_{1k} + p_{2k} + p_{2j}) + (C_{1h}$

$+p_{1k}+p_{2k}$），$s_{1l}=C_{1j}=C_{1h}+p_{1k}+p_{2k}$；当 $p_{1j}>p_{2k}$ 时，如图 10-2 情况 B 所示，$C_{2j}+C_{2k}=$（$C_{1h}+p_{1k}+p_{1j}+p_{2j}$）$+$（$C_{1h}+p_{1k}+p_{2k}$），$s_{1l}=C_{1h}+p_{1k}+p_{1j}$。邻对交换后：$C'_{2j}+C'_{2k}=$（$C_{1h}+p_{1j}+p_{2j}$）$+$（$C_{1h}+p_{1j}+p_{1k}+p_{2k}$），$s'_{1l}=C_{1h}+p_{1j}+p_{1k}$。可得

情况 A：（$C'_{2j}+C'_{2k}$）$-$（$C_{2j}+C_{2k}$）$=p_{1j}+p_{1j}-p_{1k}-p_{2k}<0$

$s'_{1l}-s_{1l}=p_{1j}-p_{2k}\leqslant 0$，即 $s'_{1l}\leqslant s_{1l}$。

情况 B：（$C'_{2j}+C'_{2k}$）$-$（$C_{2j}+C_{2k}$）$=p_{1j}-p_{1k}<0$

$s'_{1l}-s_{1l}=0$，即 $s'_{1l}=s_{1l}$。

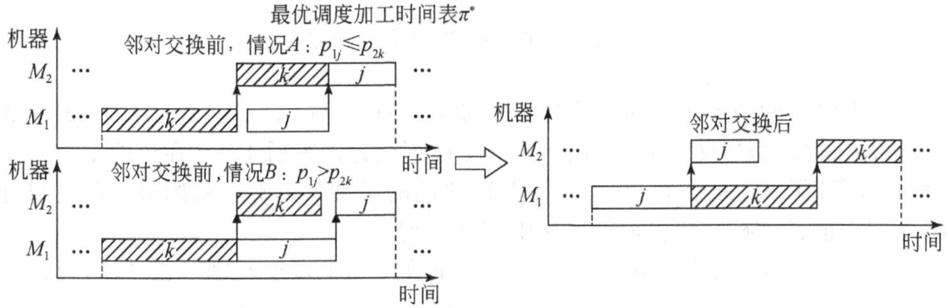

图 10-2 $v_1<v_2$ 条件下邻对工件交换加工次序

工况②：$v_1\geqslant v_2$，即方案 π^* 中有相邻工件 k 和 j，满足 $p_{1k}\leqslant p_{2k}$ 条件。邻对交换前，$C_{2j}+C_{2k}=$（$C_{1h}+p_{1k}+p_{2k}+p_{2j}$）$+$（$C_{1h}+p_{1k}+p_{2k}$）或（$C_{2h}+p_{2k}+p_{2j}$）$+$（$C_{2h}+p_{2k}$），$s_{1l}=\max\{C_{2j}-p_{2j},\ C_{2j}-p_{2l}\}$。邻对交换后：当 $p_{2j}\leqslant p_{1k}$ 时，如图 10-3 情况 C 所示（$p_{2j}=p_{1j}\times(v_1/v_2)<p_{1k}\times(v_1/v_2)=p_{2k}$），$C'_{2j}+C'_{2k}=$（$C_{1h}+p_{1j}+p_{2j}$）$+$（$C_{1h}+p_{1j}+p_{1k}+p_{2k}$）或（$C_{2h}+p_{2j}$）$+$（$C_{2h}+p_{1k}+p_{2k}$）；当 $p_{2j}>p_{1k}$ 时，如图 10-3 情况 D 所示，$C'_{2j}+C'_{2k}=$（$C_{1h}+p_{1j}+p_{2j}$）$+$（$C_{1h}+p_{1j}+p_{2j}+p_{2k}$）或（$C_{2h}+p_{2j}$）$+$（$C_{2h}+p_{2j}+p_{2k}$）；邻对交换后两种情况下，均有 $s'_{1l}=\max\{C'_{2k}-p_{2k},\ C'_{2k}-p_{2l}\}$。可得

情况 C：（$C'_{2j}+C'_{2k}$）$-$（$C_{2j}+C_{2k}$）$=\begin{cases}2p_{1j}-p_{1k}-p_{2k}<0\\p_{1k}-p_{2k}\leqslant 0\end{cases}$

由 $C'_{2k}-C_{2j}=\begin{cases}p_{1j}-p_{2j}\leqslant 0\\p_{1k}-p_{2j}\leqslant 0\end{cases}$ 和 $p_{2j}<p_{2k}$，可知 $s'_{1l}\leqslant s_{1l}$。

情况 D：（$C'_{2j}+C'_{2k}$）$-$（$C_{2j}+C_{2k}$）$=\begin{cases}2p_{1j}+p_{2j}-2p_{1k}-p_{2k}<0\\p_{2j}-p_{2k}<0\end{cases}$

由 $C'_{2k}-C_{2j}=\begin{cases}p_{1j}-p_{1k}<0\\0\end{cases}$ 和 $p_{2j}<p_{2k}$，可知 $s'_{1l}\leqslant s_{1l}$。

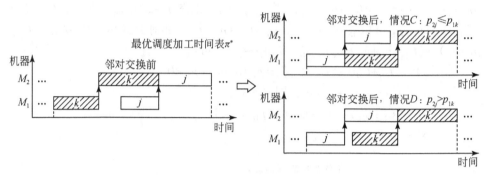

图 10-3 $v_1 \geqslant v_2$ 条件下邻对工件交换加工次序

综上仅有的两类工况四种情况，可知 $(C'_{2j}+C'_{2k})-(C_{2j}+C_{2k}) \leqslant 0$ 且 $s'_{1l} \leqslant s_{1l}$ 均成立，故 $C'_{2j}+C'_{2k} \leqslant C_{2j}+C_{2k}$ 得证，而且邻对交换不会延误紧后工件 l 在机器 1 上开工时间。同理可证，安排在 $\text{NWT}_{\text{in-house}}$ 上 t_1 之前的工件集合对于初始最优调度目标 $f_I(\pi')$ 的最优排序解也须满足 SPT 调度规则。

对于偏离度最小化目标 $f_{II}(\pi')$：易证遵循 SPT 调度规则对工件进行排序，安排在 $\text{NWT}_{\text{in-house}}$ 上 t_1 之前加工的工件，满足 $C_j \leqslant \bar{C}_j$，即 $T_j=0$，其完工时间不会被滞后。若在某一满足 $f_{II}(\pi')$ 最优的调度加工时间表 π^{**} 中，安排在 $\text{NWT}_{\text{outsourcing}}$ 上 t_2 之后加工的工件集合中有一对相邻工件 k 和 j（满足 $p_{ij}<p_{ik}$，工件 k 安排在 j 之前加工），执行 SPT 邻对交换后，令 T_j 为工件 j 使 $f_{II}(\pi')$ 的减少量、T_k 为工件 k 使 $f_{II}(\pi')$ 的增加量，则 $f_{II}(\pi')$ 目标函数值的变化量可表示为 $\Delta f_{II}(\pi') = -T_j+T_k$。如果我们能够证明 SPT 邻对交换有效地减少了工件在流水线上的加工滞后时间，即 SPT 邻对交换后 $\Delta f_{II}(\pi') <0$，则可确定 SPT 调度规则实现了最小化方案偏离度的目标 $f_{II}(\pi')$。

工况①：$v_1<v_2$。图 10-2 中情况 A：$T_j=p_{1k}+p_{2k}-p_{1j}$，$T_k=p_{1j}$，$\Delta f_{II}(\pi')=-p_{1k}-p_{2k}+p_{1j}+p_{1j}$，因为 $p_{1j} \leqslant p_{2k}$，$p_{1j}<p_{1k}$，可知 $\Delta f_{II}(\pi')<0$；图 10.2 中情况 B：$T_j=p_{1k}$，$T_k=p_{1j}$，显然，$\Delta f_{II}(\pi') = -p_{1k}+p_{1j}<0$。

工况②：$v_1 \geqslant v_2$。图 10-3 中情况 C：$T_j=p_{1k}+p_{2k}-p_{1j}$，$T_k=p_{1j}$，$\Delta f_{II}(\pi')=-p_{1k}-p_{2k}+p_{1j}+p_{1j}$，因为 $p_{1j}<p_{1k} \leqslant p_{2k}$，所以 $\Delta f_{II}(\pi')<0$；图 10.3 中情况 D：$T_j=p_{1k}+p_{2k}-p_{1j}$，$T_k=p_{1j}+p_{2j}-p_{1k}$，由 $p_{ij}<p_{ik}$ 可知：$\Delta f_{II}(\pi') = -2(p_{1k}-p_{1j})-(p_{2k}-p_{2j})<0$。对于仅有的两类工况四种情况，均已证明 $\Delta f_{II}(\pi') <0$ 成立。

10.2.2 基于 SPT 规则的干扰修复模型

由 SPT 最优定理可知，在处置机器干扰事件 ΔM 的过程中，无论对于安排在

$NWT_{in-house}$ 上 t_1 之前加工的工件集合 $J^{(in)}$，或是安排在 $NWT_{outsourcing}$ 上 t_2 之后加工的工件集合 $J^{(out)}$，只要对工件集合 $J^{(in)}$ 或 $J^{(out)}$ 内的工件按照 SPT 调度规则进行排序，就能得到满足初始最优调度目标 $f_1(\pi')$ 和偏离度最小化目标 $f_{\mathrm{II}}(\pi')$ 的最优解。这样，就可以把 NWFS$\pm\Delta M$ 的工件重排序问题看作是在同等约束条件下对所有待加工工件的集合最优划分问题。

机器干扰修复问题是由初始调度问题演化而来的，因而 NWFS$\pm\Delta M$ 干扰修复模型严格继承了 $F_2 | NWT | f(\pi) = \sum_{j=1}^{n} C_j$ 模型的约束条件。除此之外，NWFS$\pm\Delta M$ 干扰修复模型的约束条件还增加了待加工工件在"机器–时间"安排上的约束，即工件只能安排在 $NWT_{in-house}$ 上的 $[t_0, t_1]$ 加工时间窗或 $NWT_{outsourcing}$ 上的 $[t_2, \infty]$ 加工时间窗。令在 $[t_0, t_1]$ 时间窗内加工的工件 j 的完工时间为 $C_j^{(in)}$、在 $[t_2, \infty]$ 时间窗内加工的工件 j 的完工时间为 $C_j^{(out)}$。这样，NWFS$\pm\Delta M$ 干扰修复问题的 0–1 整数规划模型可以描述为

$$\min_{i=\{1, 2\} j \in J'} \{f_{\mathrm{I}}(\pi') = \sum_{j=1}^{n'} C_j, f_{\mathrm{II}}(\pi') = \sum_{j=1}^{n'} T_j\} \tag{10-2}$$

$$\text{s. t.} \quad p_{i(j-1)} \leqslant p_{ij}, \ j \geqslant 2 \tag{10-3}$$

$$C_{ij} = s_{ij} + p_{ij} \tag{10-4}$$

$$s_{2j} = s_{1j} + p_{1j} \tag{10-5}$$

$$s_{1j} = \max\{(C_{2(j-1)} - p_{2(j-1)}), (C_{2(j-1)} - p_{1j})\}, \ j \geqslant 2 \tag{10-6}$$

$$(s_{ij} \geqslant C_{ik}) \vee (s_{ik} \geqslant C_{ij}), \ \forall j, k \in J' \tag{10-7}$$

$$\text{d. v.} \quad x_j: \text{当 } j \in J^{(out)} \text{ 时, } x_j = 0; \text{ 当 } j \in J^{(in)} \text{ 时, } x_j = 1 \tag{10-8}$$

NWFS$\pm\Delta M$ 干扰修复模型中：式(10-3)表示工件的 SPT 调度规则排序约束；式(10-4)为流水线各机器上加工工件的完工时间计算式；式(10-5)表示无等待流水作业约束，即工件一旦在流水线上开始加工就必须连续完成；式(10-6)表示流水上各工件之间无空闲时间约束，即工件只要具备开工条件就立即开始加工；式(10-7)表示流水线加工作业的析取约束，指当多个工件安排在同一台机器上加工时，不允许同时开工；式(10-8)则定义了决策变量 x_j。

10.3　具有外包选择的流水线干扰管理调度模型算法

差分进化（differential evolution，DE）算法，是由 Storn 和 Price 于 1995 年提出的一种基于群体进化策略的随机并行搜索算法。DE 算法利用种群内个体之间的合作与竞争来指导搜索过程，既保留了基于群体智能的全局寻优策略，又可以

通过个体最优记忆来不断动态调整当前的搜索策略，是求解无等待流水线调度问题的一类非常有效的方法（王凌和钱斌，2012）。综合考虑 DE 算法的分散性全局并行搜索能力以及邻域搜索算法对局部最优解的改良能力，本文提出差分进化搜索与"插入—交换"邻域局部搜索两种机制相结合的多目标混合差分进化算法（multi-object hybrid different evolution，MHDE）算法，并使用 MHDE 算法对 NWFS±ΔM 干扰修复模型进行求解。

10.3.1 算法的初始化

解的随机键编码：标准 DE 算法中个体解的表达采用的是实数向量编码方式，它不能直接应用于 NWFS±ΔM 干扰修复问题，因而，设计一种从实数向量编码到工件集合划分的恰当映射规则是应用 DE 算法解决 NWFS±ΔM 干扰修复问题的首要和关键问题。这里，我们构造基于随机键编码的 0—1 映射规则实现从个体解实数向量表达到工件集合划分的转换。

首先，采用随机键编码方式在连续空间里随机产生个体解的 n' 维实数表达向量 $X_i^{(R)}(0) = [x_{i,1}, \cdots, x_{i,k}, \cdots, x_{i,n'}]$，其中，$x_{i,k}$ 为均匀分布随机实数，$x_{i,k} = \text{Lo}(x_{i,k}) + \text{rand}() \times (\text{Up}(x_{i,k}) - \text{Lo}(x_{i,k}))$，$k \in \{1, 2, \cdots, n'\}$，$\text{Up}(x_{i,k})$ 和 $\text{Lo}(x_{i,k})$ 分别为 $x_{i,k}$ 搜索的上下界；然后，将实数向量 $X_i^{(R)}(0)$ 映射为 0~1 整数集合划分编码 $X_i^{(I)}(0) = [x_{i,1}^{(I)}, x_{i,2}^{(I)}, \cdots, x_{i,n'}^{(I)}]$，具体操作过程是每一个维度分量 $x_{i,k}$ 均向上取整并对 2 求模运算，即 $x_{i,k}^{(I)} = \langle \lceil x_{i,k} \rceil \rangle_2$。这样，就可以得到符合 NWFS±$\Delta M$ 干扰修复问题解表达形式的工件集合划分方案。

多目标处理策略：为解决 NWFS±ΔM 多目标干扰修复问题，将传统的多目标加权线性累加策略与随机权重方法相结合，建立支持 DE 算法搜索方向动态可变的随机加权线性累加适应度函数，即 $f(x) = \sum_{k=1}^{K} \lambda_k \times f_k(x)$。式中，$\lambda_k$ 为第 k 个目标的非负权重系数（$\sum_{k=1}^{K} \lambda_k = 1$）。在算法迭代过程中，每一组权重系数就决定了种群个体在目标空间中的某一个搜索方向，为了增加 DE 算法搜索方向的多样性，获得尽可能丰富的非劣解，λ_k 按照 $\lambda_i = \text{rand}_k / \sum_{k'=1}^{K} \text{rand}_{k'}$ 方式随机生成，这里，rand_k 为（0，1）之间均匀分布的随机数。

考虑到多个目标之间的相互制衡关系，将导致大部分非劣解会分散在大峡谷型解空间中接近谷底的某些区域，这就需要进一步加强混合算法的局部搜索能力，在接近大峡谷底的区域尽可能多地获得非劣解。已有研究表明（王凌和钱斌，2012），对 20% ~ 25% 比例的种群个体进行邻域搜索，能够保证搜索过程既可以保持恰当的宽度又具有合适的深度，此时，多目标混合算法表现出较为理想的局部搜索性能。本文 MHDE 算法采取对 20% 的种群个体实施局部搜索操作。

10.3.2　全局搜索机制

本文多目标混合差分进化算法采用 DE/Rand-to-Best/1/Exp 全局搜索机制：Rand-to-Best 表示选择当前种群的最优个体作为基准个体参与交叉和变异操作，使得种群个体在搜索过程中能够获取到最优个体的信息，这在一定程度上可以提升局部搜索性能；1 表示变异时差分项的数目；Exp 表示算法采用的是指数型交叉操作。具体搜索操作过程分为以下三个操作。

（1）变异操作：在算法每一代搜索过程中，通过变异操作给当前进化代数为 g 的种群中每一个体 $X_i(g)$ 均生成一个目标个体 $T_i(g)$。若 $X_{\text{best}}(g)$ 为第 g 代种群中的最优个体，$t_{i,k}(g)$、$x_{\text{best},k}(g)$ 和 $x_{i,k}(g)$ 分别为目标个体 $T_i(g)$、当前个体 $X_i(g)$ 和最优个体 $X_{\text{best}}(g)$ 的第 k 维分量，F 为取值在（0，1）之间的缩放比例因子，则变异操作可以描述为

$$t_{i,k}(g) = x_{i,k}(g) + F \times (x_{\text{best},k}(g) - x_{i,k}(g)) + F \times (x_{r1,k}(g) - x_{r2,k}(g))$$

$$(10\text{-}9)$$

（2）交叉操作：变异操作后执行指数型交叉，将当前个体 $X_i(g)$ 的部分变量用目标个体 $T_i(g)$ 的对应变量替换，即可得到实验个体 $E_i(g)$，并由此保留较为优良的个体变量，进一步增强局部区域的搜索能力。首先，选择 $[1, n']$ 之间整数 ω 作为交叉起点；然后以概率 CR 选择某一长度 L 作为替换的变量数量，该随机数 L 符合 $P\{L=\omega\} = (CR)^{\omega-1} \times (1-CR)$ 分布，且 $L < n'$。若 $e_{i,k}(g)$ 为实验个体 $E_i(g)$ 的第 k 维分量，则指数交叉操作可描述为

$$e_{i,k}(g) = \begin{cases} 2\text{Up}(x_{i,k}) - t_{i,k}(g) & k = \langle \omega \rangle_{n'}, \cdots, \langle \omega + L \rangle_{n'} \text{且} t_{i,k}(g) > \text{Up}(x_{i,k}) \\ 2\text{Lo}(x_{i,k}) - t_{i,k}(g) & k = \langle \omega \rangle_{n'}, \cdots, \langle \omega + L \rangle_{n'} \text{且} t_{i,k}(g) < \text{Lo}(x_{i,k}) \\ x_{i,k}(g) & \text{其他} \end{cases}$$

$$(10\text{-}10)$$

（3）选择操作：采用贪心选择方式，即选择实验个体与当前个体中较优的进入下一代搜索。

$$X_i(g+1) = \begin{cases} E_i(g) & f[E_i(g)] < f[X_i(g)] \\ X_i(g) & \text{其他} \end{cases} \qquad (10\text{-}11)$$

显然，算法的贪心选择机制保证了下一代种群中的个体质量不会比当前种群的个体差，从而使种群的平均性能不断提高，直至达到问题最优解或满意解。

10.3.3　局部搜索机制

局部搜索的性能与所采用的邻域结构密切相关，对于本文的集合最优划分问题而言，Insert（π_1, v, π_2）插入邻域和 Swap（π_1, v_1, π_2, v_2）交换邻域是两种非常实用的邻域结构。

（1）Insert（π_1, v, π_2）邻域结构：即随机将集合 π_1 中的第 v 个工件插入到集合 π_2 中。

（2）Swap（π_1, v_1, π_2, v_2）邻域结构：即随机将集合 π_1 和 π_2 中的第 v_1 和 v_2 个工件交换。

综合考虑 Insert 邻域搜索更为高效和彻底的优点，以及 Swap 邻域结构具有较大搜索距离的特征，本文设计一种基于随机策略的插入与交换混合的 Insert-Swap 邻域结构。该随机邻域结构可以定义为 $F(c_{PII} \otimes X_{best}(g))$，表示以 c_{PII} 概率对各代最优个体执行步长为 $\overline{M}$ 的局部搜索，c_{PII} 为两阶段概率分布区间：$c_{pi}[\alpha_1, \beta_1]$ 和 $c_{pii}[\alpha_2, \beta_2]$。对于任意（0，1）之间均匀分布随机数 rand()，若 $\alpha_1 \leqslant$ rand() $\leqslant \beta_1$，则执行 Insert(π_1, v, π_2)邻域搜索操作；若 $\alpha_2 \leqslant$ rand() $\leqslant \beta_2$，则执行 Swap（π_1, v_1, π_2, v_2）邻域搜索操作。随机邻域搜索算子 $F(c_{PII} \otimes X_{best}(g))$ 的概率分布区间与搜索操作选择的对应关系为

$$c_{PII} = \begin{cases} c_{pi}[\alpha_1, \beta_1](\alpha_1 \leqslant \beta_1) \Rightarrow \text{Insert}(\pi_1, v, \pi_2) \\ c_{pii}[\alpha_2, \beta_2](\alpha_2 \leqslant \beta_2) \Rightarrow \text{Swap}(\pi_1, v_1, \pi_2, v_2) \end{cases} \tag{10-12}$$

针对概率分布可能重叠的情况，定义组合邻域结构 COM<I, S>，描述两种邻域算子的组合状态，并规定组合状态下两邻域算子的优先级顺序为：先做 Insert 邻域搜索，再做 Swap 邻域搜索。如当 $\alpha_2 < \beta_1$ 时，即存在有重叠区域 $[\alpha_2, \beta_1]$，若随机数 rand()满足 $\alpha_2 \leqslant$ rand() $\leqslant \beta_1$ 条件，则形成组合邻域结构，在该邻域结构中按照邻域算子的优先级顺序交替执行 Insert 和 Swap 两种邻域搜索操作。

10.3.4　MHDE 算法流程

在上述算法设计的基础上，本文提出了求解 NWFS±ΔM 干扰修复问题的基于差分进化策略与随机多邻域局部搜索机制相结合的混合 DE 算法，下面给出该

混合 DE 求解算法的具体操作步骤及流程框架，如图 10-4 所示。

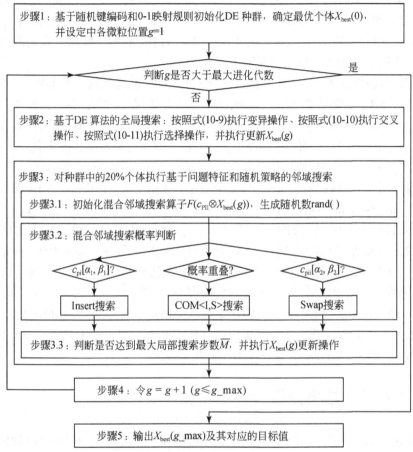

图 10-4　求解 NWFS±ΔM 干扰修复问题的混合 DE 算法基本流程

10. 4　数　值　实　验

10. 4. 1　实验设计

针对 NWFS±ΔM 问题的数值实验算例参数设置为：在双机成比例无等待流水线加工环境中，两台机器的加工速度分别为 v_1 和 v_2，且 $v_2 = 5v_1/6$；待加工工件集中的工件数量为 50，重置 0 时刻后对所有工件按 SPT 规则进行排序编码，工件 1 在机器 1 上的加工时间为 $p_{1,1}=25$，后续工件 2、工件 3、…、工件 50 在机器 1 上的加工时间满足等差数列（公差 0.2），即 $p_{1,2}=25.2$，$p_{1,3}=25.4$，…，$p_{1,50}=25+(50-1)\times0.2=34.8$，那么工件集在机器 2 上的加工时间分别为 $p_{2,1}=30$，$p_{2,2}=25.2\times1.2=30.24$，…，$p_{2,50}=34.8\times1.2=41.76$；不失一般地，我们假设在机器干扰工况下待加工工件的最早开工时间 $t_0=0$。

在该数值算例实验环境中，随机设置 3 组不同时间窗的机器干扰事件，分别为 A 工况：$[620,720]$、B 工况：$[700,800]$ 和 C 工况：$[770,880]$，即 A 工况下 $\text{NWT}_{\text{in-house}}$ 在 $t_1=620$ 时刻停机，$\text{NWT}_{\text{outsourcing}}$ 在 $t_2=720$ 时刻外包准备就绪；B 工况下 $\text{NWT}_{\text{in-house}}$ 在 $t_1=700$ 时刻停机，$\text{NWT}_{\text{outsourcing}}$ 在 $t_2=800$ 时刻外包准备就绪；C 工况下 $\text{NWT}_{\text{in-house}}$ 在 $t_1=770$ 时刻停机，$\text{NWT}_{\text{outsourcing}}$ 在 $t_2=880$ 时刻外包准备就绪。

数值实验分别就基于 Insert 邻域结构的多目标混合 DE 算法（MHDE1 算法）和基于 Insert-Swap 邻域结构的多目标混合 DE 算法（MHDE2 算法）进行比较。两种多目标混合 DE 算法的参数设置均为：种群规模 $M=80$，缩放比例因子 $F=0.7$，交叉概率 $\text{CR}=0.1$，算法终止条件为进化代数 $g\_\max=100$，搜索上界 $\text{Up}(x_{i,k})=9$，搜索下界 $\text{Lo}(x_{i,k})=0$。MHDE2 算法中 Insert-Swap 邻域结构（即 $F(c_{\text{PII}}\otimes X_{\text{best}}(g))$ 邻域算子）的选择概率区间为 $c_{\text{PII}}=\{c_{\text{pi}}[0.00,0.60]$，$c_{\text{pii}}[0.40,1.00]\}$。MHDE1 与 MHDE2 算法均使用 C#语言在 Visual Studio2010 集成开发环境下编程实现，两种算法的运行环境均为 Intel Core i3-M350 @ 2.27GHz 双核/4G DDR3/ Windows7 专业版 32 位 SP1。

10.4.2　结果分析

本文选取以下 7 个较为经典的算法评价指标：非劣解个数（ONVG）指标、支配比例关系（CM）指标、非劣解与最优 Pareto 前沿的距离（D_{av} 和 D_{max}）指标、非劣解分布均匀性（TS）指标、非劣解集对最优 Pareto 前沿的覆盖度（MS）指标、非劣解集的近似性与分散性综合性能（AQ）指标，对 MHDE1 算法和 MHDE2 算法所获得的非劣解集进行综合评价，进一步考察和比较两种多目标混合 DE 算法的性能。机器干扰事件出现时间窗为 $[620,720]$、$[700,800]$ 和 $[770,880]$，分别对上述 3 种干扰情况进行 10 次独立实验，两种算法的性能指标对比结果见表 10-1～表 10-3。

由表 10-1～表 10-3 可见，MHDE1 算法与 MHDE2 算法对于 $\text{NWFS}\pm\Delta M$ 问题均能得到较好的求解结果，尽管两类混合 DE 算法的性能指标非常相近，但仍可以发现它们之间的细小差别：对比 ONVG 指标值可知，绝大多数情况下 MHDE2

表 10-1　机器干扰时间窗为[620,720]工况下的算法性能指标比较结果

性能指标 算法类别	ONVG		CM		D_{av}		D_{max}		TS		MS		AQ	
	MHDE1 算法	MHDE2 算法	MHDE1 算法	MHDE2 算法	MHDE1 算法	MHDE2 算法	MHDE1 算法	MHDE2 算法	MHDE1 算法	MHDE2 算法	MHDE1 算法	MHDE2 算法	MHDE1 算法	MHDE2 算法
实验 1	176	305	0.039 3	0.676 1	0.003 2	0.000 3	0.021 9	0.012 7	1.082 6	1.249 7	0.996 8	1.000 0	24 857	24 857
实验 2	167	104	0.336 5	0.263 5	0.001 2	0.002 8	0.014 4	0.037 2	0.892 1	0.985 7	0.995 0	0.737 6	24 858	24 891
实验 3	172	203	0.192 1	0.407 0	0.001 2	0.001 8	0.007 5	0.032 5	0.837 1	1.367 8	0.978 3	0.886 7	24 858	24 871
实验 4	143	369	0.002 7	0.902 1	0.010 1	0.000 0	0.024 5	0.010 4	0.998 0	1.350 7	0.993 3	0.982 0	24 859	24 858
实验 5	129	254	0.000 0	0.888 9	0.024 0	0.000 0	0.042 8	0.000 0	0.776 3	1.471 6	0.813 3	1.000 0	24 892	24 864
实验 6	205	341	0.090 9	0.497 6	0.001 1	0.000 6	0.016 2	0.023 2	1.376 3	1.511 0	0.997 0	0.981 9	24 859	24 858
实验 7	162	260	0.165 4	0.530 9	0.001 9	0.001 0	0.010 4	0.032 0	0.845 0	1.316 4	0.989 7	1.000 0	24 858	24 857
实验 8	106	293	0.051 2	0.660 4	0.005 2	0.000 2	0.048 3	0.013 5	0.823 7	1.274 5	0.919 4	1.000 0	24 867	24 856
实验 9	59	114	0.236 8	0.322 0	0.011 7	0.001 1	0.090 4	0.010 5	0.767 5	1.677 3	0.972 8	0.886 5	24 885	24 891
实验 10	113	390	0.035 9	0.725 7	0.005 0	0.000 1	0.028 1	0.006 9	0.815 9	1.339 6	0.931 9	1.000 0	24 864	24 856
最大值	205	390	0.336 5	0.902 1	0.024 0	0.002 8	0.090 4	0.037 2	1.376 3	1.677 3	0.997 0	1.000 0	24 892	24 891
平均值	143.2	263.3	0.115 1	0.587 4	0.006 5	0.000 8	0.030 4	0.017 9	0.921 5	1.354 4	0.958 8	0.947 5	24 866	24 866
最小值	59	104	0.000 0	0.263 5	0.001 1	0.000 0	0.007 5	0.000 0	0.767 5	0.985 7	0.813 3	0.737 6	24 857	24 856

表10-2 机器干扰时间窗为[750,850]工况下的算法性能指标比较结果

性能指标 算法类别	ONVG		CM		D_{av}		D_{max}		TS		MS		AQ	
	MHDE1 算法	MHDE2 算法	MHDE1 算法	MHDE2 算法	MHDE1 算法	MHDE2 算法	MHDE1 算法	MHDE2 算法	MHDE1 算法	MHDE2 算法	MHDE1 算法	MHDE2 算法	MHDE1 算法	MHDE2 算法
实验1	40	10	0.800 0	0.150 0	0.003 2	0.047 9	0.034 3	0.115 3	0.732 0	0.594 3	1.000 0	0.564 2	24 494	24 527
实验2	23	46	0.043 5	0.826 1	0.082 4	0.000 4	0.198 3	0.008 6	0.213 4	0.920 7	0.783 5	0.991 4	24 514	24 496
实验3	8	37	0.108 1	0.375 0	0.009 1	0.002 6	0.042 5	0.052 1	0.388 2	1.088 8	0.690 3	1.000 0	24 512	24 490
实验4	40	61	0.245 9	0.300 0	0.008 1	0.002 2	0.060 6	0.015 5	0.749 3	0.806 7	0.998 8	1.000 0	24 490	24 490
实验5	31	47	0.042 6	0.677 4	0.015 4	0.000 9	0.066 2	0.036 8	0.351 6	1.115 5	0.933 0	1.000 0	24 496	24 490
实验6	40	34	0.176 5	0.375 0	0.017 3	0.004 5	0.093 2	0.055 6	1.090 3	0.582 6	0.953 8	1.000 0	24 500	24 495
实验7	16	147	0.006 8	0.937 5	0.053 5	0.000 0	0.082 0	0.001 5	0.883 8	1.426 7	0.902 5	1.000 0	24 497	24 490
实验8	27	46	0.130 4	0.481 5	0.009 7	0.001 5	0.073 0	0.038 8	1.070 2	0.993 4	0.937 2	1.000 0	24 498	24 493
实验9	15	95	0.000 0	0.866 7	0.112 4	0.000 0	0.180 3	0.000 0	1.317 2	0.958 7	0.949 8	1.000 0	24 496	24 491
实验10	31	144	0.020 8	0.645 2	0.014 4	0.000 2	0.048 3	0.016 6	0.744 1	1.370 4	1.000 0	0.991 7	24 491	24 491
最大值	40	147	0.800 0	0.937 5	0.112 4	0.047 9	0.198 3	0.115 3	1.317 2	1.426 7	1.000 0	1.000 0	24 514	24 527
平均值	27.1	66.7	0.157 5	0.563 4	0.032 5	0.006 0	0.087 9	0.034 1	0.754 0	0.985 8	0.914 9	0.954 7	24 499	24 495
最小值	8	10	0.000 0	0.150 0	0.003 2	0.000 0	0.034 3	0.000 0	0.213 4	0.582 6	0.690 3	0.564 2	24 490	24 490

表10-3 机器干扰时间窗为[770,880]工况下的算法性能指标比较结果

性能指标 算法类别	ONVG		CM		D_{av}		D_{max}		TS		MS		AQ	
	MHDE1 算法	MHDE2 算法	MHDE1 算法	MHDE2 算法	MHDE1 算法	MHDE2 算法	MHDE1 算法	MHDE2 算法	MHDE1 算法	MHDE2 算法	MHDE1 算法	MHDE2 算法	MHDE1 算法	MHDE2 算法
实验 1	45	185	0.006 2	0.931 0	0.006 0	0.000 0	0.016 6	0.007 6	0.745 0	1.125 0	0.969 2	1.000 0	24 845	24 836
实验 2	278	88	0.545 5	0.075 5	0.000 3	0.003 4	0.005 7	0.042 0	0.835 0	1.050 6	0.998 0	0.595 9	24 837	24 959
实验 3	181	343	0.037 9	0.895 0	0.004 8	0.000 2	0.027 7	0.018 8	0.934 0	1.555 8	0.897 3	1.000 0	24 867	24 852
实验 4	168	356	0.106 7	0.702 4	0.005 3	0.000 5	0.034 5	0.016 8	1.128 5	1.576 9	0.990 8	0.993 9	24 859	24 859
实验 5	67	147	0.054 4	0.761 2	0.006 3	0.000 9	0.033 9	0.039 4	0.827 3	1.432 6	0.805 7	1.000 0	24 908	24 860
实验 6	212	254	0.039 4	0.905 7	0.007 0	0.000 0	0.092 2	0.009 4	1.113 4	2.340 3	0.920 9	1.000 0	24 893	24 864
实验 7	375	320	0.209 4	0.362 7	0.000 9	0.000 7	0.034 8	0.026 2	1.174 1	1.477 3	0.993 7	0.950 5	24 847	24 858
实验 8	203	251	0.103 6	0.541 9	0.002 2	0.000 4	0.051 6	0.048 6	0.962 3	1.461 5	0.897 4	1.000 0	24 874	24 859
实验 9	300	357	0.070 0	0.686 7	0.003 5	0.000 4	0.031 7	0.049 5	1.159 4	1.231 0	0.998 1	0.993 6	24 863	24 872
实验 10	166	132	0.310 6	0.319 3	0.001 1	0.002 1	0.009 5	0.046 4	0.899 7	1.435 8	0.993 5	0.832 7	24 851	24 900
最大值	375	357	0.545 5	0.931 0	0.007 0	0.003 4	0.092 2	0.049 5	1.174 1	2.340 3	0.998 1	1.000 0	24 908	24 959
平均值	199.5	243.3	0.148 4	0.618 1	0.003 7	0.000 9	0.033 8	0.030 5	0.977 9	1.468 7	0.946 5	0.936 6	24 864	24 872
最小值	45	88	0.006 2	0.075 5	0.000 3	0.000 0	0.005 7	0.007 6	0.745 0	1.050 6	0.805 7	0.595 9	24 837	24 836

算法比 MHDE1 算法能够获得更多的非劣解；对比 CM 指标值可见，在算法非劣解集中的解的相互支配关系方面，绝大多数情况下 MHDE2 算法所获得非劣解都能够支配 MHDE1 算法的非劣解；对比 D_{av} 和 D_{max} 指标值可知，MHDE2 算法所得非劣解与理论最优 Pareto 前沿更为接近，与理论最优 Pareto 前沿的接近程度，无论在平均距离意义上还是在最大化最小距离意义上都优于 MHDE1 算法所得结果；对比 TS 指标值可见，在非劣解集中解的整体分布均匀性方面，MHDE2 算法比 MHDE1 算法略好一些，即 MHDE2 算法非劣解的分散性更好一点；对比 MS 指标值可知，在算法所得的非劣解对理论上最优 Pareto 前沿的覆盖度指标方面，MHDE2 算法与 MHDE1 算法较为接近；对比 AQ 指标值可见，MHDE2 算法与 MHDE1 算法相差很小，这说明两算法在非劣解的近似性与分散性方面的综合性能也是比较接近的。

综上，较 MHDE1 算法而言，MHDE2 算法是求解 NWFS$\pm\Delta M$ 问题更为有效的算法。

第11章 混合无等待流水线 干扰管理调度模型与算法

混合无等待流水线（Hybrid No-Wait Flow Shop，HNWFS）调度问题，也称为柔性无等待流水车间调度问题或混合零等待同序作业排序问题，有研究表明：3 机以上的 HNWFS 调度问题即是 NP-hard 问题（Röck，1984）。与传统的置换流水线不同，在 HNWFS 加工系统中，由于受到加工工艺的约束或中间库存的限制，要求所有工件一旦进入流水线加工就不能中断，直至全部工序加工完成，HNWFS 调度问题普遍存在于钢铁、冶金、建材等工业生产系统中。

尽管目前对于该类问题的理论和应用研究还相对较少（Hall and Sriskandarajah,1996），但它们也越来越受到学者的关注（Goyal and Sriskandarajah,1988），相关的研究主要集中在静态调度问题方面。Van 和 Baker 利用改进的分支定界算法获得了 6 机 12 工件无等待流水线静态调度问题的最优解（Van Deman and Baker，1974）。Tang 等采用整数规划模型来描述 HNWFS 静态调度问题，并提出了求解该类问题的拉格朗日松弛算法（Tang et al.，2002；Xuan and Tang，2007）。针对企业生产过程中，新增/取消加工订单、订单工件变更等随机干扰事件出现的问题，决策者需要根据实际工况和扰动性质，快速制定出应对干扰事件的重调度（或称再调度）方案。重调度问题也是由静态调度问题衍生出来的一类更为复杂的 HNWFS 调度优化问题（庞新福等，2010）。李铁克等（2010）结合混合流水车间所具有的加工工艺连续性和工序设备并行性的特点，在充分考虑重调度前后方案在时间安排和机器指派方面尽量保持一致的前提下，运用干扰管理思想和约束满足技术建立了混合流水线重调度模型，提出了基于局部性修复策略的启发式求解算法。

本文在庞新福和李铁克等学者关于单机和流水线干扰管理研究的基础上，进一步深入研究带有分批约束的 HNWFS 干扰管理调度方法（庞新福等，2010；李铁克等，2010）。针对混合无等待流水线加工环境中的工件变更干扰情况，充分考虑工件在加工工序上的分批约束条件，以最小化所有工件完工时间的加权和为初始调度目标，以最小化所有工件完工滞后时间的加权和为偏离校正目标，建立起工件扰动工况下 HNWFS 问题的干扰管理调度模型；通过设计基于内外两层 ROV 编码规则的双层微粒迭代进化策略，以及基于随机策略的多邻域搜索算子结构，提出基于微粒群优化策略与启发式邻域搜索机制相结合的混合 PSO 求解算法。

11.1　混合无等待流水线干扰管理调度的描述

由 n 个工件组成待加工工件集 $J = \{1, 2, \cdots, j, \cdots, n\}$（$n>1$），各个工件的加工优先级为 ω_j，工件集 J 具有完全相同的工艺行程，都需要经过 HNWFS 系统的 L（$L \geqslant 2$）个加工工序（阶段）进行生产，而且在某一加工工序 i（$i=1$, $2, \cdots, L$）上需要将工件集分成 n'_B 个批次加工，即 $J = \{B_1, B_2, \cdots, B_h, \cdots,$ $B_{h'}, \cdots, B_{n'_B}\}$（$B_h = \{j \mid j \in J, j \notin B_{h'}\}$）。该 HNWFS 系统的加工环境为：任意加工工序均有 $l_i \geqslant 1$ 台并行同速机，至少有一个加工工序满足 $l_i > 1$；任意机器在某一时刻仅能加工一个工件；每个工件在各道工序机器上仅加工一次；同一工件在 HNWFS 上必须连续加工完成；被中断的工件必须重新进入 HNWFS 加工。现假设在 t_0 时刻（初始时刻），HNWFS 加工系统和待加工工件集 J 均准备就绪。令工件 j 在 HNWFS 中的工序 i 的第 $m_{ij}^{(k)}$ 台机器（$1 \leqslant m_{ij}^{(k)} \leqslant l_i$）上的开工时间为 $s_{ij}^{(k)}$、加工时间为 $p_{ij}^{(k)}$、完工时间为 $C_{ij}^{(k)}$，工件 j 在 HNWFS 系统的完工时间为 C_j，可行的调度加工时间表记作 π。

1. 初始调度方案

n 个工件完工时间的加权和给出了一个由调度引起的库存成本指标（Pinedo, 2012）。这里以最小化所有工件完工时间的加权和（或称加权流水时间）作为初始调度方案的优化目标，则初始调度问题描述为 FF_s $\left| \mathrm{nwt}, \{l_1, l_2, \cdots, l_m\}, \{B_1, B_2, \cdots, B_{n'_B}\} \right| f(\pi) = \sum_{j=1}^{n} \omega_j C_j$。

对于 $FF_2 \left| \mathrm{nwt} \right| \sum_{j=1}^{n} \omega_j C_j$ 问题，是没有伪多项式时间算法的，即使它存在一个划分问题的归结，该问题仍然是一个强 NP 难问题（Pinedo, 2012）。本文的初始调度问题亦是强 NP 难问题，可以采用微粒群调度算法搜索全局最优解（潘全科等, 2008），由此获得初始调度方案的最优加工时间表为 $\bar{\pi}$（图 11-1 中 A 部分所示），最优目标评价函数值为 $f(\bar{\pi}) = \sum_{j=1}^{n} \omega_j \bar{C}_j$。

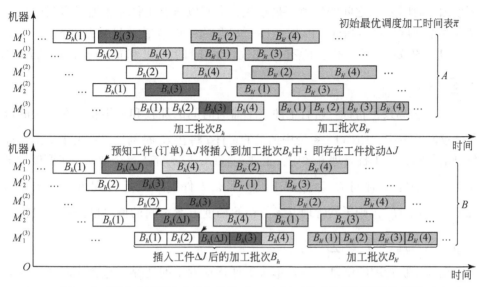

图 11-1　混合无等待流水线工件扰动 ΔJ 工况下的干扰管理调度示意图

由于工件变更（如新增订单、取消订单等）的干扰事件出现，会使最初制定的最优调度加工时间表 $\bar{\pi}$ 变得不再最优，甚至不再可行。如图 11-1 中 B 部分所示，在初始最优调度方案执行到某一时刻 t_0（不妨假设 $t_0=0$），预知插入工件扰动：有新的工件任务需要插入到加工批次 B_h 中生产。对于新增或取消工件订单的干扰事件可以记作（$\pm$）$\Delta J | t_0$，简记为 ΔJ。为了减少工件扰动 ΔJ 对加工系统状态及调度指标的影响，需要对 HNWFS 上的待加工工件集 $J'=\{1, 2, \cdots, j, \cdots, n'\}$（$n'=n\pm\Delta J$）实施重调度，即根据工件扰动情况对 HNWFS 上待加工工件的排序进行调整，快速生成一个既考虑初始调度目标又兼顾到干扰修复目标的新的调度加工时间表 π'，即干扰修复方案。

2. 干扰管理方案

干扰修复问题是初始调度问题在某种工件扰动条件下的特定表现形式，制定的干扰管理方案需要充分考虑初始调度问题的优化目标；在进行干扰修复操作时，通常会导致调整前后的调度方案产生偏差，为缩小修复方案与初始方案之间的偏离程度，干扰修复时要尽可能地使两个调度方案在时间安排上具有一致性。也就是说，在制定干扰管理方案时，既要考虑新调度方案中所有工件完工时间的加权和最小化指标（初始优化目标），又要保证新方案加工时间表 π' 与初始最优

调度加工时间表 $\bar{\pi}$ 之间的偏离度最小化，本文以所有工件完工滞后时间的加权和作为偏离度的度量指标。因此，干扰管理方案的两个优化目标为如下。

（1）初始调度目标：所有工件完工时间的加权和最小化，即 $f_I(\pi')$ $= \sum_{j=1}^{n'} \omega_j C_j$。

（2）偏离校正目标：所有工件完工滞后时间的加权和最小化。在初始的最优调度时间表中，HNWFS 系统中加工的工件 j 将在 $\bar{C}_j$ 时刻完工；由于受到工件扰动的影响，在干扰管理方案中，工件 j 将在 C_j 时刻完工。令初始最优调度方案中工件 j 的完工时间 $\bar{C}_j$ 为虚拟工期，那么工件完工滞后时间可定义为 $T_j = \max\{0, C_j - \bar{C}_j\}$，则干扰管理方案与初始调度方案之间的偏离度最小化目标函数可表示为 $f_{II}(\pi') = \sum_{j=1}^{n'} \omega_j T_j$。

前述干扰管理的修复过程是单次工件扰动发生的情况（包含同时新增或取消多笔订单），对于类似干扰事件有可能多次发生的情形，需要启用干扰管理方案的循环滚动处理机制，即将前一次获得的干扰管理方案作为处置下一次干扰事件的初始最优调度方案（Yu and Qi，2004；Qi et al.，2006）。

综上，本文研究的混合无等待流水线干扰管理调度（HNWFS-dmsp）问题可描述为

$$\text{HNWFS-dmsp: } FF_s | nwt,\ \{l_1,\ l_2,\ \cdots,\ l_m\},\ \{B_1,\ B_2,\ \cdots,\ B_{n'_B}\},\ \Delta J | \\ f_I(\pi'),\ f_{II}(\pi')$$

11.2 混合无等待流水线干扰管理调度建模

HNWFS-dmsp 问题本身是由初始调度问题演化而来的，因而 HNWFS-dmsp 干扰修复模型中严格地继承了 $FF_s | nwt,\ \{l_1,\ l_2,\ \cdots,\ l_m\},\ \{B_1,\ B_2,\ \cdots,\ B_{n'_B}\} | f(\pi)$ $= \sum_{j=1}^{n} \omega_j C_j$ 模型的约束条件。为了便于对问题建模的描述，我们定义 σ （ijk）表示工件 j 在工序 i 的机器 $m_{ij}^{(k)}$ 上的紧后加工工件，定义变量 $x_{ij}^{(k)}$ 表示工件 j 在工序 i 上是否由机器 $m_{ij}^{(k)}$ 加工（$x_{ij}^{(k)} = 0$ 或 1）。令 $x_{ij}^{(k)}$ 和工件 j 在工序 i 的机器 $m_{ij}^{(k)}$ 上的开工时间 $s_{ij}^{(k)}$ 为模型的决策变量。这样，HNWFS-dmsp 的问题模型就可描述为

$$\min_{i \in L,\ j \in J'} \left\{ f_I(\pi') = \sum_{j=1}^{n'} \omega_j C_j,\ f_{II}(\pi') = \sum_{j=1}^{n'} \omega_j T_j \right\} \tag{11-1}$$

$$\text{s. t.} \qquad s_{ij} = s_{ij}^{(k)} \times x_{ij}^{(k)}, \ p_{ij} = p_{ij}^{(k)} \times x_{ij}^{(k)} \tag{11-2}$$

$$C_{ij} = s_{ij} + p_{ij}, \ C_j = s_{1j} + \sum_{i=1}^{L} p_{ij} \tag{11-3}$$

$$s_{(i+1)j} = s_{ij} + p_{ij}, \ i \in \{1, 2, \cdots, (L-1)\} \tag{11-4}$$

$$s_{i\sigma(ijk)}^{(k)} \times x_{ij}^{(k)} \geqslant s_{ij}^{(k)} \times x_{ij}^{(k)} + p_{ij}^{(k)} \times x_{ij}^{(k)} \tag{11-5}$$

$$(s_{ij}^{(k)} \times x_{ij}^{(k)} \geqslant C_{ij'}^{(k)} \times x_{ij}^{(k)} \ \lor \ s_{ij'}^{(k)} \times x_{ij}^{(k)} \geqslant C_{ij}^{(k)} \times x_{ij}^{(k)}) \tag{11-6}$$

$$\lor \ (m_{ij}^{(k)} \neq m_{ij'}^{(k)}), \ \forall j, \ j' \in J'$$

$$J' = \{B_1, \cdots, B_h, \cdots, B_{h'}, \cdots, B_{n'_B}\}, \ B_h = \{j \mid j \in J', \ j \notin B_{h'}\} \tag{11-7}$$

在 HNWFS-dmsp 模型中，式(11-1)表示干扰管理调度问题的优化目标；式(11-2)为工件在工序上开工时间和加工时间的表达式；式(11-3)为工件在工序上的完工时间以及在 HNWFS 系统完工时间的计算式；式(11-4)表示无等待流水线作业约束，即工件一旦进入 HNWFS 系统开始加工就必须连续完成；式(11-5)表示同一机器只有在前一工件加工完成之后才能开始对下一工件的加工；式(11-6)表示混合流水加工作业的析取约束，指两个工件若被安排在同一台机器上加工，则不允许它们同时开工；式(11-7)表示工件的分批约束。

11.3 混合 PSO 求解算法

微粒群优化（particle swarm optimization，PSO）算法，是美国心理学家 Kennedy 和电气工程师 Eberhart 受鸟类捕食行为的启发，于1995年提出的一种基于群体智能理论的随机寻优演化计算技术。考虑到 PSO 算法具有全局快速寻优的特点，以及启发式邻域搜索算法具有提高算法局部搜索性能的优势，本文提出基于微粒群优化策略与启发式邻域搜索机制紧密结合的混合 PSO 算法，并使用混合 PSO 算法对 HNWFS-dmsp 模型进行求解。

11.3.1 解的表达与双层 ROV 规则

为了保证 HNWFS 调度方案的编码策略不会遗漏掉可能的全局最优解，并且能够满足 PSO 算法迭代进化操作的合理性和可行性，首先需要构造微粒位置向量与工件分批排序之间的恰当映射关系，即解决 HNWFS 分批排序解的表达问题；接下来，设计一种基于随机键编码方式的双层升序排列（ranked-order-value，

ROV)操作规则，来实现从微粒位置向量(连续实数值)到工件分批排序解(离散整数值)的编码转换，其转换过程如图11-2所示。

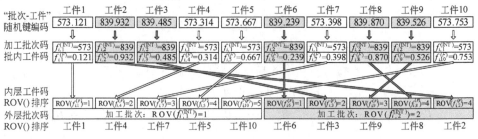

图11-2 "批次-工件"随机键编码和双层ROV规则译码的转换过程

PSO算法种群中的每个微粒位置都采用一个 n' 维的实数向量 $X_i^{(R)} = [x'_{i,1}, x'_{i,2}, \cdots, x'_{i,n'}]$ 表达（n' 为待加工工件数）。每一维度的位置分量值都可以表示为 $x'_{i,k} = f_{i,k}^{(INT)} + f_{i,k}^{(F)}$（$f_{i,k}^{(INT)}$ 为实值 $x'_{i,k}$ 的整数部分，$f_{i,k}^{(F)}$ 为实值 $x'_{i,k}$ 的小数部分，$k \in \{1, 2, \cdots, n'\}$），$f_{i,k}^{(INT)}$ 对应为工件的加工批次码（外层批次码），$f_{i,k}^{(F)}$ 对应为加工批次内部的工件码（内层工件码）。在执行PSO算法初始化时，以标准的随机键编码函数 Rand( ) 分别产生 n'_B（n'_B 为工件分批处理后的加工批次数）和 n' 个（0，1）之间均匀分布的随机数，并用其定义 n'_B 个外层批次码 $f_{iINT} = Round(Rand( ), 3) \times 1000$ 和 n' 个内层工件码 $f_{iF} = Round(Rand( ), 3)$，再根据工件与批次之间的"多对一"关系，形成针对"批次-工件"组合的随机键编码。

双层ROV排序规则：对于任意一个微粒的位置向量，定义位置分量的整数部分 $f_{i,k}^{(INT)}$ 为外层分量，定义位置分量的小数部分 $f_{i,k}^{(F)}$ 为内层分量。对于外层批次码，首先将 $f_{i,k}^{(INT)}$ 值最小的外层分量位置赋ROV值为1，然后将 $f_{i,k}^{(INT)}$ 值次小的外层分量位置赋ROV值为2，依此类推（对于可能出现多个分量位置值相同的情况，采取分量位置值累加足够小正数的方式，使得微粒的各个位置分量值互不相同），直至将所有外层分量位置都赋予唯一的ROV值；同理，对于内层工件码，完成对所有内层分量位置的ROV排序赋值。如图11-2所示，基于双层ROV规则可构造出一个包括外层批次顺序和内层工件次序信息的HNWFS调度问题解。

11.3.2 双层微粒迭代进化策略设计

针对HNWFS-dmsp问题的特点，本文设计一种双层微粒迭代进化策略：外层的微粒种群负责搜索各个加工批次的排序解，内层的微粒种群负责搜索批次内部工件的排序解；外层种群搜索操作优先执行，外层搜索所获得的加工批次排序结果信息，将作为批次内部工件排序搜索的约束条件传递给内层种群微粒。双层微粒迭代进化的具体操作过程如下。

（1）外层搜索种群。外层 n_B' 维搜索空间中第 k 个微粒的位置向量和速度向量分别表示为 $F_i^{(n_B')} = [f_{i,1}^{(\text{INT})}, f_{i,2}^{(\text{INT})}, \cdots, f_{i,n_B'}^{(\text{INT})}]$ 和 $V_i^{(n_B')} = [v_{i,1}^{(\text{INT})}, v_{i,2}^{(\text{INT})}, \cdots, v_{i,n_B'}^{(\text{INT})}]$，在 t 时刻，外层搜索的每个微粒所经过的最佳位置记作 $P_{i,\text{best}}^{(n_B')} = [p_{i,1}^{(\text{INT})}, p_{i,2}^{(\text{INT})}, \cdots, p_{i,n_B'}^{(\text{INT})}]$，外层搜索种群的最佳位置记作 $P_{g,\text{best}}^{(n_B')} = [p_{g,1}^{(\text{INT})}, p_{g,2}^{(\text{INT})}, \cdots, p_{g,n_B'}^{(\text{INT})}]$，则 $t+1$ 时刻各微粒的速度和位置迭代更新公式为

$$v_{i,j}^{(\text{INT})}(t+1) = \omega_1 v_{i,j}^{(\text{INT})}(t) + c_1 r_1 [p_{i,j}^{(\text{INT})} - f_{i,j}^{(\text{INT})}(t)] + c_1' r_1' [p_{g,j}^{(\text{INT})} - f_{i,j}^{(\text{INT})}(t)] \quad (11\text{-}8)$$

$$f_{i,j}^{(\text{INT})}(t+1) = f_{i,j}^{(\text{INT})}(t) + v_{i,j}^{(\text{INT})}(t+1), \quad j \in \{1, 2, \cdots, n_B'\} \quad (11\text{-}9)$$

（2）内层搜索种群。内层 n' 维搜索空间中第 k 个微粒的位置向量和速度向量分别表示为 $F_i^{(n')} = [f_{i,1}^{(F)}, f_{i,2}^{(F)}, \cdots, f_{i,n_B'}^{(F)}]$ 和 $V_i^{(n')} = [v_{i,1}^{(F)}, v_{i,2}^{(F)}, \cdots, v_{i,n'}^{(F)}]$，在 t 时刻，内层搜索的每个微粒所经过的最佳位置记作 $P_{i,\text{best}}^{(n')} = [p_{i,1}^{(F)}, p_{i,2}^{(F)}, \cdots, p_{i,n'}^{(F)}]$，内层搜索种群所发现的最佳位置记作 $P_{g,\text{best}}^{(n')} = [p_{g,1}^{(F)}, p_{g,2}^{(F)}, \cdots, p_{g,n'}^{(F)}]$，则 $t+1$ 时刻各个微粒的速度和位置的迭代更新公式为

$$v_{i,j}^{(F)}(t+1) = \omega_2 v_{i,j}^{(F)}(t) + c_2 r_2 [p_{i,j}^{(F)} - f_{i,j}^{(F)}(t)] + c_2' r_2' [p_{g,j}^{(F)} - f_{i,j}^{(F)}(t)]$$

$$(11\text{-}10)$$

$$f_{i,j}^{(F)}(t+1) = f_{i,j}^{(F)}(t) + v_{i,j}^{(F)}(t+1), \quad j \in \{1, 2, \cdots, n'\} \quad (11\text{-}11)$$

11.3.3 基于随机策略的多邻域结构

研究表明局部搜索的性能取决于所使用的邻域结构（Ong et al.，2006）。对于一般的排列组合优化问题而言，InsertChange(π, v_1, v_2)、Insert(π, v_1, v_2) 和 Swap(π, v) 是常用的三种邻域结构。

（1）InsertChange(π, v_1, v_2)邻域结构：将调度时间表 π 中第 v_1 和 v_2 位置上的工件互换。

（2）Insert(π, v_1, v_2)邻域结构：将调度时间表 π 中第 v_1 位置上的工件插入到第 v_2 位置。

（3）Swap(π, v)邻域结构：将调度时间表 π 中第 v 个位置上的两个相邻工件互换排序。

针对 HNWFS 调度问题，基于上述特定的邻域结构或操作算子所获得的解空间是一种大峡谷型地貌，局部和全局最优解大都集中于峡谷底部区域（Reeves and Yamada，1998；Reeves，1999）。尽管峡谷底部区域相对于整个大峡谷而言是非常小的，但由于峡谷底部的解的数量依然十分巨大，所以寻优搜索算法也通常难以高效、完备地搜索到峡谷底部的全部可行解。

因此，本文设计一种基于随机策略的多邻域搜索结构。外层搜索的多邻域结构为 $F_{\rm NB}^{\rm (INT)}(c_{\rm PIII}\otimes P_{i,\rm best}^{(n'_B)})$，它表示以 $c_{\rm PIII}$ 的概率对各微粒执行步长为 $\overline{M}$ 的局部搜索操作（其中，$c_{\rm PIII}$ 为三阶段的概率分布区间：$c_{pi}[\alpha_1，\beta_1]$、$c_{pii}[\alpha_2，\beta_2]$ 和 $c_{piii}[\alpha_3，\beta_3]$）。对于任意的（0，1）之间均匀分布随机数 rand（），若 $\alpha_1\le$ rand（）$\le\beta_1$，则执行 InsertChange（π，v_1，v_2）邻域搜索操作；若 $\alpha_2\le$ rand（）$\le\beta_2$，则执行 Insert（π，v_1，v_2）邻域搜索操作；若 $\alpha_3\le$ rand（）$\le\beta_3$，则执行 Swap（π，v）邻域搜索操作。$F_{\rm NB}^{\rm (INT)}(c_{\rm PIII}\otimes P_{i,\rm best}^{(n'_B)})$ 可表示为

$$c_{\rm PIII}=\begin{cases} c_{pi}[\alpha_1，\beta_1]\,(\alpha_1\le\beta_1)\Rightarrow & {\rm InsertChange}(\pi，v_1，v_2)\\ c_{pii}[\alpha_2，\beta_2]\,(\alpha_2\le\beta_2)\Rightarrow & {\rm Insert}(\pi，v_1，v_2)\\ c_{piii}[\alpha_3，\beta_3]\,(\alpha_3\le\beta_3)\Rightarrow & {\rm Swap}(\pi，v) \end{cases} \quad (11\text{-}12)$$

这里，定义组合邻域结构 COM<IC，I，S>，表达上述 3 种邻域算子的组合状态，令 3 种邻域算子的优先级顺序为：先做 InsertChange（π，v_1，v_2）搜索，再做 Insert（π，v_1，v_2）搜索，最后执行 Swap（π，v）搜索。对于概率分布重叠的区域，如当 $\alpha_2<\beta_1$ 时，即存在有重叠区域 $[\alpha_2，\beta_1]$。若随机数 rand（）满足 $\alpha_2\le$ rand（）$\le\beta_1$ 条件，则形成组合邻域结构，在该结构中按照邻域算子优先级顺序交替执行 InsertChange（π，v_1，v_2）和 Insert（π，v_1，v_2）两种邻域搜索操作。

内层搜索的多邻域结构 $F_{\rm NB}^{(F)}(c_{\rm PIII}\otimes P_{i,\rm best}^{(n')})$ 与外层的类似。由于包含了 n'_B 个加工批次，所以在邻域算子初始化时，需要生成一个由 n'_B 个（0，1）之间均匀分布随机数 rand（）元素组成的一维数组 rand（）$[n'_B]$。该数组每一个元素映射到 HNWFS-dmsp 问题的某一个加工批次上，元素所对应的元素值即为该加工批次内部执行工件排序多邻域搜索的概率。内层 $F_{\rm NB}^{(F)}(c_{\rm PIII}\otimes P_{i,\rm best}^{(n')})$ 的多邻域搜索过程与外层 $F_{\rm NB}^{\rm (INT)}(c_{\rm PIII}\otimes P_{i,\rm best}^{(n'_B)})$ 搜索过程相同。

11.3.4　混合 PSO 算法的流程框架

在上述算法设计的基础上，本文提出了求解 HNWFS-dmsp 问题的基于微粒群优化策略与启发式邻域搜索机制相结合的混合 PSO 算法，下面给出该混合 PSO 求解算法的具体步骤和流程框架，如图 11-3 所示。

在图 11-3 中，步骤 6：基于随机策略的多邻域搜索。为了提高局部邻域搜索

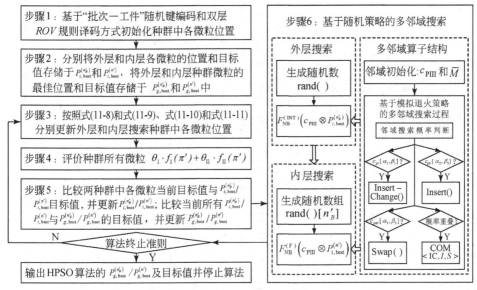

图 11-3　混合 PSO 算法的基本流程

算法的效率，使邻域搜索算法能够在多项式时间内给出一个近似最优解，在执行多邻域搜索的过程中，采取了基于模拟退火的快速收敛策略，可以有效地缩短多邻域搜索算法的执行时间。

11.4　应用案例分析

11.4.1　实验设计

HNWFS-dmsp 问题模型的数值算例实验方案：混合无等待流水线环境包含了 3 道加工工序，其中第 1、第 2 道工序均有 2 台并行同速机，第 3 道工序只有 1 台机器；待加工工件集合中的工件数量为 50 个，一共划分了 7 个加工批次，相应的工件编号、权重系数、加工批次、工件在各道工序的加工时间等参数见表 11-1。

现有紧急加工任务加入，即出现工件变更扰动，如新增第 51、第 52 个工件（对应第 3、第 4 加工批次，见表 11-1）需要插入到前述 50 个工件的初始调度加工时间表中。若实施干扰管理的两个调度目标的线性加权系数分别为 $\lambda_I = 1$ 和 $\lambda_{II} = 10$，假设工件扰动情况下工件的最早开工时间为 $t_0 = 0$。以多次独立实验的方式，

表 11-1　数值实验中加工工件的基本参数

工件号	权重	批次号	加工时间 工序1	加工时间 工序2	加工时间 工序3
1	10	1	124	31	93
2	12	1	136	34	102
3	12	1	128	32	96
4	3	1	128	32	96
5	11	1	132	33	99
6	9	1	140	35	105
7	5	1	140	35	105
8	5	1	132	33	99
9	18	2	156	39	117
10	18	2	152	38	114
11	17	2	144	36	108
12	5	2	140	35	105
13	18	2	160	40	120
14	16	2	156	39	117
15	1	2	140	35	105
16	13	3	180	45	135
17	2	3	172	43	129
18	6	3	164	41	123
19	18	3	180	45	135
20	5	3	176	44	132
21	12	3	172	43	129
51	15	3	180	45	135
22	8	4	180	45	135
23	15	4	180	45	135
24	5	4	200	50	150
25	4	4	184	46	138
26	16	4	188	47	141
27	2	4	180	45	135
28	8	4	200	50	150
52	17	4	200	50	150
29	2	5	216	54	162
30	17	5	212	53	159
31	4	5	212	53	159
32	14	5	208	52	156
33	12	5	220	55	165
34	12	5	204	51	153
35	17	5	216	54	162
36	8	5	216	54	162
37	12	6	240	60	180
38	12	6	228	57	171
39	4	6	232	58	174
40	11	6	232	58	174
41	4	6	240	60	180
42	9	6	228	57	171
43	13	6	240	60	180
44	19	7	248	62	186
45	11	7	260	65	195
46	12	7	260	65	195
47	9	7	244	61	183
48	1	7	240	60	180
49	15	7	256	64	192
50	11	7	240	60	180

对所提出的混合 PSO 算法进行性能测试。

　　混合 PSO 算法的参数设置：① 微粒迭代优化部分。种群规模 $M=80$，最大迭代代数 $\max=100$，种群中各个微粒的加速因子 $c_1=c_1'=c_2=c_2'=2$，微粒的惯性权因子 $\omega_1=\omega_2=(0.9-0.4)\times(\max-M_{cur})/\max+0.4$（其中 M_{cur} 为当前迭代的代数）；② 启发式邻域搜索部分。为了考察多邻域搜索算法中启发式邻域算子的作用效果，这里设计了具有代表性的三种算法。HPSOI 算法：$c_{PIII}=\{c_{pi}[0.00,0.60]$，$c_{pii}[0.50,0.65]$，$c_{piii}[0.55,0.70]\}$；HPSOII 算法：$c_{PIII}=\{c_{pi}[0.50,0.65]$，$c_{pii}[0.00,0.60]$，$c_{piii}[0.55,0.70]\}$；HPSOIII 算法：$c_{PIII}=\{c_{pi}[0.55,0.70]$，$c_{pii}[0.50,0.65]$，$c_{piii}[0.00,0.60]\}$；上述三种混合 PSO 算法的邻域搜索终止条件均为最大迭代 150 次。三种算法均使用 C#语言在 Visual Studio2010 集成开发环境下编程实现，算法的运行环境均为：Intel Core i3-M350 @ 2.27GHz 双核/4G DDR3/ Windows7 专业版 32 位 SP1。

11.4.2　结果分析

　　分别用 HPSOI 算法、HPSOII 算法和 HPSOIII 算法进行了 20 次独立数值实验，图 11-4 描述了三种混合 PSO 算法求解相同 HNWFS−dmsp 问题所获得的最优调度指标情况。由图 11-4 曲线可知，对干扰管理调度目标而言，HPSOI 算法和 HPSOII 算法的结果相差较小，并且这两种算法的计算结果都明显优于 HPSOIII 算法的计算结果。

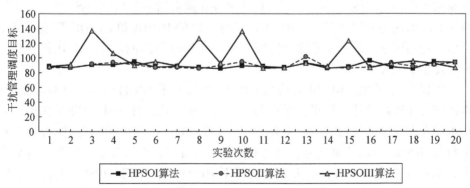

图 11-4　三种混合 PSO 算法 20 次独立实验的干扰管理调度指标变化曲线

　　表 11-2 列出了 HPSOI 算法、HPSOII 算法和 HPSOIII 算法 20 次数值实验的统计结果，主要反映了三种算法求得 HNWFS−dmsp 问题的初始调度目标

$f_{\mathrm{I}}(\pi')$、偏离校正目标 $f_{\mathrm{II}}(\pi')$ 和干扰管理调度目标 $\lambda_{\mathrm{I}} f_{\mathrm{I}}(\pi') + \lambda_{\mathrm{II}} f_{\mathrm{II}}(\pi')$ 情况（包括最大值、平均值和最小值）。

表 11-2　三种混合 PSO 算法 20 次独立数值算例实验的结果对比

算法类别	多邻域结构中大概率算子	初始调度目标 $f_{\mathrm{I}}(\pi')$			偏离最小目标 $f_{\mathrm{II}}(\pi')$			干扰管理调度目标		
		最大值	平均值	最小值	最大值	平均值	最小值	最大值	平均值	最小值
HPSOI	Insert Change( )	838 800	818 175	661 780	29 624	7 711	2 803	958 020	895 283	851 883
HPSOII	Insert( )	839 654	788 396	659 298	27 088	10 940	2 731	1 013 720	897 799	853 731
HPSOIII	Swap( )	1 307 736	870 192	657 582	24 877	11 957	2 277	1 367 686	990 864	862 757

由表 11-2 统计结果可见，HPSOIII 算法求得初始调度目标均值和偏离校正目标均值的情况相对较差；HPSOI 和 HPSOII 算法在兼顾初始调度目标的同时，更为有效地降低了工件扰动对系统造成的影响；在双目标权衡方面，HPSOI 算法取得了较好的偏离校正目标，HPSOII 算法取得了较好的初始调度目标；在干扰管理综合调度目标方面，HPSOI 算法性能较好。

鉴于上述情况，我们再选取以下 7 个指标：非劣解个数（ONVG）指标、支配比例关系（CM）指标、非劣解与最优 Pareto 前沿的距离（D_{av} 和 D_{max}）指标、非劣解分布均匀性（TS）指标、非劣解集对最优 Pareto 前沿的覆盖情况（MS）指标、非劣解集的近似性与分散性综合性能（AQ）指标，评价 HPSOI 和 HPSOII 算法所得非劣解集合的质量，进一步考察和比较两种混合 PSO 算法的性能。10 次独立实验的对比结果见表 11-3。

由表 11-3 可见，HPSOI 算法与 HPSOII 算法对于 HNWFS-dmsp 问题的求解都能获得比较好的计算结果，尽管两种混合 PSO 算法的性能指标非常相近，但仍可以发现其中细微的差别：对比 ONVG 指标值可见，HPSOI 算法所得非劣解个数与 HPSOII 算法非常接近；对比 CM 指标值可见，在两算法求得非劣解集合中解的相互支配关系方面，大多数情况下 HPSOI 算法优于 HPSOII 算法；对比 D_{av} 和 D_{max} 指标值可见，对于理论上最优 Pareto 前沿的逼近程度而言，HPSOI 算法所得非劣解在平均距离意义上和最大化最近距离意义上都要更加接近于理论最优的 Pareto 前沿，即在该项指标上 HPSOI 算法优于 HPSOII 算法；对比 TS 指标值可见，在非劣解集合中解的整体分布均匀性方面，HPSOII 算法比 HPSOI 算法

表 11-3 HPSOI 与 HPSOII 的（10 次独立数值实验）性能指标对比

性能指标 算法类别	ONVG		CM		D_{av}		D_{max}		TS		MS		AQ	
	HPSOI 算法	HPSOII 算法	HPSOI 算法	HPSOII 算法	HPSOI 算法	HPSOII 算法	HPSOI 算法	HPSOII 算法	HPSOI 算法	HPSOII 算法	HPSOI 算法	HPSOII 算法	HPSOI 算法	HPSOII 算法
实验 1	13	15	0.600 0	0.153 8	0.001 6	0.102 3	0.013 9	0.315 1	1.990 2	2.630 2	1.000 0	0.909 3	332 481	352 945
实验 2	9	8	0.625 0	0.111 1	0.004 6	0.008 5	0.041 4	0.027 7	1.443 1	1.869 1	0.967 6	0.964 8	333 067	338 001
实验 3	11	10	0.300 0	0.727 3	0.018 1	0.013 3	0.050 5	0.060 1	1.748 9	0.454 8	0.993 7	0.983 0	328 319	334 857
实验 4	16	13	0.076 9	0.875 0	0.025 8	0.000 6	0.121 9	0.008 1	1.865 4	0.951 9	0.976 6	1.000 0	340 800	331 096
实验 5	26	13	0.153 8	0.769 2	0.077 5	0.001 7	0.225 3	0.012 3	0.542 2	1.371 7	0.850 4	0.999 0	382 459	358 080
实验 6	8	9	0.555 6	0.125 0	0.007 3	0.021 7	0.058 2	0.061 6	1.257 2	0.292 8	1.000 0	0.732 2	336 489	342 919
实验 7	11	12	0.250 0	0.272 7	0.008 6	0.019 0	0.043 3	0.120 7	2.050 7	2.278 5	0.996 0	0.969 8	331 797	326 082
实验 8	6	8	0.625 0	0.000 0	0.000 0	0.020 7	0.000 0	0.085 3	1.531 9	1.196 5	0.740 7	1.000 0	353 535	350 725
实验 9	11	13	0.769 2	0.000 0	0.000 0	0.023 9	0.000 0	0.077 0	2.313 2	0.948 6	1.000 0	0.975 6	328 496	330 911
实验 10	7	9	0.555 6	0.000 0	0.000 0	0.405 8	0.000 0	1.716 2	0.500 5	1.169 1	1.000 0	0.023 1	333 067	335 383
最大值	26	15	0.769 2	0.875 0	0.077 5	0.405 8	0.225 3	1.716 2	2.313 2	2.630 2	1.000 0	1.000 0	382 459	358 080
平均值	11.8	11	0.451 1	0.303 4	0.014 4	0.061 8	0.055 5	0.248 4	1.524 3	1.316 3	0.952 5	0.855 7	340 051	340 100
最小值	6	8	0.076 9	0.000 0	0.000 0	0.000 6	0.000 0	0.008 1	0.500 5	0.292 8	0.740 7	0.023 1	328 319	326 082

更好一点；对比 MS 指标值可见，HPSOI 算法所得的非劣解对理论上最优 Pareto 前沿的覆盖情况较好，HPSOII 算法则不如 HPSOI 算法；对比 AQ 指标值可见，HPSOI 算法与 HPSOII 算法的结果相当接近，HPSOI 算法略优于 HPSOII 算法，这说明 HPSOI 算法在非劣解的近似性与分散性方面的综合性能更好一些。

综上分析表明，HPSOI 算法是求解 HNWFS-dmsp 问题的一种更加有效的混合算法。

|第 12 章| 双机成比例无等待流水线
干扰管理调度模型与算法

本文在有关单机调度干扰管理研究的基础上,进一步研究在钢铁、化工、建材等工业生产系统中普遍存在的流水线生产重调度问题的干扰管理方法。针对双机成比例无等待流水线环境中的机器扰动情况,建立以最小化流水线制造期为初始调度目标、以最小化工件总滞后时间和为扰动修复目标的干扰管理模型,通过对 SPT 规则的最优解特性分析,构建基于理想点法的多目标聚合函数,将多目标规划问题转换为 0-1 整数二次规划问题,并设计了基于离散量子微粒群优化与局部搜索策略相结合的启发式模型求解算法。

12.1 双机成比例无等待流水线管理调度描述

由 n 个具有相同优先级工件构成的工件集 $J=\{1,2,\cdots,j,\cdots,n\}$ $(n>1)$ 需要安排在双机成比例无等待流水线上进行加工,该流水线的加工环境为:每个工件在每台机器上仅加工一次;某一机器在某一时刻仅能加工一个工件;同一工件在两台机器上的加工过程必须连续完成;被中断的工件必须重新开始加工。假设所有工件和机器均在 0 时刻准备就绪,流水线上两台机器的加工速度关系为 $v_1>v_2$;工件 j 在机器 i 上的加工时间为 p_{ij}(满足 $p_{1j}\cdot v_1=p_{2j}\cdot v_2$),工件 j 在机器 i 上的开工时间为 s_{ij},工件 j 在机器 i 上的完工时间为 C_{ij},工件 j 在流水线上的完工时间为 C_j;可行的加工时间表为 π,由全部可行加工时间表 π 所构成的集合为 Π。

1. 初始调度问题

以最小化流水线的制造期 $C_{\max}=\max\{C_1,C_2,\cdots,C_n\}$ 为优化目标,目的在于保证流水线的高利用率。可以证明:工件集 J 内的所有工件遵循 SPT 规则排序,即工件按照加工时长由小到大的顺序进行编号,从工件 1 到工件 n 依次进入流水线进行加工能够实现该调度目标(王建军等,2011;Pinedo,2012)。初始调

度问题可以描述为 $F_2 | \text{nwt} | F(\pi) = C_{\max}$，其最优调度加工时间表为 $\overline{\pi}$，目标函数的最优值为 $F(\overline{\pi}) = \overline{C}_{\max}$。

2. 重调度问题

在初始调度方案的实际执行过程中，由于机器故障、停机定修等干扰事件的出现，会导致流水线上工件的加工中断，使初始调度所形成的最优加工时间表 $\overline{\pi}$ 变得不再最优或可行。为了减少上述机器扰动对生产调度指标的影响，需要对流水线上的待加工工件集 $J' = \{1, 2, \cdots, j, \cdots, n'\}\ (1 \leqslant n' \leqslant n)$ 实施生产重调度，即根据机器扰动工况对流水线上待加工工件的排序进行调整。

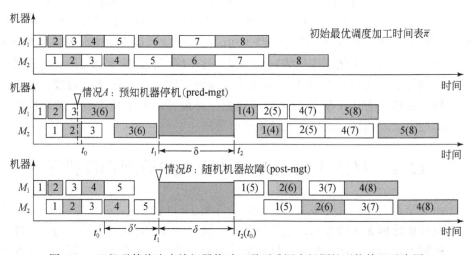

图 12-1　双机无等待流水线机器扰动工况下重调度问题的干扰管理示意图

在图 12-1 中，令双机流水线上发生干扰事件的开始时间为 t_1 和结束时间为 t_2，其持续时间 $\delta = t_2 - t_1$，机器扰动工况下的工件最早开工时间为 t_0，该干扰事件记作 $\Delta M | [t_1, t_2]$，简记作 ΔM。初始调度方案执行过程中的机器扰动可分为两种情况：情况 A 为工件 3 正在机器 1 上加工时，预知在 t_1 时刻将发生停机扰动，此时未开工工件集可以划分为安排在 t_1 之前加工（即 $[t_0, t_1]$ 时间窗）和在 t_2 之后加工的两阶段工件集；情况 B 为随机机器故障，即流水线在 t_1 时刻受扰，正在加工的工件被迫中断，此时 $t_0 = t_2$。对于情况 A，t_1 须满足 $t_1 > \min\{t_0 + p_{1j} + p_{2j} | j \in J'\}$，否则，只需等待直到具备机器开工条件，按初始调度的最优加工时间表 $\overline{\pi}$ 执行即可。两种情况均在 t_0 时刻对重调度环境进行重置 0 时刻初始化操作，即令 t_0 时刻为重调度的 0 时刻，待加工工件集 J' 按照 SPT 规则重新编号为 $1 \sim n'$。

3. 干扰管理策略

一方面，重调度问题是初始调度问题在某种机器扰动工况条件下的特定表现，重调度问题需要充分考虑初始调度问题的调度目标；另一方面，重调度通常会引起初始调度方案的执行偏差，为了减小重调度方案与初始调度方案的偏离程度，重调度时需要尽可能地使调整前后的调度方案在时间安排上保持一致。因此，重调度问题的干扰管理方案 π' 需要考虑以下两个方面的最小化调度目标。

(1) 初始调度目标：流水线制造期，即待加工工件集 J' 最大完工时间 $F_{\mathrm{I}}(\pi') = C_{\max}$。

(2) 扰动修复目标：待加工工件集 J' 中各工件的滞后时间和。工件 j 按初始调度方案将在 $\bar{C}_j$ 时刻完工，但由于发生机器扰动，工件 j 完工时间将变为 C_j，若以初始方案中工件 j 的完工时间 $\bar{C}_j$ 作为虚拟工期，则其加工滞后时间可定义为 $T_j = \max\{C_j - \bar{C}_j,\ 0\}$，用 T_j 来衡量干扰事件对工件 j 加工的影响程度，那么扰动修复目标可表示为 $F_{\mathrm{II}}(\pi') = \sum_{j=1}^{n'} T_j$。

双机成比例无等待流水线机器扰动工况下重调度问题的干扰管理过程如图 12-1 所示。考虑初始调度方案执行过程中机器扰动发生的两种情况，可分别采取以下两种干扰管理策略：情况 A 为事前干扰管理（pred-mgt），即决策者预先知道某时间段内将会有机器扰动发生，并可以选择最佳的时间点对加工时间表实施调整；情况 B 为事后干扰管理（post-mgt），即决策者事前不知道有机器扰动发生，当机器扰动突发后才进行加工时间表的调整。对于机器扰动可能多次发生的情况，则采取干扰管理方案滚动的处理方式，即将当前下发执行的加工时间表作为下一次处置干扰事件的初始调度方案。

综上，本文重调度问题可拆分为两类干扰管理子问题，使用 $\alpha|\beta|\gamma$ 三参数法表示为

子问题 A：$F_2|\mathrm{nwt},\ \Delta M,\ \mathrm{pred\text{-}mgt}|F_{\mathrm{I}}(\pi'),\ F_{\mathrm{II}}(\pi')$ (12-1)

子问题 B：$F_2|\mathrm{nwt},\ \Delta M,\ \mathrm{post\text{-}mgt}|F_{\mathrm{I}}(\pi'),\ F_{\mathrm{II}}(\pi')$ (12-2)

12.2 双机成比例无等待流水线干扰管理调度建模

12.2.1 SPT 规则的最优解特性分析

定理 1：SPT 规则对于子问题 A 是最优的。

证明：对于 $F_{\mathrm{I}}(\pi')$，采用反证法。假设安排在 t_2 之后加工的工件集任一其他最优调度加工时间表 π^* 中，存在一对相邻工件 j 和 k，令工件 j 是工件 k 的紧后工件，这对相邻工件满足 $p_{1j}<p_{1k}$ 条件，令 C'_{ij} 为邻对交换后工件 j 在机器 i 上的完工时间，需要证明邻对交换使制造期减少，这里即需证明 $C'_{2k}\leqslant C_{2j}$ 成立。

假设在调度 π^* 中工件 h 为工件 k 的紧前工件、工件 l 是工件 j 的紧后工件，令 s_{1l} 和 s'_{1l} 分别为邻对交换前后的工件 l 开工时间。在调度 π^* 中工件 j 在机器 2 上完工时间和工件 l 在机器 1 上开工时间分别为 $C_{2j}=\max\ \{C_{1h}+p_{1k}+p_{2k}+p_{2j},\ C_{2h}+p_{2k}+p_{2j}\}$ 和 $s_{1l}=\max\ \{C_{2j}-p_{2j},\ C_{2j}-p_{1l}\}$。交换后工件 k 在机器 2 上完工时间和工件 l 在机器 1 上开工时间分别为 $C'_{2k}=\max\ \{C_{1h}+p_{1j}+p_{1k}+p_{2k},\ C_{1h}+p_{1j}+p_{2j}+p_{2k},\ C_{2h}+p_{1k}+p_{2k},\ C_{2h}+p_{2j}+p_{2k}\}$ 和 $s'_{1l}=\max\ \{C'_{2k}-p_{2k},\ C'_{2k}-p_{1l}\}$。

由条件 $p_{1j}<p_{1k}$ 可得 $p_{2j}=p_{1j}\times(v_1/v_2)<p_{1k}\times(v_1/v_2)=p_{2k}$。显然，$C'_{2k}$ 表达式中第 1 项和第 2 项均小于 C_{2j} 中第 1 项，C'_{2k} 中第 4 项等于 C_{2j} 中第 2 项；注意到 C'_{2k} 表达式中第 3 项亦可表示为 $C_{1h}+p_{1k}+p_{2k}+p_{2h}$，该项不大于 C_{2j} 中第 1 项。故 $C'_{2k}\leqslant C_{2j}$ 得证。s'_{1l} 表达式中两项均不大于 s_{1l} 中的对应项，即 $s'_{1l}\leqslant s_{1l}$，也就是说，上述邻对交换不会滞后工件 l 在机器 1 上开工时间。

同理，安排 t_1 之前加工的工件集对于目标 $F_{\mathrm{I}}(\pi')$ 的最优解也须满足 SPT 排序。

对于 $F_{\mathrm{II}}(\pi')$，易证按照 SPT 规则排序，将工件安排在 t_1 之前加工，则 $C_j\leqslant\bar{C}_j$，即 $T_j=0$；假设安排 t_2 之后加工的工件集中有紧邻工件 j 和 k，且满足 $p_{1j}<p_{1k}$ 条件。若安排工件 k 在工件 j 之前加工，邻对交换加工次序后，工件 j 使 $F_{\mathrm{II}}(\pi')$ 减少了 T_j，工件 k 使 $F_{\mathrm{II}}(\pi')$ 增加了 T_k，$F_{\mathrm{II}}(\pi')$ 目标的变化值可表示为：$\Delta F_{\mathrm{II}}(\pi')=-T_j+T_k$。若 $\Delta F_{\mathrm{II}}(\pi')<0$，则说明 SPT 邻对交换排序有效地减少了工件的加工滞后时间。如图 12-2 所示，情况 I：$T_j=p_{1k}+p_{2k}-p_{1j}$，$T_k=p_{1j}$；情况 II：$T_j=p_{1k}+p_{2k}-p_{1j}$，$T_k=p_{1j}+p_{2j}-p_{1k}$。由于在 SPT 排序中 $p_{1j}<p_{1k}\Rightarrow p_{2j}=p_{1j}\times(v_1/v_2)<p_{1k}\times(v_1/v_2)=p_{2k}$，显然，对于仅有可能出现的两种情况，$\Delta F_{\mathrm{II}}(\pi')$ 均小于 0。

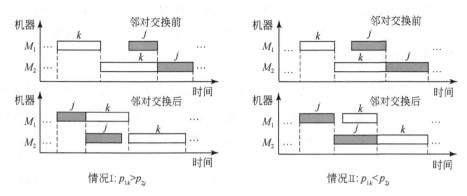

图 12-2 双机无等待流水线上工件邻对交换加工次序的两种情况

令从受扰工件 j 在机器 1 上开始加工时刻 t_0' 到随机机器故障发生时刻 t_2 之间的时间区间为 δ'，如图 12-1 中情况 B 所示，δ' 满足 $\min\{p_{2(j-1)}, p_{1j}\} \leq \delta' < p_{1j} + p_{2j}$。

推论 1：对子问题 B 中待加工工件集按照 SPT 规则进行排序，可获得该重调度问题的最优干扰管理方案，其最优目标值为 $F_{\mathrm{I}}(\pi') = F(\bar{\pi}) + (\delta + \delta')$ 和

$$F_{\mathrm{II}}(\pi') = \sum_{j=1}^{n'} (\delta + \delta')。$$

证明：由定理 1 可知，子问题 B 必存在最优解使安排在 t_2 之后加工的工件集满足 SPT 排序。当发生随机机器故障后重置 0 时刻，将待加工工件集 J' 按照 SPT 规则排序重新编号，重置初始化后工件 j 的完工时间 $C_j^{(0)} = C_{j-1}^{(0)} + \max\{p_{1j} + p_{2j} - p_{2(j-1)}, p_{2j}\}$。机器扰动在 t_2 时刻修复，故工件 j 的实际完工时间为 $C_j = t_2 + C_j^{(0)}$，而工件 j 在初始方案中的完工时间为 $\bar{C}_j = t_1 + (C_j^{(0)} - \delta')$。由此可得，受扰中断工件 j 的滞后时间为 $T_j = C_j - \bar{C}_j = \delta + \delta'$。

由此可得，待加工工件集 J' 的最优重调度排序与初始调度方案完全相同，各工件的完工时间均右移 $\delta + \delta'$ 个时间单位，工件加工滞后时间和为 $\sum_{j=1}^{n'} (\delta + \delta')$。

12.2.2 重调度问题的干扰管理模型

由推论 1 可知，通过右移初始最优加工时间表的方式，可直接求得子问题 B 的事后干扰管理方案最优解，这里只描述子问题 A 的干扰管理模型，令 $C_j^{t_1}$ 和 $C_j^{t_2}$ 分别表示安排在 t_1 之前或 t_2 之后加工的工件 j 的完工时间。根据定理 1，可将子

问题 A 转化为待加工工件集 J' 的最优划分问题，即需要决策工件 j 安排在 t_1 时刻之前加工 ($j \in J^{t_1}$)，还是应该安排在 t_2 时刻之后加工 ($j \in J^{t_2}$)。子问题 A 的干扰管理模型 pred-mgt 可表示为

$$\text{pred-mgt：} \min_{i \in \{1, 2\}|j \in J'} \left\{ F_{\mathrm{I}}(\pi') = C_{\max}, \ F_{\mathrm{II}}(\pi') = \sum_{j=1}^{n'} T_j \right\} \qquad (12\text{-}3)$$

$$\text{s. t.} \quad C_j = C_j^{t_1} \times x_j + C_j^{t_2} \times (1 - x_j), \ C_j^{t_1} \leqslant t_1 \qquad (12\text{-}4)$$

$$s_{2j} \geqslant C_{1(j-1)} + p_{1j}, \ \forall j \geqslant 2 \qquad (12\text{-}5)$$

$$C_{ij} = s_{ij} + p_{ij} \qquad (12\text{-}6)$$

$$(s_{ij_1} \geqslant C_{ij_2}) \vee (s_{ij_2} \geqslant C_{ij_1}) \qquad (12\text{-}7)$$

$$p_{1(j-1)} \leqslant p_{1j}, \ \forall j \geqslant 2, \ j \in J^{t_1} \text{ or } j \in J^{t_2} \qquad (12\text{-}8)$$

$$x_j = \begin{cases} 1 & j \in J^{t_1} \\ 0 & j \in J^{t_2} \end{cases}, \ j = 1, \ 2, \ \cdots, \ n' \qquad (12\text{-}9)$$

在 pred-mgt 模型中，式 (12-3) 表示重调度问题干扰管理的优化目标是最小化流水线的制造期和最小化各工件的滞后时间和；式 (12-4) 表示待加工工件集 J' 被重新划分，工件 j 安排在 t_1 时刻之前加工或安排在 t_2 时刻之后加工；式 (12-5) 表示工件加工的时序约束，指工件的前道工序加工完成才能开始下一工序的加工；式 (12-6) 表示无中断流水作业约束，即工件一旦开始加工就不能中断；式 (12-7) 表示机器作业的析取约束，指安排在同一机器上加工的两个工件不能同时进行；式 (12-8) 表示各工件遵循 SPT 规则排序；式 (12-9) 定义了 0-1 决策变量 x_j：当 $j \in J^{t_1}$ 时，$x_j = 1$；当 $j \in J^{t_2}$ 时，$x_j = 0$。

12.3 HDQPSO 求解算法

多目标问题的处理策略：对于能够事先确定每个目标函数理想值的多目标规划问题，可以设计基于理想点趋近的多目标函数评价方法（应玫茜，1981）。假设 pred-mgt 模型的可行解集为 Π'。首先，通过动态规划法分别求得两个目标函数的理想值 $F_{\mathrm{I}}^* = \min F_{\mathrm{I}}(\pi'^*)$ 和 $F_{\mathrm{II}}^* = \min F_{\mathrm{II}}(\pi'^*)$ ($\pi'^* \in \Pi'$)；因为多目标理想值的最近距离点求解问题可以归结为带约束集合的最小平方和求解问题，所以定义如下评价函数为

$\min \sum_{k=\{\mathrm{I}, \mathrm{II}\}} \lambda_k \times (F_k(\pi') - F_k^*)^2$ (λ_k 为由目标函数 $F_k(\pi')$ 重要度所决定的权重系数)

由此求得的最优值 $\overline{\pi}'$，能使向量 $(F_{\mathrm{I}}(\overline{\pi}'), F_{\mathrm{II}}(\overline{\pi}'))$ 与向量 $(F_{\mathrm{I}}^*, F_{\mathrm{II}}^*)$

足够接近，即 $\overline{\pi}'$ 是 pred-mgt 问题模型的有效解。根据经转换得到的 0 ~ 1 整数二次规划问题特征，本文设计了一种改进型的混合离散量子微粒群优化求解算法。

12.3.1 目标理想值的动态规划算法

依据定理 1，设计求解 $F_{\mathrm{I}}^* = \min F_{\mathrm{I}}(\pi')$ 和 $F_{\mathrm{II}}^* = \min F_{\mathrm{II}}(\pi')$ 的动态规划算法。

1. F_{I}^* 算法

定义状态变量二元组 $\langle j, C_{\max}^{t_1} \rangle$：$C_{\max}^{t_1}$ 为重置 0 时刻初始化后，安排在 t_1 之前加工工件集的最大完工时间，即表示在 $[0, t_1-t_0]$ 区间内双机流水线被占用的时间总和，令 $P_{2j}' = \max \{p_{2j}, p_{1j}+p_{2j}-p_{2(j-1)}\}$，则 $C_{\max}^{t_1} = p_{11}+p_{21}+\sum_{j=2}^{n'} P_{2j}'(j \in J')$。令 $f_{\mathrm{I}}(j, C_{\max}^{t_1})$ 为待加工工件集 $J' = \{1, 2, \cdots, j, \cdots, n'\}$ 的 $\min F_{\mathrm{I}}(\pi')$ 值；令 $C_j^{(0)}$ 为重置 0 时刻后工件 j 的完工时间。对于工件集 J' 的任一给定 $\langle j, C_{\max}^{t_1} \rangle$ 状态，由定理 1 给出的 SPT 排序最优解特性可知，工件 j 一定需要安排在 t_1 之前最晚加工或者安排在 t_2 之后最晚加工。当 $f_{\mathrm{I}}(j, C_{\max}^{t_1}) = f_{\mathrm{I}}(j-1, C_{\max}^{t_1}-P_{2j}') +t_0+P_{2j}'$ 时，决策变量 $x_j = 1$；否则 $x_j = 0$。求解 $f_{\mathrm{I}}(j, C_{\max}^{t_1})$ 的动态规划递归算法如下：

$$\text{初始条件：} f_{\mathrm{I}}(1, C_{\max}^{t_1}) = \begin{cases} t_0 +p_{11}+p_{21} & \text{while：} C_{\max}^{t_1} = p_{11}+p_{21} \\ t_2 +p_{11}+p_{21} & \text{while：} C_{\max}^{t_1} = 0 \\ +\infty & \text{while：} C_{\max}^{t_1} \neq p_{11}+p_{21} \text{ or } C_{\max}^{t_1} \neq 0 \end{cases} \tag{12-10}$$

$$\text{递归关系：} f_{\mathrm{I}}(j, C_{\max}^{t_1}) = \min \begin{cases} f_{\mathrm{I}}(j-1, C_{\max}^{t_1}-P_{2j}') +t_0+P_{2j}' \\ f_{\mathrm{I}}(j-1, C_{\max}^{t_1}) +t_2-C_{\max}^{t_1}+C_j^{(0)} \end{cases} \tag{12-11}$$

$$\text{边界条件：} \begin{cases} 2 \leqslant j \leqslant n' \\ 0 \leqslant C_{\max}^{t_1} \leqslant t_1-t_0 \\ f_{\mathrm{I}}(1, C_{\max}^{t_1}) = +\infty & \text{while：} C_{\max}^{t_1} < \min \{p_j\} \text{ or } C_{\max}^{t_1} > C_{\max} \end{cases} \tag{12-12}$$

$$\text{最优方案：} F_{\mathrm{I}}^* = \min f_{\mathrm{I}}(n', C_{\max}^{t_1}) \tag{12-13}$$

2. F_{II}^* 算法

对于某个给定的状态 $\langle j, C_{\max}^{t_1} \rangle$，令 $f_{\mathrm{I}}(j, C_{\max}^{t_1})$ 为待加工工件集 $J' = \{1, 2, \cdots, j, \cdots, n'\}$ 的 $\min F_{\mathrm{II}}(\pi')$ 值，求解 $f_{\mathrm{II}}(j, C_{\max}^{t_1})$ 的动态规划递归算法如下。

初始条件：
$$f_{\mathrm{II}}(1, C_{\max}^{t_1}) = \begin{cases} 0 & C_{\max}^{t_1} = p_{11} + p_{21} \\ t_2 & C_{\max}^{t_1} = 0 \\ +\infty & C_{\max}^{t_1} \neq p_{11} + p_{21} \ \text{or} \ C_{\max}^{t_1} \neq 0 \end{cases} \tag{12-14}$$

递归关系：
$$f_{\mathrm{II}}(j, C_{\max}^{t_1}) = \min \begin{cases} f_{\mathrm{II}}(j-1, C_{\max}^{t_1} - P_{2j}') \\ f_{\mathrm{II}}(j-1, C_{\max}^{t_1}) + t_2 - C_{\max}^{t_1} \end{cases} \tag{12-15}$$

边界条件：
$$\begin{cases} 2 \leqslant j \leqslant n' \\ 0 \leqslant C_{\max}^{t_1} \leqslant t_1 - t_0 \\ f_{\mathrm{II}}(1, C_{\max}^{t_1}) = +\infty & C_{\max}^{t_1} < \min\{p_j\} \ \text{or} \ C_{\max}^{t_1} > C_{\max} \end{cases} \tag{12-16}$$

最优方案：$F_{\mathrm{II}}^* = \min f_{\mathrm{II}}(n', C_{\max}^{t_1})$ (12-17)

F_{I}^* 算法和 F_{II}^* 算法的计算复杂度：两算法均涉及 $O(n't_1)$ 个状态变量 $\langle j, C_{\max}^{t_1} \rangle$，每个状态变量的计算复杂度为 $O(1)$ 或常数，故两算法的计算复杂度为 $O(n't_1)$。

12.3.2 基于 HDQPSO 的求解算法

为了克服标准微粒群优化算法的控制参数较多、进化方程复杂等缺点，受量子理论启发，孙俊等（2004）提出了引入量子模型的概率化微粒群优化算法——量子行为微粒群优化算法（quantum-behaved particle swarm optimization，QPSO），简称量子微粒群优化算法。QPSO 算法是一种全局最优化算法，同时具有算法鲁棒性好、收敛速度快等特点。在 QPSO 算法中将微粒的运动状态看作为量子态，使用波函数 $\Psi(x, t)$ 来表征，而不再用微粒的位置和速度来描述。通过波函数的概率密度 $|\Psi(x, t)|$ 计算微粒在解空间的位置概率分布，得到基于蒙特·卡罗随机模拟方法的 QPSO 算法迭代进化方程为

局部吸引因子：$p_{i,j}(t) = \varphi \times \bar{P}_{i,j}(t) + (1-\varphi) \times \bar{P}_{g,j}(t)$ (12-18)

平均最优位置：$\bar{M}_{\text{best}} = \left[(1/M) \sum_{i=1}^{M} \bar{P}_{i,1}(t), \cdots, (1/M) \sum_{i=1}^{M} \bar{P}_{i,n}(t) \right]$

(12-19)

微粒位置更新：$x_{i,j}(t+1)=p_{i,j}(t)\pm\beta\times|\overline{m}_{\text{best},j}-x_{i,j}(t)|\times\ln(1/u)$ （12-20）
式（12-18）中，$\overline{P}_{i,j}(t)$ 和 $\overline{P}_{g,j}(t)$ 分别描述 t 时刻微粒及种群所经过的最佳位置，该式表示微粒在 $\overline{P}_{i,j}(t)$ 和 $\overline{P}_{g,j}(t)$ 之间的随机位置，φ 为（0，1）之间均匀分布的随机数；式（12-19）表示在 t 时刻种群中各个微粒历史最佳位置的欧氏几何中心，M 为微粒种群的规模；式（12-20）中，β 为控制算法收敛速度的缩放系数，$\overline{m}_{\text{best},j}$ 为微粒在第 j 维上的平均最优位置，u 为（0，1）之间均匀分布的随机数。

对于 pred-mgt 模型中工件集划分的整数规划问题，不能直接使用标准的量子微粒群优化算法进行求解。为了适应对上述双机无等待流水线重调度问题离散空间的搜索寻优，借鉴遗传算法的变异和交叉进化策略，本文提出基于离散量子微粒群优化与局部搜索策略相结合的混合离散量子微粒群优化（hybrid discrete quantum-behaved particle swarm optimization，HDQPSO）算法对 pred-mgt 模型进行求解。HDQPSO 算法原理描述如下。

1. 算法的初始化

种群中每个微粒的位置采用一个 n' 维实数向量 $X_i^{(R)}=[x'_{i,1}, x'_{i,2}, \cdots, x'_{i,n'}]$ 表达，实数向量 $X_i^{(R)}$ 的初始值采用标准 PSO 初始化的随机键编码方式在连续空间内随机产生，即 $x'_{i,k}$ 为（0，1）之间均匀分布的随机数（$k\in\{1, 2, \cdots, n'\}$）；将微粒实数型位置向量 $X_i^{(R)}$ 离散化成 0-1 整数型的编码序列 $X_i=[x_{i,1}, x_{i,2}, \cdots, x_{i,n'}]$：针对每一微粒生成一个（0，1）之间随机数 r_i，比较微粒位置实数向量 $X_i^{(R)}$ 各个维度的 $x'_{i,k}$ 值与 r_i 值，若 $x'_{i,k}\geqslant r_i$，则 $x_{i,k}=1$，否则 $x_{i,k}=0$。设定 HDQPSO 算法的最大迭代次数 max。

2. 微粒迭代进化

HDQPSO 的优化机制是量子态微粒根据个体及种群的飞行经验不断调整位置，从而自适应地向离散空间最优位置飞行，即微粒新位置的确定是其自身历史最佳位置（pbest）$\overline{P}_i(t)$、种群当前最佳位置（gbest）$\overline{P}_g(t)$ 和局部邻域搜索改进策略 f_N 相互作用的结果。依据上述机制，设计 HDQPSO 算法的微粒位置更新公式为

$$X_i(t+1)=f_N\Big(\overline{M}_{\text{best}}\oplus\Big(f_C\big(c_{p3}\otimes\big(f_M(c_{p1}\otimes\overline{P}_i(t)),f_M(c_{p2}\otimes\overline{P}_g(t))\big)\big)\Big)\Big)$$

（12-21）

式中，$X_i(t+1)$ 为微粒 i 在 $t+1$ 时刻的位置，微粒的迭代进化方式包括以下几个。

(1) $f_M(c_{p1} \otimes \bar{P}_i(t))$ 表示以 c_{p1} 概率对 $\bar{P}_i(t)$ 进行变异操作:对于 $(0,1)$ 之间均匀分布随机数 rand,若 rand<c_{p1},则执行 SWAP 操作产生新微粒,即对通过随机数确定的 $\bar{P}_i(t)$ 向量 2 个维度上的元素进行 0-1 互换赋值,否则 $f_M(c_{p1} \otimes \bar{P}_i(t)) = \bar{P}_i(t)$,$c_{p1}$ 为通过微粒位置记忆提高算法全局搜索能力的认知特征概率 $(0 \leqslant c_{p1} \leqslant 0.5)$。

(2) $f_M(c_{p2} \otimes \bar{P}_g(t))$ 表示以 c_{p2} 概率对 $P\bar{P}_g(t)$ 进行变异操作:对于 $(0,1)$ 之间均匀分布随机数 rand,若 rand<c_{p2},则执行 SWAP 操作产生新微粒,即对通过随机数确定的 $\bar{P}_g(t)$ 向量 2 个维度上的元素进行 0-1 互换赋值,否则 $f_M(c_{p2} \otimes \bar{P}_g(t)) = \bar{P}_g(t)$,$c_{p2}$ 为体现种群微粒间信息共享的社会特征概率 $(0 \leqslant c_{p2} \leqslant 0.5)$。

(3) $f_C(c_{p3} \otimes (f_M(c_{p1} \otimes \bar{P}_i(t)), f_M(c_{p2} \otimes \bar{P}_g(t))))$ 表示以 c_{p3} 概率执行微粒位置向量 $f_M(c_{p1} \otimes \bar{P}_i(t))$ 与 $f_M(c_{p2} \otimes \bar{P}_g(t))$ 的交叉操作:对于 $(0,1)$ 之间均匀分布随机数 rand,若 rand<c_{p3},则执行交叉复制操作,即通过随机方式确定向量维度元素的复制区间 $[\sigma, \delta](0<\sigma, \delta \leqslant n)$,将 $f_M(c_{p1} \otimes \bar{P}_i(t))$ 的 $[\sigma, \delta]$ 区间维度的元素值复制到新微粒向量的相应维度,将 $f_M(c_{p2} \otimes \bar{P}_g(t))$ 在 $[\sigma, \delta]$ 区间之外其他维度的元素值按次序复制到新微粒向量的剩余维度,否则 $f_C(c_{p3} \otimes (f_M(c_{p1} \otimes \bar{P}_i(t)), f_M(c_{p2} \otimes \bar{P}_g(t)))) = f_M(c_{p1} \otimes \bar{P}_i(t))$,$c_{p3}$ 为反映微粒通过交叉操作获取最佳位置的进化特征概率 $(0.5 \leqslant c_{p3} \leqslant 1.0)$。

(4) f_N 函数表示对 $f_C(c_{p3} \otimes (f_M(c_{p1} \otimes \bar{P}_i(t)), f_M(c_{p2} \otimes \bar{P}_g(t))))$ 执行步长为 $\bar{M}_{best}$ 的局部搜索操作,$\bar{M}_{best} = \beta \times (1/M) \times \sum_{k=1}^{M} d_H(X_i(t), \bar{P}_k(t)) \times \ln(1/u)$,其中 $d_H(X_i(t), \bar{P}_k(t))$ 为计算在 t 时刻微粒的当前位置 $X_i(t)$ 与第 k 个微粒历史最佳位置 $\bar{P}_k(t)$ 间 Hamming 距离的函数,其结果值为两向量在对应维度上的不同元素个数之和。

f_N 局部搜索策略采用 SWAP 和 INSERT 两种邻域结构:SWAP 邻域,即随机交换工件集 J^{l_1} 和 J^{l_2} 中的两个工件;INSERT 邻域,即随机选择工件集 J^{l_2} 中的一个工件并将其插入工件集 J^{l_1} 到中。若 SWAP 和 INSERT 邻域后工件集 J^{l_1} 的最大完工时间超过 t_1 或新生成方案的目标评价结果不优于现行方案,则不允许该操作。

基于 HDQPSO 的双机无等待流水线重调度干扰管理启发式算法流程如图 12-3 所示。

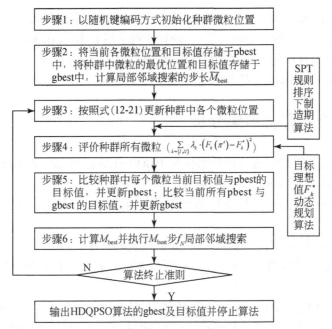

图 12-3 双机无等待流水线重调度干扰管理的启发式 HDQPSO 算法

12.4 应用案例分析

12.4.1 数值算例实验设计

针对 pred-mgt 模型的数值测试算例参数设置为：双机成比例无等待流水线上两台机器的加工速度分别为 $v_1 = 1.2v_2$ 和 v_2，加工工件集中的工件数量为 50，置 0 时刻后对工件按 SPT 规则排序进行编码，工件 i 在机器 1 上的加工时间 $p_i = i$，$i = 1, 2, \cdots, 50$。不失一般性假设机器扰动工况下待加工工件的最早开工时间 $t_0 = 0$，目标函数的权重系数 $\lambda_{\mathrm{I}} = \lambda_{\mathrm{II}} = 1$。在测试算例环境中随机设置 6 组不同时间窗的停机干扰事件，均分别进行 10 次独立的计算实验，对本文提出的基于 HDQPSO 的启发式算法进行性能测试，并与 Ishibuchi 和 Murata（1998）所提出的多目标遗传局部搜索（IM-MOGLS）算法进行比较分析。

HDQPSO 算法参数设置为：种群规模 $M = 40$，微粒的变异概率 $c_{p1} = c_{p2} = 0.2$，交叉概率 $c_{p3} = 0.8$，算法收敛缩放系数 $\beta = 1$，终止条件为迭代 60 次（获得约 80000 个可行解）；IM-MOGLS 算法的种群规模为 800，交叉概率为 0.6，变异概率为 0.1，局部搜索执行概率为 0.8，最大无改进解搜索步长为 2，终止条件为迭代 100 次（获得约 80000 个可行解）；两算法均使用 C#语言在 Visual Studio2010 集成开发环境下编程实现，两算法程序的运行环境为：Intel Core i3-2120 @ 3.30GHz 双核/4G DDR3/Windows7 专业版 32 位 SP1。

12.4.2　实验结果分析

采用王凌和刘波归纳的评价指标对 HDQPSO 算法与 IM-MOGLS 算法进行比较（王凌和刘波，2008），具体包括以下几方面。

（1）ONVG 指标：两种不同算法非劣解集 E 和 E' 中解的个数，分别记作 $|E|$ 和 $|E'|$。

（2）CM 指标：将由非劣解集 E 和 E' 构成的有序对 (E,E') 或 (E',E) 映射为 0 到 1 之间数值，如 $\mathrm{CM}_{(E,E')} = |\{x' \in E' \mid \exists x \in E, x > x'\}| / |E'|$，该指标反映两解集中解的支配比例。

（3）D_{av} 与 D_{max} 指标：度量两非劣解集 E 和 E' 中的解与最优 Pareto 前沿 R 之间的距离，计算式为 $D_{\mathrm{av}} = \sum\limits_{x_R \in R} \min\limits_{x \in E \text{ or } E'} d(x,x_R) / |R|$ 和 $D_{\mathrm{max}} = \max\limits_{x_R \in R}\{\min\limits_{x \in E \text{ or } E'} d(x,x_R)\}$，式中，$d(x,x_R) = \max\limits_{j}\{(f_j(x) - f_j(x_R))/\Delta_j\}$，$x \in E \text{ or } E'$，$x_R \in R$，$\Delta_j$ 为解集 E（或 E'）和 R 中所有解的目标值 f_j 范围，对于 E（或 E'）中解，最优 Pareto 前沿 R 中一定存在一个与之距离最近的解，D_{av} 是这些最小距离的平均值，D_{max} 则是这些最小距离的最大值。

（4）TS 指标：度量解集 E 和 E' 中解分布的均匀性，如 $\mathrm{TS}_E = \sqrt{(1/|E|) \sum\limits_{i=1}^{|E|} (D_i - \overline{D})^2 / \overline{D}}$，其中，$D_i$ 为非劣解集 E 中的解 x_i 在目标空间中与其邻近点的欧氏距离，$\overline{D} = \sum\limits_{i=1}^{|E|} D_i / |E|$。

（5）MS 指标：度量非劣解集 E 和 E' 中的解对最优 Pareto 前沿 R 的覆盖程度，如 $\mathrm{MS}_E = \sqrt{(1/N) \sum\limits_{j=1}^{N} [(\max\limits_{i-1}^{|E|} f_j(x_i) - \min\limits_{i-1}^{|E|} f_j(x_i))/(F_j^{\max} - F_j^{\min})]^2}$，其中，$f_j(x_i)$ 为解 x_i 第 j 个目标值，$F_j^{\max}$ 和 $F_j^{\min}$ 分别为最优 Pareto 前沿中所有解对于第 j 个目标的最大值和最小值。

（6）AQ 指标：度量解集 E 和 E' 中解的平均质量指标，反映解的邻近性和分散性综合性能，如 $\mathrm{AQ}_E = \sum\limits_{\lambda \in \Lambda} s_a(f, z^0, \lambda, \rho) / |\Lambda|$，其中 $s_a(f, z^0, \lambda, \rho) = \min\limits_{i}\{\max\limits_{j}[\lambda_j (f_j(x_i) - z_j^0)] + \rho \sum\limits_{j=1}^{N} \lambda_j \times (f_j(x_i) - z_j^0)\}$，$\Lambda = \{\lambda = (\lambda_1, \cdots, \lambda_N) \mid \lambda_j \in \{0, 1/r, 2/r, \cdots,$

表 12-1 数值算例实验（6 组×10 次）的性能指标比较

指标			ONVG		CM		D_{av}		D_{max}		TS		MS		AQ		RT	
算法			HDQ-PSO	IM-MOGLS	HDQ-PSO	IM-MOGLS	HDQ-PSO	IM-MOGLS	HDQ-PSO	IM-MOGLS	HDQ-PSO	IM-MOGLS	HDQ-PSO	IM-MOGLS	HDQ-PSO	IM-MOGLS	HDQ-PSO	IM-MOGLS
实验 1 [300, 350]	平均		8.200	6.900	0.354	0.545	0.077	0.111	0.289	0.382	18.883	17.198	1.122	1.334	1503.906	1518.287	1.319	1.325
	最优		12.000	9.000	0.000	0.000	0.000	0.000	0.000	0.000	5.294	9.708	1.755	4.237	1498.184	1498.225	1.280	1.295
	最差		5.000	4.000	0.714	1.000	0.206	0.426	0.820	1.762	50.370	34.056	0.336	0.452	1513.741	1555.223	1.418	1.358
实验 2 [300, 320]	平均		6.444	6.222	0.237	0.649	0.040	0.376	0.189	1.437	20.921	21.540	0.994	0.966	1140.599	1154.829	1.286	1.329
	最优		9.000	9.000	0.000	0.333	0.000	0.032	0.000	0.121	6.132	9.152	1.353	1.632	1139.894	1146.842	1.264	1.310
	最差		3.000	4.000	0.600	1.000	0.087	2.094	0.523	8.393	42.726	50.986	0.509	0.390	1143.842	1171.423	1.341	1.357
实验 3 [496, 530]	平均		18.000	16.200	0.153	0.645	0.010	0.054	0.104	0.319	28.274	31.852	0.966	1.205	1162.372	1237.565	1.245	1.277
	最优		20.000	21.000	0.000	0.333	0.001	0.012	0.013	0.078	16.337	12.933	1.150	2.824	1162.097	1162.395	1.216	1.263
	最差		15.000	13.000	0.500	0.923	0.033	0.151	0.193	1.043	59.591	53.452	0.753	0.483	1163.157	1420.231	1.280	1.297
实验 4 [496, 510]	平均		18.000	15.600	0.905	0.962	0.061	0.062	0.211	0.214	0.643	0.806	0.397	0.326	1206.648	1206.312	1.245	1.277
	最优		20.000	18.000	0.706	0.800	0.047	0.044	0.202	0.209	0.539	0.352	0.466	0.523	1205.638	1205.180	1.216	1.263
	最差		15.000	11.000	1.000	1.000	0.073	0.075	0.221	0.253	0.817	1.321	0.305	0.179	1208.086	1207.321	1.280	1.297
实验 5 [800, 820]	平均		38.300	33.900	0.234	0.453	0.007	0.012	0.072	0.173	24.695	36.198	0.885	1.125	1161.058	1161.402	1.340	1.324
	最优		47.000	40.000	0.054	0.265	0.001	0.004	0.027	0.051	10.216	21.748	1.000	1.625	1160.804	1160.565	1.326	1.310
	最差		31.000	29.000	0.447	0.583	0.014	0.023	0.113	0.519	46.388	61.061	0.578	0.877	1161.392	1164.923	1.373	1.342
实验 6 [760, 820]	平均		23.889	20.778	0.383	0.363	0.018	0.025	0.092	0.202	24.402	30.422	0.835	1.176	1176.626	1176.964	1.309	1.335
	最优		27.000	25.000	0.185	0.050	0.007	0.002	0.054	0.038	12.614	16.377	1.022	2.624	1176.227	1176.303	1.294	1.326
	最差		20.000	18.000	0.600	0.632	0.045	0.119	0.148	1.061	52.853	54.005	0.571	0.917	1177.134	1180.377	1.373	1.359

$1\}$，$\sum\limits_{j=1}^{N}\lambda_j=1\}$，$z^0$ 是目标空间中设定的基准点（即坐标原点），ρ 为充分小实数，λ 为与目标问题相关的参数。

(7) RT 指标：即算法的运行时间，用来度量算法的优化效率。

对于上述 6 组×10 次的算例实验，表 12-1 中列出了 HDQPSO 算法和 IM-MOGLS 算法的各项指标；图 12-4 为两种算法求解 ［496，530］ 时间窗机器扰动问题算例的 Pareto 边界图形，该图具有代表性，其他算例的运算结果与之相类似。

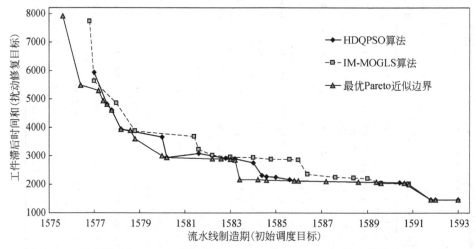

图 12-4　机器扰动［496，530］情况下 HDQPSO 和 IM-MOGLS 算法所得 Pareto 边界

由表 12-1 可知，HDQPSO 算法和 IM-MOGLS 算法对双机成比例无等待流水线重调度问题都能得到比较好的计算结果，但两种算法的性能指标仍存在着细小的差别。对比 ONVG 指标值可知，HDQPSO 算法所得非劣解的个数多于 IM-MOGLS 算法；对比 CM 指标值可知，大多数情况下 HDQPSO 算法所得非劣解均能够支配 IM-MOGLS 算法所得非劣解；对比 D_{av} 和 D_{max} 指标值可知，HDQPSO 算法所得非劣解与理论最优 Pareto 边界更为接近，与理论最优 Pareto 边界的近似程度，无论在平均距离意义上还是在最大化最小距离意义上均优于 IM-MOGLS 算法所得结果（图 12-4）；对比 TS 指标值可知，HDQPSO 算法所得非劣解比 IM-MOGLS 算法分布的更为均匀，即非劣解集的分散性更好；对比 MS 指标值可知，较多情况下 IM-MOGLS 算法所得非劣解在解的覆盖范围方面性能较好；对比 AQ 指标值可知，大多数情况下 HDQPSO 算法所得非劣解的 AQ 指标值均小于 IM-

MOGLS 算法的 AQ 指标值，这说明兼顾解集的近似性与分散性两方面指标，HDQPSO 算法所得非劣解的综合性能更好；对比 RT 指标值可知，HDQPSO 算法的优化效率优于 IM-MOGLS 算法。

综上，与 IM-MOGLS 算法对比分析表明，HDQPSO 算法是求解双机成比例无等待流水线重调度问题的一种更为快速有效的进化算法。

参 考 文 献

薄洪光，刘晓冰，吕艳霞．2009．钢铁企业 xBOM 过程集成研究．工业工程与管理，(2)：12-17.

薄洪光，张书冉，刘晓冰，等．2010．广义过程集成的钢铁产品质量控制管理模式．工业工程
　　与管理，(5)：60-65.

蔡启明，张庆．2005．现代物流管理．上海：立信会计出版社．

蔡文．1983．可拓集合和不相容问题．科学探索学报，(1)：83-97.

蔡文．1994．物元模型及其应用．北京：科学技术文献出版社．

陈安，李铭禄．2006．干扰管理，危机管理和应急管理概念辨析．应急管理汇刊，1(1)：8-9.

陈国良，王煦法，庄镇泉，等．1996．遗传算法及其应用．北京：人民邮电出版社．

陈荣秋，马士华．2005．生产与运作管理．北京：高等教育出版社．

陈相东．2004．模糊规划及其程序实现．天津理工学院学报，20(2)：98-100.

陈张荣．2010．数控机床故障远程预警和诊断系统．苏州：苏州大学硕士学位论文．

大野耐一．2006．丰田生产方式．谢克俭，李颖秋译．北京：中国铁道出版社．

戴钎，王力生．2005．基于故障树和规则匹配的故障诊断专家系统．计算机应用，25(9)：
　　2034-2040.

丁明玲．2008．约束理论在物流领域的应用．长春：吉林大学硕士学位论文．

杜文，黄崇超．2005．求解二层规划问题的遗传算法．数学杂志，25(2)：167-170.

付一凡．2009．基于 RETE 算法的规则引擎设计及在学科智能导学中的应用．长春：东北师范
　　大学硕士学位论文．

高林，王成尧，汪定伟，等．1999．有模具约束的平行机台成组工作调度问题的启发式算法．
　　控制与决策，14(5)：392-397.

龚伟，姜周华，郑万，等．2002．转炉冶炼过程中合金成分控制模型．东北大学学报（自然科
　　学版），23(12)：1155-1157.

何非．2010．装配制造系统复杂特性建模及其应用研究．武汉：华中科技大学博士学位论文．

黄德才，经玲，杨万年．1997．一个基于 JIT 的 FMS 零件排序问题的模型及解法．计算机集成
　　制造系统，6：45-48.

黄可为，杜斌．2003．转炉合金最小成本控制模型．冶金自动化，27(2)：11-13.

黄可为，卢克斌，汪定伟．2006．炼钢组炉问题优化模型及其动态规划算法．东北大学学报
　　（自然科学版），27(2)：138-141.

黄学文，范玉顺．2005．BOM 多视图和视图之间映射模型的研究．机械工程学报，41(4)：
　　97-102.

姜波，卜佳俊．2003．基于 Internet 的图案协同设计中迟加入问题的研究．计算机工程，29(4)：
　　88-90.

姜敏．2010．过程系统故障树的计算机辅助生成方法研究．大连：大连理工大学硕士学位论文．

金锋赫，孔繁森，金东园．2008．基于设备可用时间约束的装配作业车间调度规则．计算机集

成制造系统, 14 (9): 1727-1732.

孔丽丹, 须文波, 孙俊. 2008. 基于动态邻域的 QPSO 算法. 计算机工程与应用, 44 (13): 36-38.

李洁, 齐怡, 李杰. 2004. 故障诊断专家系统规则表示方式及推理算法. 电子测量技术, 3: 5-6.

李素粉, 朱云龙, 尹朝万. 2005. 具有随机加工时间和机器故障的流水车间调度. 计算机集成制造系统, 11 (10): 1425-1429.

李铁克, 肖拥军, 王柏琳. 2010. 基于局部性修复的 HFS 机器故障重调度. 管理工程学报, 24 (3): 45-49.

梁伟光. 2011. 基于证据理论的在轨航天器故障诊断方法研究. 合肥: 中国科学技术大学博士学位论文.

刘峰, 李存军, 黎锐, 等. 2008. 陆面数据同化系统构建方法及其农业应用. 农业工程学报, 24 (2): 347-352.

刘广东. 2011. 基于 TOC 的煤炭企业物料库存控制研究. 济南: 山东科技大学硕士学位论文.

刘琳. 2007. 动态不确定环境下生产调度算法研究. 上海: 上海交通大学博士学位论文.

刘民, 吴澄, 杨英杰. 2000. 并行多机调度问题的一种基于组合规则的遗传算法. 电子学报, 28 (5): 52-54.

刘明周, 单晖, 蒋增强, 等. 2009. 不确定条件下车间动态重调度优化方法. 机械工程学报, 45 (10): 137-142.

刘士新, 宋健海, 唐加福, 等. 2004. MTO 管理模式下钢铁企业生产合同计划建模与优化. 控制与决策, 19 (4): 393-396, 401.

刘世欣. 2007. 基于故障树的变电设备故障诊断专家系统. 北京: 华北电力大学硕士学位论文.

刘树安, 尹新, 郑秉霖, 等. 1999. 二层线性规划问题的遗传算法求解. 系统工程学报, 14 (3): 280-285.

刘晓冰, 薄洪光, 马跃, 等. 2008. 钢铁集团企业集成化生产计划管理模型研究. 计算机集成制造系统, 14 (1): 24-32.

刘晓冰, 潘瑞林, 蒙秋男, 等. 2009. 钢铁产品面向成本设计集成模型研究. 计算机集成制造系统, 15 (1): 63-71.

柳毅, 叶春明, 马慧民. 2006. 基于提前/滞后 flow shop 调度问题的混合微粒群算法. 系统工程理论方法应用, 15 (4): 294-298.

罗鸿. 2002. ERP 原理·设计·实施. 北京: 电子工业出版社.

罗乔林. 1997. 数据处理之进展——见于气象四维同化问题. 系统工程理论与实践, 17 (9): 98-103.

罗守成. 2005. 计划评审技术中的延误惩罚问题. 上海第二工业大学学报, 22 (5): 28-32.

宁树实, 王伟, 潘学军. 2007. 一种炼钢—连铸生产计划一体化编制方法. 控制理论与应用, 24 (3): 374-379.

潘全科，朱剑英．2005．作业车间动态调度研究．南京航空航天大学学报，37（2）：262-268．

潘全科，赵保华，屈玉贵．2008．无等待流水车间调度问题的优化．计算机学报，31（7）：1147-1154．

庞新富，俞胜平，张志宇，等．2010．炼钢—连铸生产优化重调度方法．系统工程学报，25（1）：98-103．

彭频，李铁克．2007．基于准时制的炼钢连铸组炉问题模型和算法．计算机工程与应用，43（31）：222-224．

戚晓曜．2005．基于约束理论的管理方法及其应用．工业工程，8（1）：19-23．

钱晓龙，唐立新，刘文新．2001．动态调度的研究方法综述．控制与决策，16（2）：141-145．

宋立军，胡政，杨拥民，等．2007．基于证据理论与粗糙集集成推理策略的内燃机故障诊断．内燃机学报，25（1）：90-95．

宋彤，铃木和彦，佐山隼敏．1995．关于建立故障树的新探索．哈尔滨科学技术大学学报，19（2）：53-60．

孙林，杨世元，吴德会．2008．基于隶属度模糊最小二乘支持向量机的工序能力预测．中国机械工程，19（13）：1561-1564．

唐立新，杨自厚，王梦光．1996．炼钢—连铸最优炉次计划模型与算法．东北大学学报（自然科学版），17（4）：440-445．

涂奉生，吴民．1999．单机 E/T 调度问题的动态规划新解法．南开大学学报（自然科学版），32（3）：47-52．

涂继亮，潘洪亮，董德存，等．2011．融合粗糙集和证据理论的车地无线通信设备故障诊断．同济大学学报(自然科学版)，39（6）：870-873．

王冰，席裕庚，谷寒雨．2005．一类单机动态调度问题的改进滚动时域方法．控制与决策，20（3）：257-260，265．

王华．2006．惯性导航系统故障诊断专家系统的研究．长沙：国防科学技术大学硕士学位论文．

王记伟．2009．基于规则推理的应急事件自动处理技术研究．上海：东华大学硕士学位论文．

王建军，刘锋，何平．2011．带折扣因子的单机干扰管理研究．运筹与管理，20（5）：39-45．

王京元，程琳．2006．最短路拍卖算法在交通分配中的应用．交通运输系统工程与信息，6（6）：79-82．

王晶，姚辉，王艳亮．2010．有限等待流水车间调度邻域搜索算法．工业工程与管理，15（3）：55-59．

王凌．2003．车间调度及其遗传算法．北京：清华大学出版社．

王凌，刘波．2008．微粒群优化与调度算法．北京：清华大学出版社．

王凌，钱斌．2012．混合差分进化与调度算法．北京：清华大学出版社．

王凌，周刚，许烨，等．2011．混合流水线调度研究进展．化工自动化及仪表，38（1）：1-8．

王万良，吴启迪．2001．基于 Hopfield 神经网络求解作业车间调度问题的新方法．计算机集成制造系统，7（12）：7-11．

王艳红，尹朝万，张宇.2000.基于多代理和规则调度的敏捷调度系统研究.计算机集成制造系统，6(4)：45-49，60.

王玉成.2011.冲突证据的相似性度量方法及其在信息融合故障诊断中的应用.杭州：杭州电子科技大学硕士学位论文.

王跃山.1999.数据同化——它的缘起，含义和主要方法.海洋预报，16(1)：11-20.

吴澄.2001.现代集成制造系统的理论基础——一类复杂性问题及其求解.计算机集成制造系统，7(3)：1-7.

吴虎胜，吕建新.2009.基于故障树的应急汽车故障诊断专家系统.农业装备与车辆工程，11：16-18.

吴启迪，乔非，李莉，等.2009.基于数据的复杂制造过程调度.自动化学报，35(6)：807-813.

肖依永，张人千，常文兵.2010.基于制造清单的企业计划模型.系统工程理论与实践，30(2)：227-235.

谢平，林洪彬，王霄，等.2004.一种用于故障诊断的多信息熵监测方法研究.仪器仪表学报，25(4)：541-543.

谢志强，刘胜辉，乔佩利.2003.基于 ACPM 和 BFSM 的动态 job-shop 调度算法.计算机研究与发展，40(7)：977-983.

谢志强，杨静，杨光，等.2008.可动态生成具有优先级工序集的动态 job-shop 调度算法.计算机学报，31(3)：502-508.

熊锐，陈浩勋，胡保生.1996.一种生产计划与车间调度的集成模型及其拉氏松弛求解法.西安电子科技大学学报，23(4)：509-516.

熊亚洲，陈荣秋.1992.n/1/F+T+E 问题的几个判别条件.华中理工大学学报，20(3)：83-87.

杨纶标，高英仪.2003.模糊数学原理及应用（第三版）.广州：华南理工大学出版社.

杨维，李歧强.2004.粒子群优化算法综述.中国工程科学，6(5)：87-94.

殷瑞钰.1997.钢铁制造过程的多维物流控制系统.金属学报，33(1)：29-38.

殷瑞钰.2000.钢铁制造流程的解析和集成.金属学报，36(10)：1077-1084.

应玫茜.1981.多目标规划的理想点法.系统科学与数学，1(1)：1-8.

于淑田，胡秉亚，马克悌.1995.电炉炼钢合金化优化计算及其决策分析.太原重型机械学院学报，16(2)：129-133.

张广军，李广田，高艳宏，等.2004.特殊钢冶炼配料及合金化计算模型.材料与冶金学报，3(2)：95-98.

张楠，薄洪光，刘晓冰，等.2008.基于批次的钢铁行业物料工艺状态描述方法.计算机集成制造系统，14(4)：785-792.

张文修，梁怡.2003.遗传算法的数学基础.西安：西安交通大学出版社.

张毅.2001.企业资源计划（ERP）.北京：电子工业出版社.

张玉华，蔡政英，张东风.2007.基于管理熵的生产系统柔性决策.工业工程与管理，12(2)：

25-28.

张志峰. 2008. 离散制造企业生产物流的熵模型评价及其应用. 武汉：华中科技大学博士学位论文.

赵博. 2000. 结构化集成调度系统理论及基于该理论的虚拟车间智能支撑平台的体系结构研究. 大连：大连理工大学博士学位论文.

赵峰, 苏宏升. 2009. 证据理论和粗集在变电站故障诊断中的应用. 电力系统及其自动化学报, 21(2)：42-46.

赵启兰, 刘宏志. 2003. 生产计划与供应链中的库存管理. 北京：电子工业出版社.

郑莉, 董渊, 傅仕星. 1999. C++ 语言程序设计. 北京：清华大学出版社.

周妍. 2005. 故障树自动生成系统的研究与开发. 大连：大连理工大学硕士学位论文.

朱宝琳, 于海斌. 2003. 炼钢—连铸—热轧生产调度模型及算法研究. 计算机集成制造系统, 9(1)：33-36.

朱海平, 刘繁茂, 刘琼, 等. 2009. 基于车间实时状态的订单完工周期预测方法. 中国机械工程, 20 (3)：300-304.

Reginald Tomas. 2004. 产能管理精要. 李瑜译. 北京：中国人民大学出版社.

Abumaizar R J, Svestka J A. 1997. Rescheduling job shops under random disruptions. International Journal of Production Research, 35(7)：2065-2082.

Adams J, Balas E, Zawack D. 1988. The shifting bottleneck procedure for job shop scheduling. Management Science, 34(3)：391-401.

Andersson T. 2011. The flight perturbation problem：operational aircraft rescheduling. Campus Norrköping, Linköpings universitet, Department of Science and Technology.

Applegate D, Cook W. 1991. A computational study of the job-shop scheduling problem. ORSA Journal on Computing, 3(2)：149-156.

Artiba A, Riane F. 1998. An application of a planning and scheduling multi-model approach in the chemical industry. Computers in Industry, 36(3)：209-229.

Ashour S, Hiremath S R. 1973. A branch-and-bound approach to the job-shop scheduling problem. International Journal of Production Research, 11(1)：47-58.

Ballestín F, Leus R. 2008. Meta-heuristics for stable scheduling on a single machine. Computers & Operations Research, 35(7)：2175-2192.

Bard J F. 1983. An algorithm for solving the general bilevel programming problem. Mathematics of Operations Research, 8(2)：260-272.

Barua A, Raghavan N, Upasani A, et al. 2005. Implementing global factory schedules in the face of stochastic disruptions. International Journal of Production Research, 43(4)：793-818.

Bertsekas D P. 1985. A unified framework for primal-dual methods in minimum cost network flow problems. Mathematical Programming, 32(2)：125-145.

Bertsekas D P. 1986. Distributed relaxation methods for linear network flow problems. Proceedings of

25th IEEE Conference on Decision and Control, 25: 2101-2106.

Bertsekas D P. 1988. The auction algorithm: A distributed relaxation method for the assignment problem. Annals of Operations Research, 14(1): 105-123.

Bertsekas D P. 1991. An auction algorithm for shortest paths. SIAM Journal on Optimization, 1(4): 425-447.

Blackstone J H, Phillips D T, Hogg G L. 1982. A state-of-the-art survey of dispatching rules for manufacturing job shop operations. The International Journal of Production Research, 20(1): 27-45.

Carlier J, Pinson E. 1989. An algorithm for solving the job-shop problem. Management Science, 35 (2): 164-176.

Chang S H, Lee W L, Li R K. 1997. Manufacturing bill-of-material planning. Production Planning & Control, 8(5): 437-450.

Chen H, Chu C, Proth J M. 1998. An improvement of the Lagrangean relaxation approach for job shop scheduling: a dynamic programming method. IEEE Transactions on Robotics and Automation, 14 (5): 786-795.

Chen Z L. 2004. Simultaneous job scheduling and resource allocation on parallel machines. Annals of Operations Research, 129(1-4): 135-153.

Church L K, Uzsoy R. 1992. Analysis of periodic and event-driven rescheduling policies in dynamic shops. International Journal of Computer Integrated Manufacturing, 5(3): 153-163.

Clausen J, Hansen J, Larsen J, et al. 2001. Disruption management. OR-MS Today, 28: 40-43.

Conway R W, Maxwell W L, Miller L W. 1967. Theory of scheduling. Massachusetts: Addison-Wesley, Reading.

Cowling P, Johansson M. 2002. Using real time information for effective dynamic scheduling. European Journal of Operational Research, 139(2): 230-244.

Cowling P, Rezig W. 2000. Integration of continuous caster and hot strip mill planning for steel production. Journal of Scheduling, 3(4): 185-208.

Cowling P. 2003. A flexible decision support system for steel hot rolling mill scheduling. Computers & Industrial Engineering, 45(2): 307-321.

De Giovanni L, Pezzella F. 2010. An improved genetic algorithm for the distributed and flexible job-shop scheduling problem. European Journal of Operational Research, 200(2): 395-408.

De Wit A J W, Van Diepen C A. 2007. Crop model data assimilation with the Ensemble Kalman filter for improving regional crop yield forecasts. Agricultural and Forest Meteorology, 146(1-2): 38-56.

Dong X, Huang H, Chen P. 2008. An improved NEH-based heuristic for the permutation flowshop problem. Computers & Operations Research, 35(12): 3962-3968.

Dubois D, Fargier H, Prade H. 1995. Fuzzy constraints in job-shop scheduling. Journal of Intelligent Manufacturing, 6(4): 215-234.

Eberhart R, Kennedy J. 1995. A new optimizer using particle swarm theory. Proceedings of the Sixth

IEEE International Symposium on Micro Machine and Human Science, 39-43.

Ehrhoff J, Grothklags S, Lorenz U. 2004. Playing the Repair Game: Disruption Management and Robust Plans. Dynamically Evolving, Large-scale Information Systems.

Fondrevelle J, Oulamara A, Portmann M C. 2006. Permutation flowshop scheduling problems with maximal and minimal time lags. Computers & Operations Research, 33(6): 1540-1556.

Fox M S. 1983. Constraint-directed search : a case study of job-shop scheduling. Pittsburgh: Carnegie-Mellon University.

Freling R, Wagelmans A P M, Paixão J M P. 1999. An overview of models and techniques for integrating vehicle and crew scheduling. Computer-Aided Transit Scheduling, Lecture Notes in Economics and Mathematical Systems, 471: 441-460.

Freling R, Wagelmans A P M, Paixão J M P. 2001. Models and algorithms for single-depot vehicle scheduling. Transportation Science, 35(2): 165-180.

Gao J, Gen M, Sun L, et al. 2007. A hybrid of genetic algorithm and bottleneck shifting for multiobjective flexible job shop scheduling problems. Computers & Industrial Engineering, 53(1): 149-162.

Garey M R, Johnson D S, Sethi The complexity of flowshop and jobshop scheduling. Mathematics of Operations Research, 1(2): 117-129.

Giffler B, Thompson G L. 1960. Algorithms for solving production-scheduling problems. Operations Research, 8(4): 487-503.

Goldratt E M. 1990. Theory of constraints. Great Barrington : North River Press.

Goyal S K, Sriskandarajah C. 1988. No-wait shop scheduling: computational complexity and approximate algorithms. Opsearch, 25(4): 220-244.

Graham R L, Lawler E L, Lenstra J K, et al. 1979. Optimization and approximation in deterministic sequencing and scheduling: a survey. Annals of Discrete Mathematics, 5: 287-326.

Gröflin H, Klinkert A. 2009. A new neighborhood and tabu search for the blocking job shop. Discrete Applied Mathematics, 157(17): 3643-3655.

Gullo F, Ponti G, Tagarelli A, et al. 2009. A time series representation model for accurate and fast similarity detection. Pattern Recognition, 42(11): 2998-3014.

Hall N G, Potts C N. 2004. Rescheduling for new orders. Operations Research, 52(3): 440-453.

Hall N G, Sriskandarajah C. 1996. A survey of machine scheduling problems with blocking and no-wait in process. Operations Research, 44(3): 510-525.

Hane C A, Barnhart C, Johnson E L, et al. 1995. The fleet assignment problem: solving a large-scale integer program. Mathematical Programming, 70(1-3): 211-232.

Harjunkoski I, Grossmann I E. 2001. A decomposition approach for the scheduling of a steel plant production. Computers & Chemical Engineering, 25(11): 1647-1660.

Hertz A, Widmer M. 1996. An improved tabu search approach for solving the job shop scheduling

参 考 文 献

problem with tooling constraints. Discrete Applied Mathematics, 65(1): 319-345.

Holland J H. 1962. Concerning efficient adaptive systems. In Yovirs. M. C. Eds. Self-Organizing Systems, 215-230.

Holland J H. 1975. Adaptation in natural and artificial systems: An introductory analysis with applications to biology, control, and artificial intelligence. Ann Arbor: University of Michigan Press.

Hu X, Eberhart R C. 2002. Multi-objective optimization using dynamic neighborhood particle swarm optimization. Proceedings of the IEEE Congress on Evolutionary Computation. USA, Honolulu: the IEEE Congress on Evolutionary computation.

Ishibuchi H, Murata T. 1998. A multi-objective genetic local search algorithm and its application to flowshop scheduling. Proceedings of the IEEE Transactions on Systems, Man, and Cybernetics, Part C: Applications and Reviews, 28(3): 392-403.

Jarrah A I, Goodstein J, Narasimhan R. 2000. An efficient airline re-fleeting model for the incremental modification of planned fleet assignments. Transportation Science, 34(4): 349-363.

Jenabi M, Fatemi Ghomi S M T, Torabi S A, et al. 2007. Two hybrid meta-heuristics for the finite horizon ELSP in flexible flow lines with unrelated parallel machines. Applied Mathematics and Computation, 186(1): 230-245.

Jou C. 2005. A genetic algorithm with sub-indexed partitioning genes and its application to production scheduling of parallel machines. Computers & Industrial Engineering, 48(1): 39-54.

Jurisch B. 1992. Scheduling jobs in shops with multi-purpose machines. Gennany: Universitat Osnabruck, Thesis PhD.

Kalczynski P J, Kamburowski J. 2007. On the NEH heuristic for minimizing the makespan in permutation flow shops. Omega, 35(1): 53-60.

Kennedy J, Eberhart R. 1995. Particle swarm optimization. Proceedings of the IEEE International Conference on Neural Networks, 4: 1942-1948.

Keogh E, Kasetty S. 2003. On the need for time series data mining benchmarks: a survey and empirical demonstration. Data Mining and Knowledge Discovery, 7(4): 349-371.

Kouvelis P, Daniels R L, Vairaktarakis G. 2000. Robust scheduling of a two-machine flow shop with uncertain processing times. Iie Transactions, 32(5): 421-432.

Lee C Y, Leung J Y T, Yu G. 2006. Two machine scheduling under disruptions with transportation considerations. Journal of Scheduling, 9(1): 35-48.

Lee C Y, Yu G. 2007. Single machine scheduling under potential disruption. Operations research letters, 35(4): 541-548.

Lee C Y, Yu G. 2008. Parallel-machine scheduling under potential disruption. Optimization Letters, 2(1): 27-37.

Lee C Y. 1997. Minimizing the makespan in the two-machine flowshop scheduling problem with an availability constraint. Operations Research Letters, 20(3): 129-139.

Lee H S, Murthy S S, Haider S W, et al. 1996. Primary production scheduling at steelmaking industries. IBM Journal of Research and Development, 40(2): 231-252.

Leus R, Herroelen W. 2005. The complexity of machine scheduling for stability with a single disrupted job. Operations Research Letters, 33(2): 151-156.

Li J Q, Mirchandani P B, Borenstein D. 2008. Parallel auction algorithm for bus rescheduling. Computer-aided Systems in Public Transportation, Lecture Notes in Economics and Mathematical Systems, 600: 281-299.

Li P, Xu B, Gu X Y. 2004. Research on forecast model of schedule risk for project of uncertain network. Proceedings of the 2004 IEEE International Engineering Management Conference, 2: 812-814.

Lin G Y, Solberg J J. 1992. Integrated shop floor control using autonomous agents. IIE transactions, 24(3): 57-71.

Liu J, Tang L. 1999. A modified genetic algorithm for single machine scheduling. Computers & Industrial Engineering, 37(1): 43-46.

Lopez L, Carter M W, Gendreau M. 1998. The hot strip mill production scheduling problem: A tabu search approach. European Journal of Operational Research, 106(2): 317-335.

Løve M, Sørensen K R, Larsen J, et al. 2002. Disruption Management for an Airline——Rescheduling of Aircraft. Applications of Evolutionary Computing, Lecture Notes in Computer Science, 2279: 315-324.

McKay K N, Wiers V. 1999. Unifying the theory and practice of production scheduling. Journal of Manufacturing Systems, 18(4): 241-255.

Mehta S V, Uzsoy R M. 1998. Predictable scheduling of a job shop subject to breakdowns. Robotics and Automation, IEEE Transactions on, 14(3): 365-378.

Michael R G, Johnson D S. 1979. Computers and Intractability: A guide to the theory of NP-completeness. San Francisco: WH Freeman & Co. .

Mladenovic′ N, Hansen P. 1997. Variable neighborhood search. Computers & Operations Research, 24 (11): 1097-1100.

Monostori L, Szelke E, Kadar B. 1998. Management of changes and disturbances in manufacturing systems. Annual Reviews in Control, 22: 85-97.

Nawaz M, Enscore E E, Ham I. 1983. A heuristic algorithm for the m-machine, n-job flow-shop sequencing problem. Omega, 11(1): 91-95.

O'Donovan R, Uzsoy R, McKay K N. 1999. Predictable scheduling of a single machine with breakdowns and sensitive jobs. International Journal of Production Research, 37(18): 4217-4233.

Ong Y S, Lim M H, Zhu N, et al. 2006. Classification of adaptive memetic algorithms: a comparative study. Proceedings of the IEEE Transactions on Systems, Man, and Cybernetics, Part B: Cybernetics, 36 (1): 141-152.

Ovacikt I M, Uzsoy R. 1994. Rolling horizon algorithms for a single-machine dynamic scheduling problem with sequence-dependent setup times. The International Journal Of Production Research, 32 (6): 1243-1263.

Ozgu M R. 1996. Continuous caster instrumentation: State-of-the-art review. Canadian metallurgical quarterly, 35(3): 199-223.

Pacciarelli D, Pranzo M. 2004. Production scheduling in a steelmaking-continuous casting plant. Computers & Chemical Engineering, 28(12): 2823-2835.

Panwalkar S S, Iskander W. 1977. A survey of scheduling rules. Operations Research, 25(1): 45-61.

Perry C N, Uzsoy R. 1993. Reactive scheduling of a semiconductor testing facility. Proceedings of the 5th IEEE/CHMT International Conference on Electronic Manufacturing Technology Symposium, 191-194.

Petrovic D, Duenas A. 2006. A fuzzy logic based production scheduling/rescheduling in the presence of uncertain disruptions. Fuzzy Sets and Systems, 157(16): 2273-2285.

Pinedo M, Chao X. 1999. Operations scheduling with applications in manufacturing and services. New York: Irwin/McGraw-Hill Press.

Pinedo M. 2012. Scheduling: theory, algorithms, and systems. New York: Springer Science&Business Media, LLC.

Pinson E. 1991. A practical use of Jackson's preemptive schedule for solving the job shop problem. Annals of Operations Research, 26(1-4): 269-287.

Potts C N, Van Wassenhove L N. 1985. A branch and bound algorithm for the total weighted tardiness problem. Operations Research, 33(2): 363-377.

Qi J G, Burns G R, Harrison D K. 2000. The application of parallel multipopulation genetic algorithms to dynamic job-shop scheduling. The International Journal of Advanced Manufacturing Technology, 16(8): 609-615.

Qi X, Bard J F, Yu G. 2006. Disruption management for machine scheduling: the case of SPT schedules. International Journal of Production Economics, 103(1): 166-184.

Qi X. 2008. Coordinated logistics scheduling for in-house production and outsourcing. Proceedings of IEEE Transactions on Automation Science and Engineering, 5(1): 188-192.

Qi X. 2011. Outsourcing and production scheduling for a two-stage flow shop. International Journal of Production Economics, 129(1): 43-50.

Ray A, Halevi Y. 1988. Integrated communication and control systems: Part II-design considerations. Journal of Dynamic Systems, Measurement, and Control, 110 (4): 374-381.

Reeves C R, Yamada T. 1998. Genetic algorithms, path relinking, and the flowshop sequencing problem. Evolutionary Computation, 6(1): 45-60.

Reeves C R. 1999. Landscapes, operators and heuristic search. Annals of Operations Research, 86: 473-490.

Reklaitis G V. 1995. Scheduling approaches for the batch process industries. ISA Transactions, 34 (4):

349-358.

Reklaitis G V. 2000. Overview of planning and scheduling technologies. Latin American Applied Research, 30(4): 285-293.

Ronen B, Starr M K. 1990. Synchronized manufacturing as in OPT: from practice to theory. Computers & Industrial Engineering, 18(4): 585-600.

Röck H. 1984. The three-machine no-wait flow shop is NP-complete. Journal of the ACM (JACM), 31(2): 336-345.

Sabuncuoglu I, Bay z M. 2000. Analysis of reactive scheduling problems in a job shop environment. European Journal of Operational Research, 126(3): 567-586.

Santos D L, Hunsucker J L, Deal D E. 1995. Global lower bounds for flow shops with multiple processors. European Journal of Operational Research, 80(1): 112-120.

Sarin S C, Ahn S, Bishop A B. 1988. An improved branching scheme for the branch and bound procedure of scheduling n jobs on m parallel machines to minimize total weighted flowtime. The International Journal Of Production Research, 26(7): 1183-1191.

Schragenheim E, Ronen B. 1990. Drum- buffer- rope shop floor control. Production and Inventory Management Journal, 31(3): 18-22.

Shafaei R, Brunn P. 1999. Workshop scheduling using practical (inaccurate) data Part 1: The performance of heuristic scheduling rules in a dynamic job shop environment using a rolling time horizon approach. International Journal of Production Research, 37(17): 3913-3925.

Singer M. 2001. Decomposition methods for large job shops. Computers & Operations Research, 28(3): 193-207.

Smith S F. 1995. Reactive scheduling systems. Intelligent scheduling systems, Operations Research / Computer Science Interfaces Series, 3: 155-192.

Stonebraker P W. 1996. Restructuring the bill of material for productivity: a strategic evaluation of product configuration. International Journal of Production Economics, 45(1): 251-260.

Stützle T. 2006. Iterated local search for the quadratic assignment problem. European Journal of Operational Research, 174(3): 1519-1539.

Sun J, Xu W, Feng B. 2004. A global search strategy of quantum- behaved particle swarm optimization. Proceedings of the 2004 IEEE Conference on Cybernetics and Intelligent Systems, 1: 111-116.

Suresh V, Chaudhuri D. 1993. Dynamic scheduling—a survey of research. International Journal of Production Economics, 32(1): 53-63.

Tanajura C A S, Belyaev K. 2009. A sequential data assimilation method based on the properties of a diffusion- type process. Applied Mathematical Modelling, 33(5): 2165-2174.

Tang L, Luh P B, Liu J, et al. 2002. Steel- making process scheduling using Lagrangian relaxation. International Journal of Production Research, 40(1): 55-70.

Tang L, Xuan H, Liu J. 2006. A new Lagrangian relaxation algorithm for hybrid flowshop scheduling to minimize total weighted completion time. Computers & Operations Research, 33(11): 3344-3359.

Teodorovi Ć D, Guberini Ć S. 1984. Optimal dispatching strategy on an airline network after a schedule perturbation. European Journal of Operational Research, 15(2): 178-182.

Van Deman J M, Baker K R. 1974. Minimizing mean flowtime in the flow shop with no intermediate queues. AIIE Transactions, 6(1): 28-34.

Vepsalainen A P J, Morton T E. 1987. Priority rules for job shops with weighted tardiness costs. Management Science, 33(8): 1035-1047.

Vieira G E, Herrmann J W, Lin E. 2000. Predicting the performance of rescheduling strategies for parallel machine systems. Journal of Manufacturing Systems, 19(4): 256-266.

Vieira G E, Herrmann J W, Lin E. 2003. Rescheduling manufacturing systems: a framework of strategies, policies, and methods. Journal of Scheduling, 6(1): 39-62.

Vilcot G, Billaut J C. 2008. A tabu search and a genetic algorithm for solving a bicriteria general job shop scheduling problem. European Journal of Operational Research, 190(2): 398-411.

Wei G, Yu G, Song M. 1997. Optimization model and algorithm for crew management during airline irregular operations. Journal of Combinatorial Optimization, 1(3): 305-321.

Xuan H, Tang L. 2007. Scheduling a hybrid flowshop with batch production at the last stage. Computers & Operations Research, 34(9): 2718-2733.

Yamamoto M, Nof S Y. 1985. Scheduling/rescheduling in the manufacturing operating system environment. International Journal of Production Research, 23(4): 705-722.

Yellig E J, Mackulak G T. 1997. Robust deterministic scheduling in stochastic environments: the method of capacity hedge points. International Journal of Production Research, 35(2): 369-379.

Yu G, Qi X. 2004. Disruption management. Singapore: World Scientific Publishing Co. Pte. Ltd.

Zhang L P, Yu H J, Hu S X. 2005. Optimal choice of parameters for particle swarm optimization. Journal of Zhejiang University Science A, 6(6): 528-534.

Zhang R, Wu C. 2010. A hybrid immune simulated annealing algorithm for the job shop scheduling problem. Applied Soft Computing, 10(1): 79-89.